民國歷史與文化研究

三 編

第 **3** 冊

從工具理性到價值理性：
近現代中國對人權的解讀和追求

馬 振 超 著

花木蘭文化出版社

國家圖書館出版品預行編目資料

從工具理性到價值理性：近現代中國對人權的解讀和追求／
馬振超 著 — 初版 — 新北市：花木蘭文化出版社，2016〔民
105〕
目 4+246 面；19×26 公分
（民國歷史與文化研究 三編；第 3 冊）
ISBN 978-986-404-547-1（精裝）
1. 人權 2. 中國研究
628.08   105002072

ISBN-978-986-404-547-1

9 789864 045471

民國歷史與文化研究
三 編 第 三 冊   ISBN：978-986-404-547-1

從工具理性到價值理性：
近現代中國對人權的解讀和追求

作　　者　馬振超
總 編 輯　杜潔祥
副總編輯　楊嘉樂
編　　輯　許郁翎
出　　版　花木蘭文化出版社
社　　長　高小娟
聯絡地址　235 新北市中和區中安街七二號十三樓
　　　　　電話：02-2923-1455 ／傳真：02-2923-1452
網　　址　http://www.huamulan.tw 信箱 hml 810518@gmail.com
印　　刷　普羅文化出版廣告事業
初　　版　2016 年 3 月
全書字數　206209 字
定　　價　三編 6 冊（精裝）台幣 11,000 元

從工具理性到價值理性：
近現代中國對人權的解讀和追求

馬振超 著

作者簡介

馬振超：生於 1964 年，河南洛陽偃師人。

1986 年於河南大學政治系畢業並獲哲學學士學位；1991 年考入吉林大學政治學系，師從寶成關教授進行近現代中西政治思想與政治文化比較研究，1994 年畢業並獲法學碩士學位；2002 年畢業於吉林大學政治學系政治學理論專業，獲法學博士學位。

現就職於北京中國人民公安大學，主要從事政治、社會、文化領域的安全及穩定問題研究，發表文章 50 餘篇，主持完成多項國家級和省部級研究課題。

提　　要

本書主要從人權與民權、人權與立憲、人權與共和、人權與民主、人權與法治、人權與憲政、人權與主權的關係角度對人權在近現代中國的產生、發展演變進行的歷史考察和理論闡釋。

人權觀念的產生和討論是近現代中國社會的獨特文化現象。它的出現，意味著思想領域的一個突破和政治領域的一場革命。人權思想和學說形成於近代西方 17、18 世紀。19 世紀以來，隨著中西政治文化的接觸和融合，西方人權觀念逐漸在中國知識界和思想界取得重要的位置。作為中國近現代政治文化的重要內容，中國人權觀念是伴隨著從西方民主思潮傳入而被接納。它以近代民權思想作為邏輯起點，進行著從工具意義到價值範疇的轉探過程，然而由於近代中國現實救亡與思想啟蒙之間的內在緊張，中國近代知識份子對人權觀念的解讀和追求更多意義上是一種「工具理性行為」──實現救國團存和富強的工具和手段，從而淹沒了人權的價值意義。

當今社會，人權從工具意義到向價值範疇的轉換儘管還受到主客觀方面諸多因素的制約，但是作為一個現代民主國家的追求並超越國家成為人類社會追求的共同目標和理想，市場經濟的發展和人們權利意識的覺醒預示著這種轉換的可能和必然。

目

次

前　言

　　人權觀念的產生和討論是近現代社會的獨特文化現象。它的出現，意味著知識領域的一個突破和政治領域的一場革命，也可以理解爲人類在道德領域進步的一種表現。當代意大利著名政治思想家波必奧（Norber to Bobbio）認爲，「現時日益擴展和深化的關於人權的討論，可以理解爲人類道德進步的「先知性的象徵」，因爲這種討論正在世界範圍內的所有民族中進行，而且十分熱烈，並進入了最權威的國際司法組織的議事日程。」〔註1〕

　　人權思想和學說形成於近代西方17、18世紀。19世紀以來，隨著中西政治文化的接觸和融合，西方人權觀念逐漸在中國知識界和思想界取得重要的位置。可惜的是，1949年後，人權的概念在中國人的視野中消失了。關於人權的討論和研究，對於中國知識分子來說變成了一個「禁區」，因爲人權概念被視爲資產階級的專利品、意識形態論爭的工具。

　　20世紀90年代，中國社會人權問題立場的轉變，促使人權問題討論的再次展開和進一步深入。對人權觀念的討論和研究也從激情的表面轉向了理性深層。關於人權觀念在近現代中國產生和演變問題，學術界爭論頗爲激烈。近現代中國對人權觀念內涵的理解和強調與近現代的西方存在著很大的差異。之所以存在差異，與近代以來西方人權觀念在傳入近代中國時的歷史環境和近代中國對人權觀念的移植和接受的角度有很深的淵源。

　　作爲中國近現代政治思想的重要內容，人權觀念是伴隨著從西方傳入的民主思潮而來的。它以近代西方人權思想作爲參照系，以民權思想作爲邏輯

〔註 1〕轉引自 Norber to Bobbio, The Age of Right, translated by Allan Cameron, Cambridge：Polity Press, 1996, P36。

起點，經歷了從工具理性到價值理性的發展演變過程。對這一發展演變過程進行梳理和闡釋，一方面對我們冷靜客觀地處理中西方在人權問題上的分歧和爭議有一定理論意義和學術價值；另一方面對法治國家和法治建設的現實選擇也有一定的現實意義。

第一章　導　論

第一節　人權觀念的歷史考察

　　人權觀念自從產生以來，就一直處於爭論之中，也從來沒有在嚴格意義或含義一致的情況下被共同使用過。但是不論存在多少爭論和分歧，至少有一點是被共同認可的：人權觀念最先出現和發展於西方；中國的人權觀念源於西方。由此，人權觀念的出現及其內涵演變也就成為研究近現代中國人權觀念產生和發展的思想淵源和理論前提。

一、人權觀念的歷史演進

（一）人權觀念的思想淵源及人權觀念的出現

　　人權觀念產生和形成於近代西方 17、18 世紀，但從思想文化淵源和發展的角度看，它與西方古典文明中的某些因素卻有著特殊的承續脈絡。其中斯多葛學派、羅馬法和中世紀基督教文化傳統以及宗教改革為近代人權的形成貢獻了一些關鍵性的價值要素，而 15、16 世紀「人權」概念的出現則為近代人權觀念提供了直接理論前提。

　　古代希臘的斯多葛學派對社會身份等級以及性別和種族等差別的超越，以及對「人」作為一個類的同質性、等值性的發現，成為人權思想的最初源頭。卡西爾在《國家的神話》中說：「斯多葛派的這種關於人的概念成了古代思想和中世紀思想的一個最結實的聯結，……斯多葛學派關於人的基本平等的準則，……它成了中世紀理論的一個基本點，不僅基督教的教父們這樣教

授它，並且「羅馬法典」和「法理概要」的羅馬法理學家們也奠定並證實了它。……從「本性」和事物基本和秩序上講，一切人都是自由和平等的。這是中世紀神學和法律體系的一條基本準則。「因爲我們所有的人在本性上是平等的」。……斯多葛學派認爲，一切人之所以是自由的，乃是因爲他們都同樣秉賦著理性的觀念，這個觀點在附加的聲明中得到了神學的解釋和辯護，聲明指出理性僅僅是上帝的映像。」〔註1〕

「權利」的概念最初是在羅馬法中形成的。一般認爲，羅馬法中的「jus」是權利概念第一個正式的表述形式。但是「jus」作爲羅馬法律的規範具有多重涵義，並不簡單等同於近代的「權利」概念。到中世紀後期，羅馬法在日爾曼的社會得到復興後，通過法學家對「jus」的詮釋，權利概念才得以正式形成。權利概念的形成標誌著個人的成長，它爲群體和個人的利益劃定一個範圍，設置一道屛障，使其具有獨佔性和排他性，側重於個人利益的保護，強調個人與他人的區分。所以，權利天生具有個人自由的印記。

斯多葛派的個人主義萌芽，到中世紀又受到基督教神學的滋養。基督教神學比斯多葛派更注重人的精神意義，認爲人的靈魂在上帝面前是平等的，人能否進入天國，只與人的靈魂有關。在自然狀態，每個人的生命都來源於上帝，上帝創造人是自由平等的。上帝按自己形象創造了作爲理性存在物的人，不是要他們作同類的主人，而是作無理性動物的主人。〔註2〕而作爲基督徒，他們「都從一位聖靈受洗，成了一個身體，飮於一位聖靈。」〔註3〕這種信念培育了基督徒的自信和自尊，鍛造了基督徒堅強的個性和獨立性、自主性，它成爲近代人權的精神基礎。

16世紀宗教改革，否定了教會作爲個人與上帝之間的中介作用，把得救的命運完全交給了信徒，使個人從教會的控制下解放出來。而世俗政權對個人（信仰和私生活）的控制卻沒有歷史的傳統和依據。隨著教會權威的失落，人們把教會控制的領域轉變爲個人自由的領域，轉變爲個人權利。英國學者戴維‧赫爾德說的很淸楚：「在路德和加爾文的教義中，包含著作爲個人的「人」所沒有解決的核心概念。在新的教義中，個人被設想爲自己直面上帝這位一切行爲的最高裁判者，並對上帝意志的解釋和實施直接負責。這是個具有深

〔註1〕〔德〕恩斯特‧卡西爾：《國家的神話》，華夏出版社1990年版，第123頁。
〔註2〕Augustine, The City of God, The Leob Classical Labrary : X, IX, 5, 15.
〔註3〕《聖經‧羅馬人書》〔M〕.12.

遠巨大影響的概念。首先，它把個人從教會的直接的「制度支持」中解放出來，並在此過程中，進而激發了個人看作「自身命運的主人」的觀念，這一觀念成了後來政治思想的核心。」

　　西方文明的這些思想要素爲近代人權觀念的形成提供了思想資源，但是還並不構成眞正意義上的近代人權觀念。眞正意義的近代「人權」概念是由文藝復興的先驅但丁第一次明確提出的。在《帝制論》中但丁系統闡釋了政教分離的政治觀點：人生有兩種目的，一種是享受現世生活的幸福，一種則是來世享受天國永恆的幸福。上天規定由兩個權威分別引導人類達到這兩種不同的目的。即皇帝按照哲理引導人類走上現世幸福的道路；教皇則根據啓示的眞理引導人類走上來世天國之路。爲達到這兩種幸福，有必要建立一個一統天下的帝國。帝國的基礎就是「人權」，帝國「不能做任何違反人權的行爲。」〔註4〕這裏，但丁提出的「人權」概念，使人類社會和人類思想第一次出現了「人權」概念。

　　準確地說，人權概念的出現是文藝復興運動的產物。文藝復興是以人權反對神權，以人道反對神道，以理性反對宗教信仰的運動。這一運動的核心就是人文主義思潮，其基礎是個人主義。它強調人的需要和強調理性。人的需要包括人的自由、人的尊嚴、人的價值、人的平等、人的幸福等。它們通過啓蒙思想家的闡發和具體化，逐漸由一般觀念上升爲權利要求，成爲「天賦人權」論的直接理論前提。

（二）人權觀念的發展

　　關於人權觀念的歷史發展，學術界有不同的觀點。主流觀點沿襲「三代人權」說，即人權的發展經歷了三種形態：第一代人權反映的是17、18世紀的天賦人權；第二代人權主要反映20世紀上半葉的經濟社會文化權利；第三代人權強調的是民族自決權和發展權。

　　所謂第一代人權觀念，就是17、18世紀的啓蒙思想運動確立了「天賦人權」學說。在思想啓蒙中，啓蒙思想家提出和闡釋的天賦人權學說，奠定了近代（包括當代）人權觀念的核心：國家和個人之間通過人權而實現分權，人權是法律所規定的每個個人都應該享有的神聖和不可剝奪的權利和基本自由。政治權力來源於人民，國家的職責就是保護人民的幸福和個人權利及其

〔註 4〕但丁：《論世界帝國》，商務印書館1985年，第76頁。

在政治生活和社會公共生活中的發揮、平等和不可侵害性。基本權利和自由能否有效保障和實現，成為社會和政治進步的重要準則。而國家對基本權利自由的保障又必須通過法治來實現。

這一核心內涵儘管還不同於當代完全意義上的「人權」觀念，但它始終貫穿於近代以來西方政治文化傳統之中，為西方近代政治文化發展和政治制度建立做出了重要貢獻：首先，它奠定了有關人為什麼應該平等和無差別地享有人權的哲學基礎，即有關人是理性的主體、以及人為什麼「生而自由」的學說。其次，它首次將個人權利的保障與政治、法律等國家制度聯繫起來，不僅開創了西方近代資本主義民主政體，確立了西方政治理論和制度發展中主導性的「人權」價值，而且也逐步成為西方「憲政民主」政治和法律實踐的核心價值。它在很長的一段時間被認為是人權的經典理論。

人權的第一個形態是以自然法為基礎的。即人權是人之所以為人的基本權利，是自然賦予的，或是神所賦予的，因而是不可剝奪和不可轉讓的權利。在大多數西方思想家看來，人權代表著一種價值追求。第一，它的至上性和神聖性。在西方，思想家一般把法分為自然法和實在法。自然法代表著法的應然狀態，實在法則是法的實然狀態。自然法高於實在法。把人權視為自然法的範疇，實際上不僅把它視為法律不可剝奪的，而且是法律應該充分體現和保障的內容，被置於至高無上的地位。第二，它為政治行為確立了最高的道德標準。在西方思想家看來，否定自然法就有可能為專制主義以及其它踐踏人權的不道德行為提供種種道德依據，把人權歸之於自然法，置於至高無上的地位，就有可能為人類的行為確立一個共同的道德標準。即只有尊重人權，維護人權，人們的行為才是合乎理性和合乎神意的，因而才是正義的。第三，它為資產階級反對專制主義乃至民族獨立提供了理論支持。人權具有至高無上的神聖性，那麼「任何政治結合的目的都在於保存人的自然的和不可動搖的權利」。〔註 5〕既然人權是每個人所固有的並且是不可轉讓的，那麼人民主權原則也就被視為合理的推定被確定下來。

18～19 世紀之交，以邊沁、密爾為代表的功利主義者對自然權利說進行了批判。他們認為個人不是目的，而僅僅是手段。個人僅僅是社會有機體的一個齒輪。每個人存在的意義僅僅在於為社會完成一定的工作。因此個人根本不具有任何「主觀的權利」。邊沁認為，天賦權利是根本不存在的，「自然

〔註 5〕參閱法國《人權與公民權宣言》第二條。

的不可剝奪的權利說只能是信口雌黃」。〔註6〕只有法律規定的權利才是存在的，「權利是法律的產物，而且僅僅是法律的產物；沒有法律也就沒有權利——不存在與其相抗衡的權利——也不存在先於法律的權利。」〔註7〕人權不是人類的根本價值，而是實現人類的終極目標——功利的手段。

對於「天賦人權」，馬克思一方面充分肯定和高度評價了天賦人權說在反對封建專制和神權統治的鬥爭中所起的歷史進步作用；另一方面又深刻揭示了「天賦人權論」的階級局限性、欺騙性和非科學性。馬克思指出：「天賦人權」實質上是資產階級的權利，是「富人的特權」，是「利己主義的人的權利」，「自私自利的權利」，其核心是「保護財產私有權」。把權利這一歷史的社會的產物硬說成是天賦的、自然的、與生俱有的，把一個階級的政治要求和主張，冒充爲全人類的政治要求和主張並誇大爲普遍的全人類的人性是不科學的。

第二代人權觀念是指經濟、社會、文化權利。它是對資本主義弊端和個人自由概念的反映和否定，是馬克思主義人權觀的重要組成部分。剩餘價值論和唯物史觀的發現，使人權第一次獲得了堅實的科學基礎。19世紀工人運動和20世紀俄國社會主義革命爲「經濟、社會、文化權利」的確立起了關鍵的作用。「社會主義和馬克思主義著作的哲學和政治觀點，對19世紀由於濫用第一代人權而引起的反對剝削的社會革命，起到了很大作用。這些變革導致了一代新的人權的出現。」〔註8〕馬克思主義認爲，「權利決不能超出社會的經濟結構以及由經濟結構製約的社會文化發展。」〔註9〕換言之，人權無論是作爲一種要求，一種政治理論，還是作爲法定權利，它的產生、發展和實現都是建立在一定的社會經濟條件的基礎之上的。要實現人權，必須創造相應的社會經濟內容，克服制約人權實現的實際保障。1948年「經濟、社會、文化權利」被納入《世界人權宣言》，作爲「個人尊嚴和人格自由發展所必需」的內容。1966年聯合國通過《經濟、社會、文化權利國際盟約》與《公民和政治權利國際盟約》，以法律的形式肯定下來，第二代人權得以確立。

〔註6〕轉引自葉立煊等著《人權論》，福建人民出版社1992年，第121頁。
〔註7〕轉引自葉立煊等著《人權論》，福建人民出版社1992年，第122頁。
〔註8〕〔美〕斯·馬克斯：《正在出現的人權》，《法學譯叢》1982年第2期。
〔註9〕《馬克思恩格斯選集》第3卷，人民出版社1972年，第305頁。

　　第二代人權與第一代人權的區別在於：第一代人權貫穿著自由的觀念，貫穿著不干預理念。其核心是保護個人，特別強調保護私有財產，以防政治權力的濫用。不干預強調的是政府對公民個人的自由不進行干預。這種權利也叫做消極權利。第二代人權被認為是積極權利。如果說第一代人權主要強調所謂「天賦人權」，第二代人權則強調「人賦人權」；如果第一代人權主要強調不干預，那麼第二代人權則主要強調國家干預。

　　第三代人權指集體人權。也即國家和民族的集體權利。由法國法學家卡萊爾・瓦薩克在 1979 年國際人權協會第十屆研究會上提出來。它的產生源於20 世紀 40～50 年代民族獨立運動，是這一時期全球性非殖民化進程和運動的結果。第三代人權主要包括六項內容：政治經濟文化的自決權；經濟與社會發展權；參與和分享「人類共同遺產」的權利（地球——空間資源、科學技術、文化傳統、遺址等）；要求和平的權利；要求健康與環境平衡的權利；接受人道主義援助的權利。其中最重要的是前兩項：民族自決權和發展權。它是第三世界國家和人民爭取和維護民族獨立，建設現代化國家的要求，是對僅限於個人權利的傳統人權理論的重大突破。

　　當代人權觀念的分歧主要在於：發達國家強調第一代人權甚至視之為唯一的人權，不認同甚至否定第二、第三代人權；發展中國家強調第二、第三代人權，但不否認第一代人權，只是認為真正實現第一代人權需要一個過程，反對把第一代人權作為霸權的政治工具。

二、人權觀念的現代內涵

　　無論當代人權觀念存在多麼大的分歧，畢竟有些基本內容還是一致的。一般而言，人權被一致認為是每個人在自己生活中所享有的或應該享有的權利或正當要求。稱其為「人的」是基於人性（humanity）或人道，即在同等程度上平等地適用於每個人類社會的所有人；稱其為「權利」意味著人的正當要求，而不是求助於恩賜。它發端於道德法則上的道德原則。「人權是基本的價值和目標，而不是某種初始原則或更廣泛的原則的包含物，也不是有助於達到某種更廣泛的社會目標的手段。」〔註10〕通常意義上，人權蘊涵著人道、法治和大同精神。

〔註10〕參閱路易斯・亨金：《當代中國人權觀念的比較考察》，載《西方人權學說》（下）
　　　　沈宗靈等主編，四川人民出版社 1994 年。

（一）人權的內在價值：人性、人道

路易斯・亨金認為，「當人權一詞被謹慎地的使用時，人權並不是某種抽象籠統的「善」，它在特定、明確、通俗的意義表達了對個人尊嚴和真正的個人自主性的尊重，表達了一種共同的正義和非正義觀念。」〔註11〕人權蘊含於人性之中。在思想淵源上，它直接來自人道主義。人道主義一方面揭示出人的理性能力是人區別於萬物的根本標誌，揭示了人的主體地位，並據此在價值領域確立了「人是目的」這一根本原則。另一方面，人道主義揭示出被社會群體所遮蔽的個人獨立價值。它強調「人之作為人所應有」，強調維護人的尊嚴和價值。從這個意義上說，人權是以人道作為社會進步目標的目的性概念。而作為社會發展的目標追求，人的發展和完善是衡量社會進步的價值標尺。只有把人的發展和完善目標宣佈為一項社會原則，並借助於社會強制力來保證實行，才能創造出美好的社會制度從而促進人類進步。其次，人權作為人道的主體性概念，它不僅要求把人道歸結為人的發展與完善，而且強調人是人道的主體，從而強調人的價值和尊嚴。第三，人權作為以權力來推行人道的權威性概念。它不僅承認人享有某種實際的符合人道精神的利益和需要，而且它把享有和滿足這些利益需要宣佈為人的權力（power）。通過賦予這些利益需要以及滿足這些需要的方式（如民主等）以某種權威（authority），使之成為權利。由此可見，人權是人的道德理想和目標。

（二）人權的制度內涵：法治

人權觀念或原則為社會政治秩序的合法性奠定基礎。古今中外的社會政治學說，無不以解決政治秩序的合法性作為最基本的問題之一。作為一個道德權利概念，人權本身就提出了政治秩序的合法性問題。作為一個道德法範疇，人權意味著國家法律和政府行為應該確認、保護和實現人的基本權利作為目標，並不得妨礙和侵犯之。否則便不具有合法性。公民權利、政治權利等可以由國家法律來剝奪，但人權則是不可剝奪的，「即它們不會因為被侵佔而喪失，也不會因為沒有實施或主張它們而喪失，無論多久都一樣。」〔註12〕剝奪人權永遠屬於非法。現代社會中的民主政治原則正是從中引申而來，即國家來源於人民主權，人民有權參與國家管理，政府及其官員只是人民的公僕。從這個意義上講，人權既具有道德權威又具有政治權威，國家政治和社

〔註11〕 參閱路易斯・亨金：《當代中國人權觀念的比較考察》。
〔註12〕 參閱路易斯・亨金：《當代中國人權觀念的比較考察》。

會生活均須遵循它，由它來治理。這就是所謂「法治」（rule of law）。在法治之下，人權受法律的平等保護，並享有爲任何不爲法律所禁止的行爲自由，即法律下的自由（freedom under law）。由此，人權爲社會政治秩序的合法性提供了道德基礎。同時人權也爲社會秩序的和諧與穩定提供了保障。以人權作爲社會政治原則，也就意味著採取以法律設立和調整權利義務關係的方法來建立社會政治秩序並促進其有序與和諧。這種治國方式的主要特點是：在承認和保護個體利益和社會利益的前提下，通過設立、配置或調整個人與個人、個人與社會之間的權利義務關係來謀求社會的有序發展。這種以人權作爲社會政治原則的「權利政治」既區別於依靠淨化人們的靈魂、昇華人們的道德境界來謀求秩序的和諧宗教政治和教化政治，也不同於依靠暴力或行政權力來建立和發展社會政治秩序的強權政治。它著重於防惡——如張灝先生所謂的「幽暗意識」。通過以權防惡、以法防惡，來有效地保證社會政治秩序的穩定和和諧。

（三）人權的理想追求：大同

作爲一種普遍權利，人權意味著所有的人類社會成員，不論在種族、階級、信仰、膚色、財富、性別、國籍、知識、能力等方面有何種差異，皆一律平等，擁有人之作爲人的價值和尊嚴。它適用於每個人。用恩格斯的話說就是：「一切人，作爲人來說，都有某些共同點，在這些共同點所及的範圍內，他們是平等的，這樣的觀念自然是非常古老的。但是現代的平等要求是與此完全不同的；這種平等要求更應當是，從人的這種共同特性中，從人就他們是人而言的這種平等中引申出這樣的要求：一切人，或至少是一個國家的一切公民，或一個社會的一切成員，都應當有平等的政治地位和社會地位。」〔註13〕在主張人類平等的意義上，人權已經是或本身就成爲一個共同準則。儘管在人權觀念上還存在許多混亂和紛爭，但人權無疑是迄今爲止得到最大多數人類共同認可的一個社會政治原則。

第二節　中國人權觀念的發軔

一、近代人權觀念發軔的文化環境

近代中國開始了對西方人權觀念接觸和移植的前提是傳統權威的價值觀

〔註13〕《馬克思恩格斯選集》第 3 卷，人民出版社 1972 年，第 142～143 頁。

念變化。從深層的政治文化心理看，傳統價值觀念權威的喪失是近代價值觀念發生變化的主要精神背景。

　　眾所週知，漢代以降，中國人尊崇的權威是與皇權至尊一統的傳統儒學價值系統。儒學價值觀念系統（倫理道德規範）與政治控制系統（專制皇權秩序）的高度整合，爲封建政治統治提供了合法性價值基礎。而作爲政治統治中樞的皇權又反過來支撐儒學價值觀念在精神領域的至尊壟斷地位。但「清王朝的聲威一遇到不列顛的槍炮就掃地以盡，天朝帝國萬世長存的迷信受到了致命的打擊」，〔註14〕「英國的大炮破壞了中國皇帝的權威，迫使天朝帝國與地上的世界接觸。與外界完全隔絕是保存舊中國的首要條件，而當這種隔絕狀態在英國的努力之下被暴力所打破的時候，接著而來的必然是解體的過程，正如小心保存在密閉棺木裏的木乃伊一接觸新鮮空氣必然要解體一樣。」〔註15〕而與專制皇權一統的儒家價值觀念作爲很少被允許各抒己見的基本社會—政治價值觀和信仰，到戊戌年間，「經新思潮之沖激，漸露根本動搖之勢」，〔註16〕「從一直是無可懷疑的信仰中心，變成了可懷疑的和有爭論的一種思想體系。」〔註17〕作爲知識精英的傳統士大夫對這些主要的價值觀和信仰產生疑問，意味著傳統的儒家社會—政治價值觀與信仰日趨衰微。原先定於一尊的權威和價值信仰之跌落，構成了思想解放的客觀環境。沒有這種客觀環境，就沒有足以容納異端的空間。

　　更爲重要的是，中國近代價值觀念的巨大變遷與西方文化的衝擊有極大的關係，可以說，後者是近代社會價值觀念發軔的眞正緣由。隨著列強的侵入而逐漸加劇的西方文化撞擊無疑是對中國傳統的價值與權威的直接摧破。一元獨斷的價值系統的破壞爲傳統價值觀念的變遷提供了最佳土壤。從鴉片戰爭到甲午戰爭，西學的衝擊使中國傳統價值觀念發生變化，並爲近代人權觀念的出現提供了直接理論淵源。它是促使中國近代人權觀念產生的又一文化背景。

　　鴉片戰爭顯現出來中西在器物層面的巨大反差，使傳統士人對傳統文化開始產生一種淺層的認同危機。傳統士人以往的那種天朝觀念被打破了；「內聖外王」的治國經邦之術失去作用，伴隨而來的是一種強烈的失落感，一種

〔註14〕　《馬克思恩格斯選集》第 2 卷，人民出版社 1972 年，第 2 頁。

〔註15〕　《馬克思恩格斯選集》第 2 卷，人民出版社 1972 年，第 3 頁。

〔註16〕　蕭公權：《中國政治思想史》之三，遼寧教育出版社 1998 年，第 877 頁。

〔註17〕　〔美〕費正清、劉廣京編《劍橋中國晚清史》下卷，中國社會科學出版社 1985年，第 341 頁。

近乎於悲壯的認同危機。在這種認同危機的刺激下，進步的傳統士人開始認真探索中西兩種文化的差異，進而提出向西方學習的思想——「師夷之長技以制夷」。

19世紀中葉以後，當西學在日本迅速成爲全民族注意的中心之際，「中國大多數的士大夫仍然生活在他們自己傳統的精神世界裏」。〔註18〕然而由於一大批出使留學海外人員的回歸以及他們對西方政治文明的評介和引入，西學開始滲透進中國，以致19世紀90年代成爲中國近代政治文化變遷的轉折點，西方的思想和價值觀念從通商口岸大規模向中國內陸擴展，爲傳統士紳文人發生的思想激蕩提供了決定性的推動力。

如果說甲午之前的西學東漸是爲瞭解世界、求強求富，那麼甲午之後的西學東漸則是圍繞救亡圖存和民主革命的主題而展開的。甲午戰爭以後，瓜分之禍迫在眉睫，擺在人們面前已經不是求強求富，而是救亡圖存的問題。「西學的形象，由夷學而西學，而新學而顯學，而救時之靈丹妙藥。」（鄒容語）西學地位的不斷上升，其使命被不斷加重，西學東漸的旋律自然依附時代的主題被介紹到中國。

維新後的日本不僅成爲中國接受西學的大本營，而且也成爲中國人認知中國政治的重要參照對象。眾多譯書機構翻譯的大量政法書籍成爲最早向中國系統介紹西方政治學和法學的著作，對中國的民權思想的產生和發展「厥功甚偉」。

1900年以後，民族革命風潮湧起，民約論、自由論、自治論、獨立論的譯作成爲時髦之學，《路索民約論》、《萬法精理》、《自由原論》、《美國獨立宣言》等成爲革命志士的神聖經典，盧梭、伏爾泰、孟德斯鳩、彌勒約翰等西方哲人比孔孟程朱等中國聖賢更受青年崇拜。伴隨著民主思潮的湧入，西方國家觀念、法制觀念、天賦人權觀念、權利義務觀念、自由平等觀念，集中而具體地介紹進中國，對中國思想界、學術界、政治界產生廣泛的影響。

隨著西學東漸的盛行，新型政治文化觀念的傳播也日漸威猛。其中翻譯機構、報紙、學校以及各種政治性學會和其它組織，在政治文化傳播方面擔當了重要角色。特別是廣學會創辦的《萬國公報》對維新時期思想激蕩貢獻尤爲巨大，被視爲新知識的源泉。從總體上看，西學東漸造就了近代求新求變的政治氣候。

〔註18〕〔美〕費正清、劉廣京編《劍橋中國晚清史》下卷，第324頁。

　　孫中山、鄒容、陳天華、章炳麟等人對人權與共和的吶喊，意味著西學對中國近代政治文化的影響進入到一個新階段。即西學已不再被視爲可以借鑒的工具，而是可以爲中國的政治發展提供思想依據和價值信條。鄒容對「中華共和國」的設計方案，就是以美國《獨立宣言》爲藍本的。孫中山提出的「創立合眾政府」也是以美國爲模式的民主共和政府。革命派在考慮未來共和國的方案時，普遍贊成實行三權鼎立的制度，防止國家攫取無限權力，而使人民無法駕馭。新一代知識分子對人權、民權思想的宣傳，爲革命派的制度革新提供了社會輿論武器，但要想使人權民權思想觀念轉化爲大多數人的政治思維和政治文化中的組成部分，還是一件相當艱難的事情。由此才出現了「五四」時期對人權觀念的啓蒙和張揚。

二、近代人權觀念發軔的路徑邏輯

　　近代中國人權觀念的發軔有著與西方不同的「一條特殊邏輯」。從普遍意義上講，西方歷史進程遵循的是由「自由平等——議會制度」這樣一條邏輯，而近代中國「則一開始就從政治制度著手，先提出立憲主張，而後才出現自由平等思想，遵循的是議會制度——自由平等這樣一條恰好與歐洲相反的邏輯」。〔註19〕

　　近代中國人權觀念基本上是民主思想和制度的衍生品。中國人接觸眞正近代意義的「民主」概念，始於 19 世紀 60 年代，而且是把民主作爲一種有效的政治制度來理解和認識的。它只是依靠理論家和思想家的宣傳和闡述，並且宣傳和闡述的著眼點主要是民主理論和建立民主制度。這是由中國傳統的實用理性和近代中國的現實境遇所決定的。處於列強侵略、瓜分威脅之下的近代中國，最迫切的任務是民族生存，國家獨立、統一和富強。這一首要的主題使近代知識分子往往把一切希望寄予民主制度上，「民主理想的實現是徹底的轉變」、「民主可以解決所有的問題，實現完美的理想」。〔註20〕從戊戌維新到五四啓蒙，民主逐漸成爲人們追求一種價值理念，而人權觀念卻沒有。作爲文化啓蒙的人權觀念只是民主制度的產物。

　　這是因爲，如何建立一個符合自由與平等的新的政治秩序與社會制度，構成了近代中國政治思想文化的主題。中國幾千年來的傳統君主專制體制發

〔註19〕熊月之：《中國近代民主思想史》，上海人民出版社 1987 年版，第 20～21 頁。
〔註20〕黃克武：《清末民初的民主思想：意義與淵源》，《中國現代化論文集》臺北「中央研究院」近代史所 1991 年，第 392 頁。

展演化到近代，由於自身內部機制的老化以及外力的侵蝕已處於困境。要想在原有的制度框架內通過傳統的治國之術來擺脫和克服內外雙重危機已不可能，這時，人們只能從舊體制之外的文化視野中去尋求新的解決。於是，以制度更新爲價值取向的政治認知開始彌漫於近代思想探索中，需要指出的是，近代中國對西方政治制度的認知不是沿著個性的解放、自由平等進而政治制度的路徑進行的，而是基於政治危機、禦侮救國到政治制度進而價值理念的政治思維。這一政治思維始終貫穿於近代中國政治文化變遷過程之中。

近代中國對政治制度的認知經歷了一個曲折的歷史過程：從對美國式民主共和的浪漫贊許，到英國式立憲制度的實驗，最後又回到美國式政治制度的建構。但是每一次的制度探索都以失敗而告終。直至馬克思主義的傳入，才再次引發對政治制度追求的激情。伴隨著西方政治制度和民主觀念的傳播，近代中國開始了對西方人權觀念的接觸和移植。

第三節　工具理性與價值理性

20 世紀 90 年來，近代中國人權觀念問題的研究漸成熱點。有從歷史文化角度進行研究（如劉海年的《人權在中國的形成與發展》、徐顯明的《人權研究》）；有從民權角度進行研究（如高海燕的《近代中國民權思想演進軌跡探因》、久玉林的《近代中國民權思想演進的歷史考察》）；有從人的角度進行研究（陳廷湘的《中國近代「人」的觀念的演變》）；有從近代思想家的角度進行研究（如杜鋼建的一系列關於思想家的人權思想研究）等，本文將從社會行爲中工具理性行爲與價值理性行爲的內在緊張與衝突的角度來對近代中國人權觀念的產生和發展作一分析和梳理。

德國思想家馬克斯·韋伯在《社會與經濟》一書中提出的社會行爲類型中，把社會行爲分爲合理性與非理性兩大類，而合理性行動又被分爲價值理性行爲與工具理性行爲。〔註 21〕在韋伯看來，現代文明的全部成就和問題都來自價值理性與工具理性的緊張和對立。他認爲，價值理性行爲是指人主觀相信行爲具有無條件的排它的價值，從而不顧後果如何、條件怎樣都要完成的行爲。它將價值判斷引入行爲，包含著某些倫理的、審美的、宗教的或其它行爲方式的信念，它全力關注行爲是否符合絕對價值，而與成功的希望無

〔註21〕 參閱蘇國勳：《理性化及其限制──韋伯思想引論》，上海人民出版社 1988 年，第 89 頁。

關。價值理性超越此岸世俗，指向彼岸應然，引導人們服從那種來源於心靈深處的理想和信念的召喚。合乎價值理性的行爲是以絕對價值爲取向的行爲。而工具理性行爲是指排除價值判斷或價值中立，以能夠計算和預測後果爲條件來實現目的的行爲，或者說，是爲達到一個明確的目的考慮和使用一切最有效的手段所展現的特質。它著重考慮的是手段對達到特定目的的能力或可能性，至於特定目的所針對的終極價值是否符合人們的心願則在所不論。

　　韋伯用價值理性與工具理性這兩個相互對立的行爲側面分析近代歐洲理性主義的演進過程及其本質，認爲，價值理性與工具理性以不同的方式聯結以及與其它因素聯結時，就出現了現代文明所固有問題。在韋伯看來，近代歐洲文明的一切成果都是理性主義的產物：只有在理性的行爲方式和思維方式的支配下，才會產生出經過推理證明的數學和通過理性實驗的實證自然科學，才會相應地產生出理性的法律、社會行政管理體制以及理性的社會勞動組織形式——資本主義。韋伯認爲，近代歐洲社會生活的本質特徵是一切行爲以工具理性爲取向，但這種工具理性取向與價值取向有內在關聯，實際上它肇源於價值理性：資本主義的興起與發展與一種特殊的社會精神氣質——資本主義精神具有因果關係，這種精神氣質最終來源於一種潛在的入世禁欲宗教的價值觀，即新教倫理。然而現代資本主義的發展背離了新教禁欲主義價值關心的初衷：現代資產者爲贏利而贏利，使用精密的理性計算技術把社會的一切都全盤「理性化」，一切都變成了「沒有精神的專家，不懂情感的享樂者」。因此資本主義的「合理性」是一種「工具的合理性和價值的非理性」。從文化發展的角度看，在現代資本主義的社會結構與文化價值之間存在著不可消解的衝突，這一境況是現代人所無法規避的「命運」。

　　在韋伯的學說中，價值理性與工具理性這兩種行爲是基於社會行爲意義的思考和理解所設定的範疇，它們都屬於「理想類型」。這就是說，它們從未以純粹的形態在現實中實現過，任何實際行爲既包含工具理性成分，又有價值理性成分。在韋伯心目中，價值理性與工具理性的內在緊張和對立並非絕對的，他們彼此互爲前提地存在同一事物之中，是同一事物屬性的兩個不同方面。能以價值理性爲動力，以工具理性爲行爲準則，將二者互補交融地結合起來，才是一個具有真正自由人格的人。

　　如果將價值理性與工具理性行爲運用於政治活動，其作用是不同的。價值理性賦予政治「應如何」的價值取向和「必如此」的精神信念。它要求政

治行爲從「應如何」出發，關注終極價值；而不是從「是如何」出發，冷靜考慮現實可能。工具理性在政治中的作用，就是促使人們根據給定的條件，以盡可能小的代價最大程度地實現政治目標。合乎工具理性的行爲必須考慮以下因素：其一，條件。工具理性要求根據給定的條件來行動，並不追求不切實際的最優，而是立足切實可行的滿意。其二，代價。工具理性要求盡可能小的代價實現目標。其三，它要求行爲者根據明確的目標來確定自己的行爲，並且力爭最大程度地實現目標。合目標則行，違目標則止。

借用韋伯價值理性與工具理性行爲的劃分來分析中國人權觀念在近代中國出現和發展，可以發現：人權觀念在近代中國出現和發展過程，是近代知識分子對西方人權的移植過程。它是以西方人權爲參照物的一種理性選擇。但是這一移植過程卻顯示出工具理性與價值理性的嚴重脫節與內在緊張。一方面它是近代中國政治文化發展演變的結果，它體現出人們對人權價值理想的追求；更重要的是民族危機直接導致了人權觀念的產生（它是引起人權價值觀念出現的啓動力和催化劑）。中國近代知識分子對近代意義上西方人權思想的接納和介紹，是一種「工具理性行爲」，即「人權」被視爲達到一種合理的目的——救亡圖存和富強中國——的工具和手段而從屬於這個近代中國面臨的基本主題。近代知識分子也試圖將人權提升爲一種終極價值，然而由於現實與理想的衝突，最終使其價值意義消融於國家主義與民族主義的訴求之中，始終沒有成爲近代思想史上一個「價值範疇」。從某種意義上說，西方人權觀念是其社會歷史長期演進的產物，它的產生和形成基於一種「信念倫理」，不僅具有「工具理性」，而且以價值理性爲鵠的，其原因在於它與西方文藝復興宗教改革時期的文化、社會的倫理規範、習俗和宗教信仰密切聯繫在一起，本身不與救亡和富強發生關係，更多地受歷史文化因素的制約。而近代中國人權觀念並不具有終極價值，僅僅被視爲一種實現更高價值目標的手段和工具。

第二章　人權與民權

第一節　人權與中西政治文化傳統

　　近代西方人權觀念是西方政治法律文化傳統的產物。在其形成過程中，自然法理論和社會契約論奠定了人權觀念的思想基礎，從而使人權觀念真正具有了近代意義。仔細分析它的內涵，可以發現它蘊含著自由主義的基本價值理念：它以一般的抽象的人的概念為基礎，抽去人的所有具體差異，把人僅僅作為人來看待，強調人們之間儘管在民族、等級、性別和宗教信仰等方面存在差異，但人作為人，他們在權利上是平等的；它把生命、自由、財產和追求幸福等設定為人的「自然權利」，突出強調個人與他人、個人與國家間的區分和對立，並在個人權利與國家權力之間劃定一個界限，從而為個人設置了堅硬的保護屏障，以抵禦他人和國家的侵犯。它把這些權利視為「自然」的，也就是說，它們是人的本性要求，是與生俱來的，與人的自然存在聯繫在一起，不由任何外在的權威授予或恩賜，因而也是不可剝奪和不可轉讓的；在個人與社會整體、個人與國家之間的關係上，它把個人視為國家和社會的基礎，賦予其終極價值，而國家僅僅是保護和實現個人權利的工具。

一、西方政治文化傳統中的人權

　　在西方社會及文化傳統中，「人權」是一個極為重要的價值範疇。它不僅是一種思想觀念，也是一整套的理論，更意蘊著一系列旨在承認、尊重和保障人權的基本政治制度。作為一種思想觀念，人權貫穿於近現代西方政治文化的發展和演變；作為一整套理論（自然法理論、自然權利學說和社會契約

論），它不僅爲資產階級革命提供了思想精神準備和豐富的政治理論，而且在一個法律或法治的框架下賦予了人由「人性」而享有權利與自由的平等性與合法性，從而奠定了資本主義政治與社會體制的原則和基礎。

在西方觀念傳統中，所謂人權，是指一個人所應具有的基本權利。這些權利主要有生命、自由、財產和反抗壓迫權，以及信仰、言論、結社、著述、出版的自由，還有居住、遷徙、工作的自由等。這些權利是神聖的，即不可轉讓、不可剝奪、不可放棄。任何人、任何組織都無權加以干涉；國家法律必須堅決保護這些權利。如果沒有這些權利，人就不成其爲人。

在西方有一段名言最爲典型地表述了人權觀念的意義內涵：「我們認爲這些眞理是不言而喻的：人人生而平等，他們都從他們的「造物主」那邊被賦予了某些不可轉讓的權利，其中包括生命權、自由權和追求幸福的權利。爲了保障這些權利，所以才在人們中間成立政府。而政府的正當權力，則係得自統治者的同意。如果遇到任何一種形式的政府變成損害這些目的的，那麼人民就有權利來改變它或廢除它，以建立新的政府。這新的政府，必須是建立在這樣的原則的基礎之上，並且是按照這樣的方式來組織它的權力機關，庶幾就人民看來那是最能夠促進他們的安全和幸福的。」〔註1〕

從表面上看，人權是作爲神權的對立物出現的，但歷史的考察和現實的分析都表明，西方人權觀念是與自然法思想、自然權利觀念、社會契約和人民主權理論相聯繫的。

人權觀念首先是基於自然法、理性。亞里士多德認爲有一種無論在何處都具有同樣權威、用理性可以發現的自然法或正義；這種完善的自然法來自自然界永恆和諧的秩序，因而所有公民都快樂在自然法的秩序中受益，但奴隸除外。斯多葛學派設想了一種人類均等的自然法，認爲理性是所有人都共有的一種屬性，並非公民所獨有；中世紀神學哲學把自然法與上帝法聯繫起來，托馬斯・阿奎那在上帝的永恆法、自然法和人類法之間建立了系統的聯繫。他的哲學體系把希臘精神、羅馬法和早期基督教思想從宗教立場上融爲一體，堅稱上帝的永恆法、自然法和人類的制定法都來自理性，但理性最終是上帝的意志。近代自然法學派認爲，自然狀態是一種爲理性所控制的原始和諧狀態，但爲人之私心所破壞，因此人類的任務就是按照自然法則塑造自

〔註1〕《獨立宣言》，《世界人權約法總覽》董雲虎、劉武萍編著，四川人民出版社 1990 年 10 月第 1 版。

己，以便恢復自古就有的理想：按照理性生活，就是按照自然生活；理性是人類所共有的。因而自然法是普遍存在的。

近代自然法和社會契約論者幾乎一致認為，人類曾經有過一個初始的自然狀態，在自然狀態中，基於相同理性的人們生活於自由和平等中，這種自由和平等權利是自然賦予人類的，即天賦的。然而由於種種原因，人類並不能在這種狀態下長期生活下去。為更好的實現自然權利，人們通過一種契約，自願組成並加入社會，社會的合法性來自在這種契約中所表示的同意。通過這種契約，個人形成了「人民」，個人的自主權結合為「人民主權」，這種主權不能分割。人民決定他們應該如何被管理、應當在政府中如何被代表，決定官員的條件和選擇他們的統治的方式和次數。他們決定政府的目的以及為達到這些目的所應授予統治者的權力。沒有為實現政府的目的而授予統治者的權力，仍然屬於人民；凌駕於個人的權力如不是為達到政府目的所需要，就不能授予統治者，在這一範圍內，個人保障自主和自由。社會的目的是保障每個人的生命、個人安全、自主、自由和個人財產的自然權利。在社會中，每個人都同意尊重其它人的這些權利。人民及其所創立的政府，擔負著通過法律和制度尊重和保護個人權利的職責。

西方的這種契約觀念意味著：第一，承認公民個體在公共政治生活中獨立的主體地位。契約是個體的一種自由、自主的活動，是個體獨立意志的體現。公共政治生活包括國家、政府、法律，既然是眾多個體的自主選擇和同意的產物，進行這種選擇活動的個體也必然是獨立自主的。第二，權利和義務在公民個體身上有機地統一起來。契約的前提是享有各種權利是獨立個體的存在，契約的內容是雙方為了各自利益的交換活動。每個個體在契約中都放棄原有的一部分權利和權力，以建立公共權力和法律，也就表示了個體自願承擔起服從公共權力與法律的義務；同時，每個個體建立契約的目的是為了保有自己的權利和利益，所以政府（公共權力）就承擔了保護公民個體權利和利益的義務。反過來也如此，政府從契約中享有了管理社會的公共生活的權力，公民個體也就從政府管理公共生活的活動中獲得了對自我權利的保護，正如盧梭所說的，「要尋找一種結合形式，使它能以全部共同的力量來衛護和保障每個結合者的人身和財富，並且由於這一結合而使每個與全體相聯合的個人自由只不過是在服從自己本人，並且仍然像以往一樣自由。」[註2]

〔註2〕盧梭：《社會契約論》，商務印書館1982年，第23頁。

在西方人權觀念中，自由與平等是兩個最基本的理念。在西方自由主義學說中，人權與自由的涵蓋範圍是基本相同的。自由主義認為，個人自由是人的一種天然權利，這種權利不可轉讓、不可剝奪、不可放棄。剝奪個人自由必須受到嚴厲的制裁。與自由相反的狀態是奴役，自由主義認為，奴役他人，剝奪他人的自由是一種最為野蠻的行徑，必須從人類社會中堅決加以剷除。

西方將自由視為人生的最高價值。在西方，自由的原意是從外部的束縛下解放出來。隨著社會和人的能力的發展，自由的含義不斷擴大，自由被理解為擺脫一切束縛，特別是擺脫思想和精神上的桎梏，實現思想和精神上的解放。大體而言，西方哲學家和神學家非常注意人類自由的問題。在猶太基督教傳統中，至少自奧古斯丁以來，自由意誌概念一直扮演核心角色；自柏拉圖至康德，許多哲學家也都假定人們有行為自由的傾向，至少就他們的道德行為而言。康德主張，自由是我們唯一天賦的、與生俱來的權利，一切道德的及政治的行動，均以此為根本。盧梭名言「人是生而自由的，但卻無往不在枷鎖之中」。〔註 3〕「不自由，毋寧死」是西方傳統政治文化追求自由精神價值的精練概括和集中體現，曾撥動千百萬人的心弦，激勵著他們投入反封建的鬥爭，以實現自由價值追求。

在西方政治文化傳統中，自由和平等是緊密聯繫在一起的。西方人在追求自由的時候，也把平等作為所要實現的價值目標。然而，在西方社會發展的不同階段，平等作為一種觀念有不同的內涵。亞里士多德認為，政治上的平等可分為比值的平等和平均的平等，只有比值的平等即按照出身門第和貢獻分配政治權利才是正義的。西歐封建社會在世俗生活中建立起嚴格的等級制度，同時承認一切基督徒在現世中罪的平等和來世生活的平等。近代西方資產階級依據自然法和契約論提出並論證了人的自然的平等和法律面前的人人平等。雖然說，這些西方的政治實踐中，人類平等並沒有實現，但作為一種觀念，一種理想，它卻一直明確地存在著，並成為傳統西方政治文化的重要內容。

在近代西方社會，由於人權觀念代表了當時先進的資產階級和社會民眾進步的政治訴求，其基本理念也就構成了西方政治和法律制度的核心價值。1776 年美國弗吉尼亞的《權利宣言》、1776 年美國《獨立宣言》、1789 年法國

〔註 3〕盧梭：《社會契約論》，商務印書館 1982 年，第 8 頁。

的《人權與公民權利宣言》和 1891 年美國《憲法》都鮮明地體現了天賦人權的基本觀念，從而在實踐上導致了近代資本主義國家的政治和法律制度的確立。而在人權基礎上發展而來的自由主義思想給予西方社會的發展以極其巨大的影響，並且直到今天仍然震盪著整個世界。

二、人權與中國政治文化傳統

關於人權與中國傳統，學術界爭論頗爲激烈。有論者認爲，人權觀念中國古而有之。中國傳統思想文化中，並不缺乏重民重人之觀念，這種重民重人之觀念就是一種人權觀念的表現。因之，也就不存在近代中國人權觀念的產生問題。持反論者認爲，中國古代的重民重人思想觀念並不是人權觀念，因爲它的出發點和歸宿點是「重君」而非「重人」，它所關注的是對君主權力的維護，而不是對個人權利的保障。從嚴格意義上講，中國並沒有近代意義上的「人權觀念」，中國的人權觀念是鴉片戰爭之後的舶來品。夏勇先生在《人權概念起源》一書中認爲，人權與中國傳統無根本衝突。其依據爲：「人權所包含的人道精神和大同精神，在中國古代社會裏不僅存在，而且相當豐富。中國缺少的主要是法治精神。可以說，人文主義是中國傳統文化的根本特徵。」「古代人權思想在邏輯上由終極權威觀念、平等人格觀念、本性自由觀念構成。中國歷史上雖未出現人權思想，但在中國古代思想裏，無疑存在超越實在法之上的道德觀念以及人格平等觀念，自由觀念在儒、道、佛三家那裏也很充沛，只因它是向內的、自足的、超脫的，很少與社會利益關係中的自利、自主、自衛和對抗相聯繫，才未曾推轉出權利觀念來。」〔註4〕因此，人權與中國傳統具有相容性。

本文認爲，中國傳統政治文化雖然不乏人文主義、人格平等、自由等觀念，但從社會結構、政治生活以及思想文化流變來看，並沒有衍展出人權觀念，這是歷史事實。這是因爲，儘管中國政治文化中的某些思想觀念與人權觀念具有相容性，但從整體上看，它與產生人權觀念的西方政治文化是不同的。如果說，近代中國沒有移植西方人權觀念的話，在中國的傳統中，是否存在著一種潛在的人權哲學基礎，即一種不同於今日西方的人權哲學基礎？有沒有可能產生政治文化上不同的人權觀念？從歷史事實來看是否定的。

〔註4〕夏勇：《人權概念起源》，中國政法大學出版社 1992 年，第 179 頁。

在中國傳統思想資源中，從來沒有出現過個人與個人主義以及權利的觀念。雖然鼓勵自我修養（self-cultivation），但人的個性（individuality）並不被提倡或主張。人與人、個人與社會之間的範圍沒有被清楚地劃分界限。作為一種社會動物的「人」生活在一個等級社會的一系列等級關係中，其理想追求是社會的和諧。個人不是社會與國家的中心，個人加入社會不是自願的，政府的合法性也不取決於個人的同意或由個人組成的全體人民的同意。個人不是平等的而是分等級的。這種安排依照互相之間的義務和合理期待被界定下來。個人被歸入一種家庭和父權的種種倫理政治關係等級秩序中。

在傳統中國，社會理想不是個人自由與平等，而是社會秩序及其和諧；在個人和社會之間，沒有任何區別、分裂和衝突。而只有充滿於所有個人行為中的一種必需的統一與和諧。個人的權利與義務兩者都是可以轉讓的，並且都被歸入對和諧的承諾之中。在相當一段時間裏，中國社會都是在犧牲個人的權利、利益和生命的基礎上追求社會的秩序與和諧。雖然為了個人自身的目的和更美好社會的價值，個人被告誡從事道德上的自我修行和完善，但是完善個人卻不是社會的目的。社會的目的不是保護和促進個人自由，而是保持和諧的等級秩序並期望用它克服個人自由。因此，對於中國主流的政治文化（儒家）來講，絕對意義上的「人權」是不存在的。其原因就在於中國文化傳統對「人」、「權利」的理解和定位與西方是不同的。

（一）關於「人」的認識和定位

西方傳統政治文化對「人」的認識有兩個基點。一方面，人是相對於奴隸而言的。人與奴隸的根本區別在於人有自由。人從主人的束縛、控制下解放出來，就是獲得了自由，而且就成為了人。另一方面人是相對於其它有生命的動物而言的，人與動物的區別在於人有「理性」。「人是有理性的動物」──是西方特別是近代西方對人的一種最普遍的認識。在西方，理性在不同時期有不同的含義，但人的理性主要指人認識事物、辨別是非善惡的一種能力。西方哲學強調人性中理性，在功利主義及康德的社會政治思想中尤為如此：人都是理性的行為者。在康德的道德理論中，理性的行為者服從於邏輯原理；理性的行為者即是邏輯的主體。在盡最大的可能尋求自利的快樂時，行為者就是在滿足其理性的形象。中國傳統儒家把「人」（Person）視為一種社會道德的成就，「人」是從社會的和環境的角度來理解的。儒、道、墨思想對人的一般看法是：一個人必須實踐不同形式的自我修養，以獲得某種程度

的權威或眞實性。一個人之所以爲人不是與生俱來的，而必須從事自我修養，才能獲得並維持做人的資格。尤其是統治者的自我修養不僅影響社會秩序的調和，而且可以使宇宙趨於和諧（天人合一）。

西方政治文化強調人的自由、平等和獨立。契約論者把自由、平等、獨立這三個不可剝奪的屬性，賦予先於契約的個人。在西方，個人是分立的最基本的、不可分割的，分立的個人乃是權利的持有者，是一個理性的、自利的行爲者，可以自由地、平等地、獨立地治理他自己的生活——不論在個人私生活方面，還是作爲公共的立法者。一般而言，集體主義強調社會的利益優先於個人的成就，自由主義理論傾向於強調個人的實現是目的，社會關係乃是達到該目的的手段。

而傳統中國，個人是被包容在以家長制爲特徵的宗法政治關係之中的。中國的宗法政治等級關係的基本內容是父子、夫妻、兄弟、君臣、君民等關係，社會成員（個人）被血緣關係聯結在一起。家是國的基礎，國則是家的擴大。「子受命於父」的家庭倫理關係被推及社會和國家就是臣民「受命於君」。統治者與民的關係便具有了父子關係的色彩。對於民來說，各級統治者都是民的父母官，最高統治著君主則成爲「君父」；對於統治者來說，民眾則成爲子民。整個社會就是由各種等級隸屬關係構成的關係網，君主則位於這個關係網的頂端，是政治上的最高主宰，又是最高的父家長身份，「天資作民父母，以爲天下往」。〔註 5〕在這樣的等級關係網中，每個人都被固定在相應的等級位置上，屬於各自的主人。而中國的禮法制度作爲維護宗法等級關係的重要手段和武器，在中國傳統社會，不僅規範、束縛人的行爲，而且束縛人的思想，成爲人的精神桎梏。禮所體現的等級觀念剝奪了人的獨立性，不僅使人成爲奴僕，而且使人安於做奴僕。

（二）關於權利的理解

中國在權利的概念、內容和實質意義上都不同於西方。西方關於權利的基本假想是：權利是生來具有的，而不是國家賜予的；所有的人，不論其國籍所屬，都擁有相同的權利，而不是由國家爲她們的公民規定不同的權利；權利存在的基礎是固有的人性尊嚴，而不是她們對國家來說有什麼用處；權利設定了法律的界限，它不是法律的產物，不受法律的限制；國家有義務履

〔註 5〕《禮記·大傳》。

行權利，而不是只把它們當作許多目標中的一個。這種假想從淵源上來說是植根於天賦人權、個人主義、憲法保障不受國家侵犯等西方傳統之中，其論據分為兩大類：天賦人權和功利主義。天賦人權論的主張是：人作為人而擁有權利，因為人生而具有尊嚴和價值。這些權利決不可受到侵犯，或很難受到侵犯。功利主義的主張是：人擁有權利是因為這種方式更有益。人的福利始終是功利主義的檢驗標準。因此，最終還是要回到人本身的某些價值上來。但是功利主義比較傾向於允許不同利益之間進行交換。所以，個人的權利可以犧牲或改變，以換取其它個人或社會的利益。

作為人權思想的根源，西方權利傳統的理論假設，對於中國人來說都是外來之物。用一個現代的最基本的闡述就是：每個人生來具有「平等的尊嚴和價值」。在中國的傳統中，權利不被看作是與生俱來的，而是社會授予的利益，有賴於社會。人生的目標和價值，是社會性而不是個體性的，而且包含為群體利益而犧牲個人的願望。

在西方傳統政治文化中，權利觀念是以個體的主體地位為基礎的。在個體與整體、個人與國家的關係上，西方政治文化將自由看作人的本性或本質特徵，強調個體的獨立性與自主性。個體的自由、個體人格的存在又是和個體的私人利益，特別是對物的佔有即所有權緊密地聯繫在一起。另一方面，西方的權利觀念與契約觀念聯繫在一起。契約觀念是商品經濟的產物。在西方近代，由於市場經濟的發展，契約理論成為人們理解國家與政治社會根源的最流行的思想。人們普遍認為，政治社會是享有自由、生命、財產等自然權利的人們約定的產物。通過契約，人們不僅建立了政府和法律，也取得了公民資格。政府和法律只是保護公民權利的一種工具，同時，個人在訂約時放棄了自己懲罰他人的權利和權力，承擔了服從政府法律的義務。

在中國傳統政治文化中，作為子民的「人」不僅不能成為權利主體，而且沒有自己的獨立人格和主體意識。他們被固定在宗法等級制社會的最底層，被稱為「黔首」，「無名姓氏於天地之間」，是「至賤乎賤者也」。〔註6〕在經濟上，只有家長有支配財產的權力，個體成員沒有私有財產權。「父母在，不敢私其財」。〔註7〕但是家長也並不具有真正意義上的私有財產權，因為「溥

〔註6〕《春秋繁露‧順命》。
〔註7〕《禮記‧坊記》。

天之下，莫非王土，率土之濱，莫非王臣」，〔註 8〕君主才是全國一切土地、財產的最高所有者。君主可以賜予臣民土地及財產，也可以隨時收回。在思想行為上，由宗法等級關係衍生出來的仁義忠孝等倫理道德，不僅規範著個體的行為，而且桎梏著個體的思想，使其「思不出其位」。因此，中國傳統文化中的「人」沒有自我的人格與獨立性，沒有意志自由，沒有行為自主權，沒有經濟上的獨立，甚至其生命價值也只屬於父母、屬於家庭，只具有傳宗接代的意義，所謂的「人」根本不能作為權利的主體。

以上的分析可見，中國傳統政治文化是無論如何也衍展不出人權觀念的。中國近代人權觀念的出現是以近代西方人權觀念作為其邏輯起點的。

第二節　人權與民權：兩種文化傳統的不同話語

一、民權：近代中國人權觀念的邏輯起點

人權是近代西方政治文化傳統的基本價值理念，其內涵意味著：人作為個體是生而平等自由的；人人都享有自然所賦予的不可讓與、不可剝奪的權利，這些權利包括生命權、自由權、財產權、以及追求幸福權等。這是近代中國追求人權所面臨的理論淵源。但近代中國對人權的追求並不是以人權的形式表現出來的，而是以「民權」的形式作為起點。人權問題研究學者徐顯明認為，將「人」與「權」合而構成近代具有權利意義概念的是日本明治維新前期《泰西國法論》一書的作者——津田眞道。國人在 19 世紀末所接受的人權概念，當時都以「民權」表達之。是時傳播人權思想的渠道有兩條，主渠道是日本，次渠道是西洋。至上世紀初年，第二渠道漸居上勢，遂有人權概念登場。

（一）民本與民權：兩種不同的政治文化觀念

人權是人類文明社會所具有的實質性內涵。它是人的基本價值追求，也是社會文明演化進取所不可少的力量。〔註 9〕在西方近代傳統政治文化中，人權觀念有其「自然法」和「自然狀態」的學理前提，源於對上帝的共同信仰：人作為上帝的創造物，都有理性、自由和支配自己生命財產的

〔註 8〕《詩·小雅·北山》。
〔註 9〕參見〔美〕愛·麥·伯恩斯：《當代世界政治理論》，商務印書館 1983 年，第 27 頁。

權利。即人權觀念是基於終極關懷的宗教信仰而產生的一種價值理念。而在中國近代，當思想家們移植和傳播人權觀念時，卻沒有這樣的傳統精神資源接榫。

從思想文化資源來看，中國政治文化傳統中並沒有真正政治學意義「權利」和「人」的觀念。〔註10〕梁啓超認為，「中國缺乏權利觀念是中國國家衰弱的根源」。〔註11〕在中國幾千年的政治文化傳統中，儘管也有諸如「敬德保民」、「重民」、「民本」、「大同」思想，但中國古代並沒有我們可繼承的關於「人」的概念。人的概念被「民」所取代。中國古代政治思維對人的解釋不是把人作為獨立實體，從人自身去解釋人，而是從人的相互關係上去認識、界定人。「人」在中國傳統社會不能成為政治主體，只能是被統治的對象。林毓生教授曾經說：「在（普遍王權）這個觀念的籠罩下，我們傳統中的思想家壓根兒未曾想到國家的秩序可以來自人民的自治。」〔註12〕

對「民」的認識所形成的「民為邦本，本固邦寧」的民本理念成為中國儒家政治文化傳統的主題之一。「中國傳統政治哲學的主流是以民為本，歷來並無異辭。」〔註13〕在儒家傳統中，民本理念始於孔子，到孟子那裏得以充分發揮和完善。「民為貴，社稷次之，君為輕」，「是故，得乎丘民而為天子」，這一思想命題對後世影響甚大，不僅成為歷代君王正心、誠意、修齊治平的內在動力，貫穿於歷代社會精英的精神世界，而且體現於傳統精英文化的各個學派中。

儘管「民為邦本」是中國傳統政治文化的重要內涵，但它並不是核心內涵。中國政治文化傳統對政治問題的思考主要是圍繞如何處理君民關係而展開的。以「君君、臣臣、父父、子子」等級名分構成了傳統政治思維的核心。君民關係是父子人倫關係在政治領域的體現。在以人倫為基礎的君民關係中，民被視為國家的「私產」，而不是一個對等的政治主體，只有自己履行的義務，「為人臣止於敬」，「為人子止於孝」，「為人父止於慈」。在這一文化傳統中，既無「人」的觀念，也無權利意識，根本不可能衍生西方意義的人權理念。

〔註10〕這一觀點在學術界有爭論，但大多數學者持肯定的看法。
〔註11〕張灝：《梁啓超與中國思想的過渡》，江蘇人民出版社1984年，第139頁。
〔註12〕林毓生：《中國傳統的創造性轉換》，第286頁。
〔註13〕劉述先：《儒家思想與現代化》，中國廣播出版社1993年，第17頁。

因此，近代中國在接受西方政治文化時首先認同的是民權（民主）而不是人權。這是因為人權作為一個個體概念與中國的文化傳統實在是有著太多的隔膜和懸離，而民權作為一個「群」的概念卻可以與中國傳統政治文化資源的民本思想得以契合。

然而民本畢竟不同於民權。二者分屬於兩種本質不同的思想體系。「民本」屬於古代儒家仁政思想體系。作為一種政治主張，其實質是為民作主而非由民作主。它的價值追求在於實現倫理正義，其目的是為了更好地「牧民」，梁啟超評價民本思想，「儒家仁政民本思想的最大缺點，在專為君說法，而不為民說法」，「所以中國史上雖有民本思想的巨流，但並無民權運動的勃興。」〔註14〕而「民權」屬於民主啟蒙思想體系，在制度上以限制君權的立憲為載體。因此，中國傳統政治文化中「民本」與近代「民權」有其質的區別，與西方人權概念則相去更遠。

民本觀念在精英文化中的轉向是隨著近代中國政治制度變革的邏輯演進而逐漸展開的。其原因在於一方面是西方民主思想的傳播，另一方面是對傳統民本觀念的揚棄。由於「中國近代民主思想從內容到形式都是先接受西方民主思想，然後再發掘古代反對專制主義的思想而來的。無論康有為還是章太炎……都是在知道了西方民主思想以後，再戴著有色眼鏡，到傳統的詩云子曰中闡幽發微的。」〔註15〕因此在民主概念在傳入時，產生了一個具有中國特色的概念「民權」。如鄭觀應、王韜、何啟、胡禮垣、康有為、梁啟超等人，都是用「民權」來解釋民主。「民權」是西方「民主」在中國的最早別名。近代民權概念是伴隨著近代先進知識群體對西方民主政制的接觸和介紹而出現的，但在內涵上與西方民主又並不完全相同。

（二）民主與民權：不同文化語境下的概念轉換

「民主」（Democracy）源於希臘文，約產生於公元前五世紀中葉。它由「全民」、「權力」、「統治」合成，其基本含義就是「人民的權力」或「人民的統治」。〔註16〕民主的原意是多數人的統治形態，指以多數人的意志為政權的基礎，承認公民享有自由平等和其它政治權利的統治形式。古希臘的政治思想家柏拉圖、亞里士多德等使用「民主」概念一般是指政體形態而言。中

〔註14〕〔臺灣〕韋政通：《中國的智慧》，吉林文史出版社1988年，第37～38頁。
〔註15〕熊月之：《中國近代民主思想史》，上海人民出版社1987年版，第552頁。
〔註16〕熊月之：《中國近代民主思想史》，上海人民出版社1986年版，第29頁。

世紀以來，「民主」總的來說一直屬於學者用語，而且指的依然是亞里士多德繪製的國家形態，並基本沿襲了亞氏的觀點。從根本上說，近代「民主」概念的詞義，產生和發展於法國大革命前後並得到廣泛傳播。一方面「民主」概念徹底從學者用語轉變為常見的政治概念，不再局限於體制和國家形態，另一方面隨著「民主」概念的廣泛使用，其詞義獲得了思想和歷史哲學方面的內涵。此後，「民主」成為一個社會和精神概念，一種有關民主原則的學說。其依據是一種原始的社會契約和以公眾意志為基礎的法治思想。

「民主」概念傳入中國的時候，中國士大夫並不瞭解這一概念究竟有多大內涵容量和它的「詞外之義」，不瞭解因歷史的積澱蘊涵於概念表層之下的深層要旨。換言之，即「民主」概念傳入中國時，主要不是民主思想或曰一種政治信仰的理念，而只是體制形態和操作方式。而且這種體制形態和操作方式，主要是通過對議會的介紹傳入中國的。

「民主」一詞在我國《尚書》、《左傳》等先秦典籍中已經出現，但當時「民主」的意思是「民之主」，與近代意義上的「民主」有本質的區別。近代意義的「民主」始於 1864 年出版的丁韙良的《萬國公法》。〔註17〕但當我們見到史料中「民主」時，並不一定就能確定它就是西方某個概念的譯詞。英文 Democracy 一開始有許多譯法，馬禮遜的《五車韻府》（1822年）將 Democracy 詮釋為「既不可無人統率亦不可多人亂管」；麥都思的《英漢字典》（1847 年）將 Democracy 譯為「眾人的國統，眾人的治理，多人亂管，小民弄權」；羅存德《英華字典》（1866 年）中的 Democracy 為「民政，眾人管轄，百姓弄權」。究竟是何時開始用「民主」與其對應，還有待進一步考證，而且這是一極難考證的東西。但有一點可以肯定，當「民主」被用來翻譯 Democracy 的時候，這個詞的原有之詞義「民之主宰者」還未退出歷史舞臺。

在十九世紀 90 年代之前，中國知識界對「民主」概念多半是囿於介紹而缺乏認同感。民主的價值理念依然在其精神世界之外。即便像中國首任駐外公使郭嵩燾這樣的開明人士，也認為「泰西政教風俗可云美哉，而民氣太囂，為弊甚大」。這種對「民主」的懷疑和反感在維新派中是很普遍的。同時當時中國知識界在關注民主制度時，還缺乏推翻君主專制的膽略和意識，不少人以為民主制度有可取之處，而在提倡效法時卻多半迴避美法式之民

〔註17〕熊月之：《中國近代民主思想史》，上海人民出版社 1986 年版，第 10～11 頁。

主，推崇英德或日本式之民主。這就是所謂「君民共主」（君主立憲）之民權思想發軔之理論淵源。

在維新派那裏，民主還是一個具有相當局限性的概念，民本觀念雖有所動搖，但還沒有發生根本的轉變。由民本到民主，真正近代意義上的轉變是孫中山完成的。他說：「夫中華民國者，人民之國也。……國中之百官，上至總統，下而巡差，皆人民之公僕也。而中國四萬萬之人民，由遠祖初生以來，素為專制君主之奴隸，向來多有不識為主人，不敢為主人，不能為主人，而今皆當為主人矣。」（《孫文學說》）辛亥革命勝利後，南京臨時政府根據自由平等和主權在民的原則，宣佈人民享有選舉、參政等「公權」和居住、言論、出版、集會、信教等「私權」。在孫中山的憲政思想中，「自由、平等、博愛」是其價值核心，他認為，「要能夠自由，必要得到平等；如果得不到平等，便無從實現自由。」〔註18〕孫中山用平等觀念解構了民本思想中的本末貴賤論，使其平等思想完全具有近代意義。

五四時期，民主不僅被理解為一種制度，而且被視為一種價值理念和信仰。李大釗認為，「平民主義」是一種精神氣質，一種民族文化和生活哲學，在思想史上比孫中山更高一層。陳獨秀強調，民本主義與近代西方民主主義是根本不同的兩回事。認為：「夫西洋之民主主義乃以人民為主體，林肯所謂由民（by people）而非為民（for people），是也。所謂民視民聽，民貴君輕，所謂民為邦本，皆以君主之社稷——即君主祖遺之家產——為本位。此等仁民愛民為民之民本主義，皆自根本上取消國民之人格，而與以人民為主體，由民主主義之民主政治，絕非一物。」〔註19〕至此，民本觀念被完全解構，並因此獲得了近代意義。民本向民主理念的轉向，為人權觀念的產生起到了催化作用。

而「民權」一詞源於日文轉譯（據熊月之先生在《中國近代民主思想史》的考察，「民權」一詞來自日本）。在英文中，民主與民權同源於 democracy。對於西方文化而言，「民主」與「民權」在其本質上並無差別，它意味著對封建君主專制制度的否定。但是「Democracy」移植到中國後卻分蘗出兩個不同的思想內涵：「民權」的涵義為：一、人民參政的權利（suffrage）；二、人民維護人身、財產的權利（civil rights）。「民主」的涵義為：一、人民的主宰者，君主；二、一國主權屬於國民（democracy）。理解上的差別，導致了政治主張

〔註18〕《孫中山選集》下卷，人民出版社 1981 年，第 691 頁。
〔註19〕《獨秀文存》，安徽人民出版社 1987 年，第 220 頁。

上的不同。「民權」可大可小，由君主或國家給予；民主表示「主權在民」、「民是主人」，人民主權不能轉讓或分割。在十九世紀，凡是不主張推翻君主專制的人，幾乎沒有一個人不批評民主。王韜、陳熾、何啓、胡禮垣表示，他們的主張是民權而不是民主。

近代中國最初對民權的理解體現在：「限制君權，杜絕民主」；「與君權共存，補君權不足」，它一方面反映出對封建君權專制的不滿；另一方面又意味著對「民主」的根本否定。早期維新「士人」大都倡「民權」而罵「民主」，認爲「民主」爲「反上作亂之濫觴」。〔註20〕何啓、胡禮垣曾特別加以辨析：「民權者，其國之君仍世襲其位；民主者，其國之君由民選立，以幾年爲期。吾言民權者，謂欲使中國之君世代相承，踐天位勿替，非民主國之謂也。」〔註21〕

從辨析看，近代中國早期「民權」思想並不包含反對封建君權的內容，其立足點並不是從對封建君權的反叛，而是充分肯定了「君權」本身「天經地義」的合理性。「君者，父之父母也」。〔註22〕民權不是對君權的否定，而是對「君權」極致失偏的一種糾正或補充。

早期「士人」倡「民權」而反「民主」，源於對二者的理解不同。「民權」被理解爲「人民的權利」，而「民主」被理解爲「人民作主」。那麼「民主」就是「君權」的直接對立，「民權」則可以與「君權」共存或「共主」。「君民共主」也正是早期「士人」心目中的理想政制。

在早期「士人」看來，無論是中國「降及嬴秦」的專制制度，還是西方的民主制度，都不符合中國文化「中庸」的基本精神，都是失之偏頗的政制，「君主者權偏於上，民主者權偏於下」。〔註23〕只有「君民共主者權得其平」〔註24〕，才是他們心目中理想的社會政制，才符合中國傳統文化的「中庸」之道。因此，早期「民權」不是「君權」的對立，而是與「君權」共處的。「君民共主」，才能「群民遺體、上下一心」，才能「上下無捍格之虞，臣民泯異同之見」。〔註25〕

〔註20〕陳熾：《盛世危言・序》，《盛世危言》前附。

〔註21〕何啓、胡禮垣：《勸學篇・書後》，《新政眞詮》，遼寧人民出版社1994年，第14頁。

〔註22〕何啓、胡禮垣：《新政論議》，《戊戌變法》第一冊，第189頁。

〔註23〕《鄭觀應集》上冊，上海人民出版社1982年，第316頁。

〔註24〕《鄭觀應集》上冊，第216頁。

〔註25〕《鄭觀應集》上冊，第103頁。

　　從「民權」與「君權」的關係看，「民權」依附於「君權」，是「君權」的補充和完善；「君權」是「民權」存在的基礎和條件。伸張「民權」是爲了「君權」的永固，是爲了「去塞求通，下情上達」而已。「民權」的功用在於使「君」與「民」「上下之交不至於隔閡」。因爲「能與民同其利者，民必與上同其害；與民共其樂者，民必與上共其憂。」〔註 26〕「民權」的最終目標是使「君權」「世代相承，踐天位勿替」。因此，「民權」也只有與「君權共存」，補「君權不足」才有存在之價值。

　　戊戌之前的民權思想，儘管是傳統「士人」初步接觸西方民主的觀念反映，但並非是眞正意義上的民主要求，充其量不過是爲了應付「數千年未有之大變局」而進行的改革設想。其思維的主體是君主、政府和國家，根本不是人民或個體的人。換言之，西方民主理論的核心「主權在民」、「以法律限制權力，特別是政府的權力」來保證個人的自由平等人權理念等，對於那時的中國人來說，根本是匪夷所思的東西。

　　戊戌維新派沿襲了早期「士人」的思維，也主張民權，而反對民主，要求君主立憲。儘管梁啓超也用「民主」，但他卻認爲「民權與民主二者，其訓詁絕異」。按照他的說法，「吾儕之昌言民權，十年茲矣。當道者憂之、嫉之、畏之，如洪水猛獸然。此無怪其然也，蓋又不知有民權與民主之別，而謂言民權者必與彼所擁戴之君主爲仇，而憂之、嫉之、畏之也固矣。不知有君主之立憲，有民主之立憲，兩者同爲民權，而所以訓致之途，亦有別焉。」民主與民權明顯是分開的。

　　革命派使用的「民權」，已不是君民共主之民權，不是君主立憲，而是推翻君權，民主立憲，與「民主」同義。也有人視民權爲「民之權」，即人民的權力，而民主則是共和政體。如陳天華「欲救中國惟有興民權改民主。」即用人民的權力改爲民主政體。無論如何，對民主與民權的理解都帶有中國的特色。即偏重於政治上的認識和政治制度的變革，而對人的解放，人的主體性與人的自由則認識不夠，重視不夠。

二、人權與民權：兩種文化話語的內涵分歧

　　人權與民權之間的「人」與「民」不只是字義的不同，重要的是文化上的差異。被近代中國先進「士人」和知識分子釋讀的「民權」不只是語言上

〔註 26〕王韜：《弢園文錄外編・重民中》，遼寧人民出版社 1994 年。

的翻譯，而主要是思想、精神、心理、人生經驗即「文化」上的體認。從表象上、觀感上、直接的意義上，「民權」思想顯然帶有西方文化的痕跡。因為它畢竟來源於西方，受到西方文化的啓示。但從「民權」的深層內涵上，精神實質上，卻是中國傳統文化的凝結。在中國近代思想中，「民」是屬於「群」的範疇，而不是一個個體概念，它在邏輯上是與「君」相對應的。在西方近代政治文化傳統中，人是作爲個體而存在的，與社會、國家是對立的；要保障個體價值和個體自由的實現，必須限制國家權力。而近代中國知識分子所關注的是群體的「民」和國家以及個人對民族國家的服從和義務。

（一）民權與人權：具有不同價值取向的兩個概念

西方 17、18 世紀啓蒙思想家所謂的「人權」從一開始就有深刻的理性內涵，從學理上掘除中世紀封建君主專制的精神支柱，以「自然法」、「自然權利」、「社會契約」理論構成了近代西方政治文化的核心。它意味著人作爲個體是生而自由平等的；人人都享有自然法賦予的不可讓與、不可剝奪的權利，這些權利包括生命權、自由權、財產權以及追求幸福的權利。這一基本信念構成了西方國家政治制度和政治統治倫理基礎，它意味著人權並非來自國家和憲法的賜予，而是先於國家和憲法而存在。國家和憲法不能創設人權，而只能確認人權，而對人權的確認和保障則構成政府權力運作的合法來源和倫理基礎。在個人與社會、個人權利與國家權力的關係問題上，個人及個人權利始終是第一位的。

民權所代表的是一個「群」的範疇，而人權與 Liberty（自由）相涉，它意味著個體作爲社會組成單元在國家和社會中應享有的價值和尊嚴。在本質上，它屬於「個體」概念。近代中國的「民權」思想捨棄「人權」所包含的人人「自由平等」價值內涵，所尊崇的仍然是中國傳統政治文化的倫理精神。倡「民權」不是要求君民平等，而是解決「上下相隔」的弊端。「三綱五常」乃「天理之當然」，絕不能妄議。「推尚同之說，則謂君民同權，父子同權矣；推兼愛之說，則謂父母兄弟同於路人矣。天下不能無尊卑，無親疏，無上下，天理之當然，人情之極則也。」〔註27〕

（二）「民」與「人」的地位差異

近代「民權」始終未能抽象表現爲「人權」，在維新派的政治思維裏，「民

〔註27〕黃遵憲：《學術志》，《日本國志》卷三十二。

權」永遠無法脫離「君權」而獨立存在。這恰恰是民權與人權區別的關鍵所在。在中國傳統社會裏，「民」是相對於「君」而言的社會群體概念。在政治生活和社會生活中，不存在抽象的「人」的概念。每個人首先是存在於「君」與「民」的二元對應結構中，同時每個人又存在於社會道德倫理關係中，恪守著命運給自己安排的「位置」，並嚴格遵循著與該位置相應的一整套倫理道德原則——三綱五常。在綱常倫理的關係中，原本能動的個體的「人」，為了整體的和諧，合理地自覺地失去了獨立的人格，也失去了自身的價值。因此，以集體和社會權利還是以個人權利為價值取向成為民權和人權的最本質區別。

由於近代中國面臨的主題是救亡圖存和富國強民，致使其在接受西方人權觀念時，是以民權而不是以人權的形式，導致西方人權觀念在近代中國的變異，從而使人權這一屬於價值理性的概念被融化於強烈的民族主義訴求之中，成為國家復興而強盛的「工具理性」。

第一、作為西方「人權」觀念中人文主義的、抽象的「自然人」，成為近代中國代表「民」的民族、國家、君、紳等。西方的「人權」觀念被改造為以中國民族主義為主要內容、夾雜著皇權主義、國家主義觀念的資產階級「民權」思想。

第二、作為西方「人權」觀念中的平等的、契約的人，成為「尊君權」、「合君權」或「反君權」的「民」。這種「民」以服從為特徵，而不是基於契約之上的平等的人。

第三、作為西方「人權」觀念中的個體的「人」，成為了包含著個人而且主宰著個人的集體組織，個人主義的「人權」理念被改造為集體主義的「民權」思想。

第四、西方「人權」觀念中「天賦的」神聖不可侵犯的權利被「民權」改造為愛國忠君的人民大眾的義務。

「人權」與「民權」僅一字之差，其內涵大相徑庭。「民權」說中，「君權」、民族權獲得肯定和維護，而全民族的每一個人的最廣泛、最充分的個人權利被冷落甚至拋棄。

第三節　民權追求的實用理性

從近代「民權」提出和使用的角度看，早期「士人」們一般都認為，要

保障民權，必須立憲；而立憲應先設「議院」。陳熾在《議院》中提出：泰西議院之法，合君民一體，通上下一人，中國欲保民權行憲政，必須首先開議院。王韜在其《韜園文錄外編》中也認為，中國欲彰民權，必須首先「集眾於上下議院」。鄭觀應一語道出：

> 欲行公法，莫要於張國勢；欲張國勢，莫要於得民心；欲得民心，莫要於通下情；欲通下情，莫要設議院。中國而終自安卑弱，不欲富國強兵，為天下之望國也，則亦已耳；苟欲安內攘外，君國子民，持公法以保太平之局，其必自設立議院始矣。〔註28〕

在西方近代政治文化中，人權是一種價值理念的範疇，議院是政治文化演進的制度設計。人權作為價值存在先於議院，而且議院與富國強兵並無直接的聯繫。然而，在近代中國不僅把議院作為實現民權之前提，而且把議院作為「欲張國勢」之前提，實際上是傳統的「實用理性」的作用。近代早期民權思想只是一種「求民隱」、「通下情」、「救亡禦侮」的手段。它本身不是目的，其目的仍是「君主」的世襲罔替。「民權」服務於「君權」，這是早期民權思想的歸結和走向。

近代中國早期的民權思想，從時代意義上講，是由中國傳統「士人」本著傳統文化的精義對「Democracy」詮釋和體認的結果，還沒有真正意義上「人」的觀念，其思維的主體仍然是君主、政府和國家；根本不是西方政治文化中的個人或個體。換言之，近代西方政治文化傳統中的民主、自由、平等價值理念等，對於當時的中國人來說，根本是匪夷所思的東西。在他們看來，「民權」主要是為使統治者瞭解民情——「上下相通」，進而實現有效的社會動員。近代中國「救亡禦侮」的現實被「士人」們凝聚在「民權」思想中，使其表現出強烈的「功利性」或「實用理性」。

倡「民權」，設「議院」歸根到底是「安內攘外」，「君國子民」，「保太平之局」，是要變「以君上一人對外」為「以天下之民對外」。「民權」的這種「實用理性」不能不淹沒其所應當擔負的思想啟蒙理性。

如果說早期改良派提出的民權，旨在表達變專制制度為立憲制度，遠未形成規模的系統思想，那麼對民權思想的理論闡釋和弘揚則應歸功於戊戌時期維新派的鉅子們。民權學說構成了康梁憲政思想的基礎。然而在康梁那裏，民權也僅僅是國家強盛的手段而不是目的。而真正將民權等同於民主的是孫

〔註28〕《盛世危言·議院上》，《鄭觀應集》上冊，第314頁。

中山。他將民權的各種觀點、學說發展爲完整的民權主義思想體系。這時的民權已不再是維新改良意義上的與君權共處共存的「民權」，而是以徹底推翻君主專制，建立共和政體的爲內涵的「民有」、「民治」、「民享」。「何爲民權？即近來瑞士國所行之制：民有選舉官吏之權，民有罷免官吏之權，民有創製法案之權，民有複決法案之權。此之謂四大民權也。」〔註29〕孫中山將「四大民權」概括爲「政權」，即人民享有的政治權利之謂也。依此孫中山的民權思想不同於康梁。康梁的民權思想以君主立憲爲目標，而孫中山的民權思想是以民主憲政爲旨歸的。至此民權思想發展到極致。然而在孫中山的政治思維裏，個人的自由平等權利包含在團體、民族、國家的自由平等權利之中，個人的自由平等權利的實現依賴於團體民族國家的自由平等權利的實現。總之，近代中國提倡民權，主要是爲救國的需要，把它看成是救國圖存的手段，因而首先是改變政治制度，以爲只要實現了君主立憲或民主共和，國家就會獨立富強。他們也宣傳自由平等人權，但主要是強調國家獨立自由和開議會等政治變革，而不是強調人的解放和個人的自由權利。對集體權利的重視勢必導致對個人權利的忽視和冷落。

〔註29〕《建國方略之三·民權初步（社會建設）·序》，《孫中山全集》第 6 卷，中華書局 1985 年，第 412 頁。

第三章　人權與立憲

第一節　人權的理論淵源

　　不論在西方，還是在中國，倡言人權的先哲們都無法迴避的一個最基本命題，就是人權觀念的來源問題，儘管他們所遵循的思維方式和採用的概念工具彼此相異。

　　西方人權觀念是建基於對「人性」的認識。在古代和中世紀，西方對人性的基本認識是「人在本性上應該是一政治動物」，亦即人天生要過政治生活。在人們看來，人有著多種多樣的需求和欲望，但人滿足自己的欲望、需求的能力是有限的，所以要組成各種社會組織，憑藉組織的力量滿足個人的需要。家庭是基本的社會組織，而家庭只能滿足基本的生活需要。村落是大於家庭的社會組織，可以滿足人們更廣泛的生活需要。國家則是一種至高而龐大的社會組織，可以滿足人的各種需要。

　　西方近代，隨著資本主義的發展和個人主義思想的流行，性惡論成為對人性的一種較普遍的看法。性惡論認為，人都是自私自利的。趨利避害、自我保護是人性的最高原則。在沒有國家和法律的自然狀態中，每個人都靠自己的力量保護自己。因此，自然狀態成為私利的戰場，人對人像狼一樣，每個人的生命、財產都處於不安全狀態。但是，人是有理性的，在理性的（自然法）指引下，人們彼此訂立契約，個人都把其全部或自己懲罰他人的權利和權力交給社會指定的人。國家和法律就產生於這種理性的人的約定。

西方政治文化對人性的認識的基本點包括：第一，人性是人人具有的一種共同本性，並不因人的地位高低財產多少而有所區別，它蘊涵著一種人的自然平等的精神。第二，人都有追求物質財富即私利的要求。這是作為人的一種共同要求，是正當的、合理的。國家是人們為了實現其這種要求而建立的一種公共社會組織，其目的乃是保護個人的私利，謀取全社會的共同幸福。

戊戌之前，在傳統政治文化和政治生活中，並不存在「人」的觀念，只有「民」的概念。近代意義上關於「人」的思考，始於戊戌西方政治學說的大量輸入而出現思想啟蒙。儘管在思想啟蒙中，使用的仍然是傳統政治文化的倫理話語，但在內涵上已經具有了西方自然人性論的成分。

一、人權的傳統淵源：人道、良心、人格

近代中國真正從學理上推衍人權的思想家應當首推康有為。他的人權思想標誌著近代中國人權思想的形成。

康有為的人權思想的理論依據是孔子的人道論。孔子人道論的核心是「仁」。「仁」不僅是人道之核，同時也是「為萬化之海，為一切根，為一切源，一核而成參天之樹，一滴而成大海之水」。〔註1〕在宇宙萬物中，「人之所以最貴而先天者」，〔註2〕人在天地中，故人為天地之心，而仁又為人之心。仁是世間一切善中最高的善。仁「以博愛為本，故為善之長」。〔註3〕仁的本義在於博愛平等，「孔子本仁，最重兼愛」。〔註4〕通過將人道釋為仁道，進而釋為平等博愛，康有為充分發掘出孔子仁學的永恆意義。這就是將人視為宇宙間最可尊重的。聖人不以天為主，聖人以人為主。要求將人視為衡量政治法律制度乃至一切事物的標準。「凡有害於人者則為非，無害於人者則為是。」〔註5〕這種以人為主的標準在本質上就是人權標準。

康有為正是從解放人類拯救人類的意義上倡導人權的。他的《大同書》可以說是一部人權書，是一部追求個性解放、呼籲保障人權的偉大作品。倡人道者首先應該順人情，「人道者，依人以為道。依人之道，苦樂而已。」又

〔註1〕康有為：《孟子微》，上海廣智書局1916年版。
〔註2〕康有為：《春秋董氏學》卷六上，上海大同譯書局刊。
〔註3〕《論語》。
〔註4〕康有為：《春秋董氏學》卷六下，上海大同譯書局刊。
〔註5〕康有為：《大同書》，中華書局1935年版，第282頁。

說：「爲人謀者，去苦以求樂而已，無他道矣。」〔註6〕爲人去苦求樂，這是康有爲所認定的最高人道主義原則。

根據去苦求樂的人道主義原則，康有爲深刻揭露了黑暗的社會制度給人們帶來的種種苦難。這些苦難有：「壓制之苦」、「階級之苦」、「卑賤之苦」、「貧窮之苦」、「刑獄之苦」等等。在這種社會制度下，人間只不過是「‧大殺場大牢獄而已」。〔註7〕爲了解除人類的苦惱，康有爲提出了「救苦」之道，這就是破除九界。九界分別是：「國界」、「級界」、「種界」、「形界」、「家界」、「業界」、「亂界」、「類界」、「苦界」。這九界在康有爲看來是人類遭受痛苦的根源。九界的實質是以封建專制制度爲核心的封建綱常名教。專制制度造成有利於專制統治的愚昧觀念。此種君爲臣綱、夫爲妻綱的封建意識形成後，又進一步加強和鞏固專制統治。

人權觀念傳入中國後，很快由康有爲將它作爲一面思想旗幟舉起來了。康有爲對人權概念的理解可謂抓住了問題的要害，封建社會諸種弊端歸根到底都是不講自由、不講平等、不講人權的結果。爲破除愚昧的封建意識，康有爲舉起了人權這面旗幟。自此，人權大旗由一代又一代先進思想家和傑出人士傳遞下來。

人應該享有人的權利，這一思想雖然在天賦人權觀念廣泛深入人心的近現代西方早已不足爲奇，但它對於戊戌時期的中國人來說依舊是那麼陌生、遙遠。中國人不僅向來在法律上和實際生活中沒有生而應得之權，而且連追求這種權利的意識也不具備。梁啓超思想的深刻之處首先表現在他不僅看到了人權的應有性，而且還努力探索人權的根基，深入意識主體中去發覺人權的來源。梁啓超認爲，人權首先是應有權利，是主體對自我意識的覺悟的表現。

梁啓超認爲，人之所以爲人首先在於人的仁性良心。最早提出良心概念的是孟子。孟子所言良心即爲人生來具備的固有的善良之心即仁性仁心。梁啓超將這種良心仁性說同王陽明的致良知相結合，認爲這種人性是「不慮而知，不學而能」的、先天固有「不假外求」的。這種人性是一切人都具備的「最初之一念」。良心正是人同動物相互區別的一個重要標誌。人之所以可尊可貴，人之所以應該享有良心自由權，就在於人在本質上能

〔註6〕同上書，第5頁。
〔註7〕康有爲：《大同書》，中華書局1935年版，第2頁。

夠按照良心指示的方向前進。良心不是對每個具體的存在者的善意和關心，而是對具有普遍性的人本身即梁啓超所抽象出來的「我」的善意和關心。梁啓超則強調良心本身就是衡量是非善惡的標準。他說「良知只是個是非之心，是非只是個好惡」。〔註8〕可以說梁啓超的良心論已基本接觸到近現代人權理論基礎。

人應該享有人權，還在於人具有人格。人是具有自己思想的人，是自我意識的主體。儒家是世界上最早提出人格概念的學派。梁啓超則繼承了儒家的人格觀，強調人格是人的基本標識，人格是人權的重要基礎。他在《人權與女權》、《論立法權》、《新民說》等著述中都提出了人格權的思想。他說「有人之資格謂之人格，凡人必有意志然後有行為，無意志而有行為者，必瘋疾之人也，否則其夢囈時也」。〔註9〕強調人格的意志性、主體性和所有性，這正是梁啓超人格觀的現代意義之所在。人格是自由意志的主體，是能夠意識到自己的主體性的主體。人與世界萬物相區別。人不僅相對於社會和自然來說是主體，而且人是自己思想的主體。人不僅意識到自己，還進一步將自己對象化而反思，即自我反思。在這種意義上講，自我意識正是人格和人權的基礎。人不但能意識到自己的存在，還能意識到他人的存在，意識到人本身的存在，或者換言之，意識到存在者的存在。這種自我意識越多，人格就越強，人權也就隨之越豐富。梁啓超強調人是具有自由意志的，人不僅意識到自己的行為，而且能夠控制自己的行為。意志性和主體性是梁啓超的人格概念中揭示的人格基本屬性。正是從人的主體性出發，梁啓超說：「境者，心造也。一切物境皆虛幻，唯心所造之境為真實」，「然則天下豈有物境哉，但有心境而已。」〔註10〕人關於客觀外在的觀念都由人的意識所造，人在塑造種種觀念和物象時，也同時在塑造客觀世界。孟子的「萬物皆備於我」的高度主體意識在梁啓超這裏得到了充分的發揮。人把客觀外在對象化以後來把握它，這正是人認識和改造客觀世界的必由途徑。這也是人高於客觀存在高於萬物的根本所在。人之可貴是萬物所不能比擬的。

戊戌時期，與康梁一樣，譚嗣同也對「人」進行了思考和探索。譚嗣同認為，人性是自然物質「以太」的產物，本無所謂善與惡。「天理為善，以人

〔註8〕《德育鑒·知本》，《飲冰室文集》之七。
〔註9〕《論立法權》，《飲冰室文集》之九。
〔註10〕《自由書·惟心》，《飲冰室合集·專集》之二。

欲為惡」的「妄生分別」毫無根據。基於自然人性論，譚嗣同猛烈抨擊封建綱常名教，認為「三綱之懾人，足以破其膽而殺其靈魂」，完全應該廢除。只有「喜怒哀樂視聽言動之權，皆操之自我」，〔註11〕人人才能「不失自主之權」。〔註12〕進而達到「平等」、「自由」、「節宣惟意」。〔註13〕

　　欲明人權，必先明人性人格。嚴復直接運用西方個人主義的利己觀念來闡釋「人」的本性。嚴復接受了達爾文、斯賓塞和赫胥黎等人的生物進化論和社會進化論的影響，把生物進化與社會進化都納入物競天擇的法則之中。他從群學的角度對人的本性與自然法的關係進行了剖析。嚴復認為，人組成社會是由於人的本性所決定的。物爭自存，人也爭自存。人為自存必然有爭。自存與競爭便推動了社會的形成。競爭自存乃自然法的第一原則。「天賦之人性」決定人生而有欲，生而求利。求利是人性的基本法則。人的本性在於求利即自存。就人我關係而言，我不是為他人而生，也不是為他人而存。我與他人組成「群合」社會，並不是為了專利他人。「兩利為利，獨利不為利」，〔註14〕利己固然需要利人，而利人最終也是為了利己。只有利己利人相結合，才有利於促進社會的發展。嚴復指出：「民不能無私」，其一切生命活動都是為自己，凡所愛者皆因「私之以己有而已」。〔註15〕儒家學說中「重義輕利」的道德是違反人性的，只有「義利合」，才會使「民樂從善」。中國與西方民風大異，其原因就在於國家對待人的方法有別。中國「自秦以降，……皆以奴虜待吾民」，〔註16〕剝奪人作為人的權利。由於國家「以奴虜待吾民」，久而久之，「民以奴虜自待」，逐漸喪失獨立自主的意識，也就不能成為社會的主體，把國家利益視為大家的利益，缺乏對社會和國家負責的內在動因。西方國家則因崇尚「自由」，發展個性，人都有自主自尊觀念。由此便產生主人意識，視國家利益為自己的利益。因此，嚴復認為，國家之富強「必自民各能自利始，民各能自利，又必皆得自由始」。〔註17〕自我本位主義構成了嚴復思想的理論基礎。

〔註11〕《譚嗣同全集》（增訂本），蔡尚思、方行編，中華書局1981年，第137頁。
〔註12〕《譚嗣同全集》（增訂本），第350頁。
〔註13〕同上。
〔註14〕《法意》卷廿六按語，《嚴復集》之四，中華書局1986年。
〔註15〕《原富》譯者按語，《嚴復集》之四，中華書局1986年。
〔註16〕《原強》，《嚴復集》之一，中華書局1986年，第18頁。
〔註17〕《原強修訂稿》，《嚴復集》之一，中華書局1986年，第27頁。

戊戌時期，知識群體對「人」的思考僅僅處於初始階段，強調的內涵是人的自然本性的合理和個體存在的價值。儘管在理論上只具有反封建的意義，但畢竟已接觸到近代意義上人權觀念的「人性」基礎，從而使其民權思想增添了一些「人權」的內涵。

二、人權的西方淵源：天賦人權

戊戌時期，維新派的人權思想雖然是基於自然人性論對「人」的思考，但其形成則主要還是受西方近代「天賦人權」思想的影響。天賦人權思想所蘊涵的人人自由平等、主權在民的人權觀念從根本上破除了教權的神聖，開創了理性主義時代。它不僅對歐洲而且對世界都具有劃時代的意義。中國傳統政治理念也正是在這一理念的衝擊下發生了轉向，其表現爲天賦人權觀念的初步傳播和對傳統價值觀念的衝擊與瓦解。

天賦人權思想最初由傳教士介紹而來。甲午之前，天賦人權學說在傳教士所辦的報刊和翻譯的西書中，已有不同程度的宣傳和介紹，如《萬國公報》第 340 卷發表的《譯民主國與各國章程及公譯堂解》，就對西方主權在民的理論和人生而自由平等的觀念作了豐富而又清晰的介紹。又如《佐治芻言》中說：「天既賦人以生命，又必賦人以財力，使其能求衣食以保其生命。顧人既有此財力，必當用力操作，自盡職分……故無論何國何類何色之人，各有身體，必各能自主，而不能稍讓於人。苟其無作奸犯科之嫌，則雖朝廷官長，亦不能奪其自主之本分。」〔註 18〕這本被梁啓超喻爲「言政治最佳」之書，初步明確地給近代中國人透露出西方政治理念之精髓——天賦人權觀念。

在西方天賦人權思想沒有被系統介紹到中國之前，鄭觀應的認識是具有劃時代意義的。他在《原君》文後，附有日本學者深山虎太郎所著的《民權共治君權三論》中，提到天賦人權之思想：

> 民受生於天，天賦之以能力，使之博碩豐大，以逐厥生，於是
> 有民權焉。民權者，君不能奪之臣，父不能奪之子，兄不能奪之弟，
> 夫不能奪之婦，是猶水之於魚，養氣之於鳥獸，土壤之於草木。故
> 其在一人，保斯權而不失，是爲全天。其在國家，重斯權而不侵，
> 是爲順天。〔註 19〕

〔註 18〕 傅蘭雅口譯，應祖錫筆述：《佐治芻言》，第 5 頁。
〔註 19〕 《原君》甲午後續，《鄭觀應集》上冊，上海人民出版社 1982 年，第 334 頁。

這一見解在何啓、胡禮垣那裏有了新的發展，與契約論相差無幾，已完全具有近代意義。他們指出：「權者乃天之所爲，非人之所立也。天既賦人以性命，則必界以顧此性命之權；天既備人以百物，則必與以保其身家之權。」「一切之權皆本於天」。「是天下之權，唯民是主。」「自主之權，賦之於天，君相無所加，遍氓亦無所損；庸愚非不是，聖智亦非有餘。人若非作惡犯奸，則此權必無可奪之理也，奪人自由之權，比殺戮其人相去一間耳。」〔註20〕

戊戌維新前後，由於西方政治學說的大量湧入，使國內思想界掀起了政治變革的巨大波瀾。天賦人權思想、社會契約論思想的傳播極大地衝擊了中國精英文化階層的傳統政治理念，並在事實上成爲使之瓦解的工具，進而促使一大批知識精英在政治文化觀念上的巨大變化。

最早表現出人權意識並開啓西方人權學說在中國傳播先聲的是康有爲。康有爲在 1886～1892 年間寫成《實理公法全書》所闡述的思想明顯是受近代「天賦人權」、「主權在民」思想的影響。如《總論人類門》篇，在實理部分首先指出「人各分天地原質以爲人」，「人各具一魂，故有知識，所謂智也。然靈魂之性，各不相同」，從而強調人是自然界的產物，所有人都生而具有相同的屬性。在「公法」部分，提出「人有自主之權」，「此爲幾何公理所出之法，與人各分原質以爲人，及各具一魂之實理全合，最有益於人道。以平等之意，用人立之法。」〔註21〕按照康有爲的邏輯，「人各分天地原質以爲人」及「人各具一魂」的「實理」，人生來便應享有充分的自由，有自己主宰自己命運的權利，這是幾何公理所出之法，完全符合實理，又最有益於人道。因此人有無自主之權，便成爲衡量人類社會任何「義理」與「制度」的基本價值尺度。

既然人人都有「自主之權」，那麼人與人之間的相互關係就應該是平等的，所以，康有爲「公法」第二條便是「人類平等是幾何公理。但人立之法，萬不能用，惟以平等之意，用之可矣。」〔註22〕這樣，平等便成爲人生應享有的又一基本人權。總之，把人看作獨立的、有個性的「自然人」，強調「人爲萬物之靈」的價值，維護人的自尊及獨立自主、自由、平等的權利，便成爲康有爲人的本質的基本觀念。爲此，他強調：「天之生物人爲最貴，有物有

〔註20〕何啓、胡禮垣《勸學篇書後》，《新政眞詮》第 5 編，第 38 頁。
〔註21〕《實理公法全書》，《康有爲全集》第一卷，第 279 頁。
〔註22〕《實理公法全書》，《康有爲全集》第一卷，第 276 頁。

則，天賦定理，人人得之，人人皆可平等自立」，「人人獨立、人人平等、人人自主、人人不相侵犯，人人交相親愛，此爲人類之公理，而進化之至平者乎！」。〔註23〕

從人的本質和人的價值的基本觀念出發，康有爲認爲，人類社會政治制度應符合「公法」與有益於「人道」，一切「均合眾人之見定之」。在這樣的制度裏，君主只不過是人民的「保衛者」，所謂「民之立君者，以爲己之保衛者也。蓋又如兩人有相交之事，而另覓一人以作中保也，故凡民皆臣，而一命之士以上，皆可稱爲君。」〔註24〕康有爲主張這樣的政治制度應該是「使法權歸於眾，所謂以平等之意用人立之法者也，最有益於人道也」。〔註25〕

從「人各分天地原質以爲人」的自然人性論，到「人人獨立、人人平等、人人自主」，到「權歸於眾」，這就是康有爲民權思想的基本發展脈絡。康有爲的這種近似於西方自由主義的認識，已經開始觸及到近代人權觀念的核心問題。康有爲在後來的《大同書》中對這一核心問題作了系統的總結：「故全世界人，欲去家界之累乎，在明男女平等，各有獨立之權始矣，此天予人之權也。全世界人，欲去私產之害乎，在明男女平等，各自獨立始矣，此天予人之權也。全世界人，欲去國之爭乎，在明男女平等，各自獨立始矣，此天予人之權也。全世界人，欲去種界之乎，在明男女平等，各自獨立始矣，此天予人之權也。全世界人，欲至大同之世，太平之境也，在明男女平等，各自獨立始矣，此天予人之權也……」。〔註26〕這種大同理想，儘管揉雜進佛教和儒家的一些觀念意識，但主要是「從洋」——受西方天賦人權學說影響的結果。應當指出的是，康有爲理解的人權僅僅是人的「平等」，而不是自由人權本身。因爲康有爲的思想基點是鼓吹民權尋求變法救國圖強的制度改革，而不是自由人權思想觀念的啟蒙。

戊戌失敗後，梁啟超在日本流亡期間，大量接觸和研讀西方政治學說，對西方政治文化有了更深入的理解和認識。

梁啟超運用盧梭的《民約論》來論述國家之起源，「眾人相聚而謀曰：吾儕願成一團聚，以眾力而擁護各人之生命財產，勿使蒙他族之侵害。相聚以

〔註23〕《孟子微》卷一，上海廣智力書局，1916年。
〔註24〕《實理公法全書》，《康有爲全集》第一卷，第288頁。
〔註25〕《孟子微》卷一。
〔註26〕《大同書》，上海古籍出版社1956年版，第252～253頁。

後，人人皆屬從於他之眾人，而實毫不損其固有之自由權，與未相聚之前無以異。若此者，即邦國所由立之本旨也；而民約者，即所以達行此本旨之具也。」

社會契約起源於人民的自由意志，是眾人在自願的前提下而訂立的一種社會契約關係，其目的是為保障訂約者的自由、平等、生命和財產，而「毫不損其固有之自由權」。契約的訂立就是把自己的一切權利轉讓給「共同體」，而不是把自己奉獻給任何個人，所以，訂約後每個人從共同體那裏獲得自己轉讓出的同樣權利，服從共同體「只不過是在服從自己本人，並仍像以往一樣地自由」。〔註 27〕

對於盧梭的社會契約論，梁啓超評論道：「要而論之，則民約云者，必人人自由，人人平等，苟使有君王臣庶之別，則無論由於君王之威力，由於臣民之好意，皆悖於事理者也。」

根據盧梭的天賦人權說，梁啓超指出，人們天生具有人身、平等、自由、財產等不可剝奪的權利，在相約組成國家之後，這些權利不僅沒有喪失，相反應該得到保護，尤其是人們絕對不要放棄個人的自由權。對於自由，梁啓超並不同意霍布斯所謂「民約既成，眾人皆當捐棄己之權利，而託之一人或數人之手」。「保持己之自由權，是人生一大責任也。凡號稱為人，則不可不盡此責任。蓋自由權之為物，非僅如鎧冑之屬，籍以蔽身，可以任意自披之而自脫之也。若脫自由權而棄之，則是我棄我，而不自有云爾。何也？自由者，凡百權理之本也，凡百責任之原也。責任固不可棄，權理亦不可捐，而況其本原之自由權哉。」〔註 28〕

社會契約、人民主權觀念的引入，使梁的民權思想具有近代意義：由戊戌前「君主者何？私而已矣；民主者何？公而已矣。」的籠統模糊認識，上升為近代的人權觀念。其認識由對民主的制度層面進入價值層面——權利觀念。梁啓超認為，「天生物而賦之以自捍自保之良能，此有血氣者之公例也。……人人務自強，以自保吾權，此實固其群、善其群之不二法門也。」〔註 29〕「國家譬猶如樹也，權利思想譬猶根也。其根既拔，雖復幹植崔嵬，華葉蓊鬱，而必歸於槁亡，遇疾風橫雨則摧落更速焉。……國民無權利思想

〔註 27〕　《社會契約論》，商務印書館 1982 年版，第 3 頁。
〔註 28〕　《盧梭學說》，《近世歐洲四大家政治學說》，《飲冰室合集‧專集》之三。
〔註 29〕　梁啓超：《新民說》，遼寧人民出版社 1994 年，第 43 頁。

者以之當外患，則槁木遇風雨之類也。」〔註30〕民主「必先使人人知有權，人人知有自由，然後可」。〔註31〕民主是每個人的權利。而有無權利思想是「人之所以貴於萬物」之關鍵，因為人之為人，「不徒有形而下之生存，更有形而上之生存」，在「形而上」的生存中，最重要的條件就是權利。權利的實質就是行使「我對我之責任」，是「天生物而賦之以自捍自保之良能」，因此是不可侵犯的、不可剝奪的，人無權利便無以生存，放棄權利則無異於自殺。而「形而下之自殺，所殺者不過一人；形而上之自殺，則舉全國而禽獸之」，是「直接的害群」，〔註32〕梁啓超的這一思想明顯受到《社會契約論》的影響。

梁啓超的這種權利觀念，在近代中國是第一次把人看成「政治的存在」而不是「道德的存在」，把人當作獨立的政治單位，而不是宗族的附庸，這樣的認識無疑是劃時代的。因為中國幾千年來一直以「受人魚肉為天經地義，而權利二字之識想，斷絕於吾人腦質中著固已久矣。」由於從無權利觀念和權利思想，個人只是作為宗族的一員而不是政治化的公民參與國家政治，所以中國人民的政治能力極不發達，為此梁啓超呼籲：「為政治家者，以勿摧壓權利思想為第一義，為教育家者，以養成權利思想為第一義，為一私人者，無論士焉農焉工焉商焉男焉女焉，各以自堅持權利思想為第一義。……若是者國庶有瘳」。〔註33〕由此可見，權利思想和權利觀念已成為梁啓超民權思想的核心。

第二節　戊戌時期民權的思想內涵及內在理路

一、人權民權與國權君權

戊戌時期，「民權」是「人權」一詞的中國化。康有為所言天予人權或天賦人權是針對封建專制社會中君主有權而人民無權的狀況提出的。但在他的著作中使用「民權」又不完全等同於「人權」。「民權」一詞既可以指包括人權在內的人民中的每個人的權利；也可以指人民作為一個整體所應當享有的權利。「民權」一詞既含有個體性，也含有集體性。民權的個體性與集體性之間的區別沒有引起當時學術界的注意。康有為使用「民權」一詞時，一般不

〔註30〕梁啓超：《新民說》，遼寧人民出版社1994年，第54頁。
〔註31〕梁啓超：《答某君問法國禁止民權自由之說》，《飲冰室文集》之十，第31頁。
〔註32〕梁啓超：《新民說》，《飲冰室專集》之四，中華書局1941年版，第31頁。
〔註33〕梁啓超：《新民說》，《飲冰室專集》之四，第39～40頁。

注意此種區別，而且更多地是在人權意義上講民權。後來隨著時間的推移，「民權」一詞集體意義逐漸超過了個體意義。乃至孫中山後期將民權與人權對立起來，民權的個體意義就完全被取消。

康有爲倡導的是人權意義上的民權。他經常將民權與自由並提，強調民權的自由內容，主張但言民權自由可矣，不必談革命民主。康有爲所言民權與後人在民主意義上所理解的民權是不同的。重民權人權，輕民主君主，這是戊戌時期民權思想的一大特點。

在康有爲之前，郭嵩燾在 1878 年 5 月 19 日（光緒四年十八日）的日記中已談到民權。郭嵩燾說：「西洋政教以民爲重，故一切順民意，即諸君主之國，大政一出之議紳，民權常重於君。」〔註 34〕郭嵩燾在這裏倡導的民權，正是西方君主立憲制國家中的民權。「民權」一詞最初就是從反對專制提倡君主立憲的角度提出的。後來的改良派人物大多都是在人權意義上使用「民權」一詞的。例如何啓、胡禮垣說：「民權者，其君仍世襲其位；民主者，其國之權由民選立，以幾年爲期。吾言民權者，謂欲使中國之君世代相承，踐天位勿替，非民主國之謂也。」〔註 35〕又如梁啓超說：「吾儕文昌言民權，十年於茲實，當道者憂之嫉之畏之，如洪水猛獸然，此無怪其然也，蓋由不知民權與民主之別，而謂言民權者，必與彼所戴之君主爲仇，則其憂之嫉之畏之也因宜，不知有君主之立憲，有民主之立憲兩者同爲民權，而所以馴致之途，亦有由焉。」〔註 36〕上述表明，改良派所倡導的民權，是以民權倡人權，以民權反民主，表現出改良派的軟弱和妥協。

從理論上講，康有爲當時對西方君主立憲制同民主共和制的關係的認識是比較深刻的。他看到人權民權是西方各種政體所要達成的目標。在西方，無論是君主立憲制國家，還是民主共和制國家，其人權制度大致相同。「夫立憲君主與立憲民主之制，其民權同」。〔註 37〕「立憲之國，不論君主民主，要皆以國爲國民之公有物，而君主雖稍貴異、不過全國中之一分子而已。」〔註 38〕這是他實地考察各國政治法律制度後得出的認識。應該說，此種認識

〔註 34〕《郭嵩燾日記》光緒四年十八日，《使西紀程──郭嵩燾集》，遼寧人民出版社 1994 年。
〔註 35〕何啓、胡禮垣《勸學篇書後》，見《新政眞詮》五編，格致新報館印，第 44 頁。
〔註 36〕梁啓超《立憲法議》，《清議報》第八十一冊。
〔註 37〕《康有爲政論集》，中華書局 1981 年版，第 671 頁。
〔註 38〕同上書，第 663 頁。

是比較符合西方國家實際情況的。然而在他的思想體系中，人權思想所處的位置是動搖不定的。在時局面前，人權民權最終又都要從屬於君權的需要。他甚至說西方人民享有的人權自由，中國人早就有了，如果再追求人權自由，就會過分了。「今吾國欲自由，除非遇店飲酒，遇庫支銀，侵犯人而行劫掠，無自由矣。」〔註39〕此時的古已有之論同前期的古已有之論已相去甚遠了。早先的託古改制精神現在完全被保守陳舊的觀念所取代。在康有為後期思想中，君權、國權極端膨脹，人權自由之聲消失得無影無蹤。

人權是特定歷史時期的產物，只有當人類進入文明社會的共同體以後才會產生人權問題。確切地說，它是對於共同體中出現的具有異化可能性的公共權力而言的。當個人在組成共同體以後面對強大的公共權力的可能威脅或壓迫時，人權才會產生。人權在本質上同公共權力相對應。就人權的對應性而言，人權在本質上是同一定形式的契約論分不開的。人權與公共權力的對應最終又是以契約論觀點為基礎的。從契約論出發，人權在共同體中應該得到公共權力的保護，而不應受到公共權力的壓迫。否則公共權力就是異化的。

從對應性的角度，梁啓超闡述了「人人有自主之權」的人權概念。所謂「自主」正是相對於公共權力而言的。他說「西方之言曰：人人有自主之權。何謂自主之權？各盡其所當為之事，各得其所應有之利，公莫大焉，如此則天下平矣。」〔註40〕這種自主之權是人人應該享有的。自主性正是人權的基本屬性之一。人權是人人自主之權，而不是他主之權。對個人來說，公共權力則屬於他主之權。自主之權是與他主之權相對應的。比如君權就是一種人民委託君王治事之權。人民授予君王以權力是為了使群合不離，保證共同體正常運轉。至於各級官吏，也都是「同辦民事者也」。〔註41〕西方人講人人有自主之權主要是就個人的人權而言的。而梁啓超關於人權的對應性，是就批判「收人人自主之權而歸諸一人」的封建君主專制制度而言的。

梁啓超倡人權是從倡民權開始的。民權是相對於君權和國權而言的。他指出「君權日益尊，民權日益衰，為中國致弱之根源。」〔註42〕

〔註39〕同上書，第708頁。
〔註40〕《論中國積弱由於防弊》，《飲冰室文集》之一。
〔註41〕《湖南時務學堂課藝批》，近代史資料叢刊：《戊戌變法》第二冊。
〔註42〕《西學書目表後序》，《飲冰室專集》之三。

　　爲救國起見，他高喊「中國民權之說即當大行」，〔註43〕他所論述的民權的對應性主要表現在兩方面。一方面，民權是與國權相對應的。他認爲國權是以人權爲基礎的。當「國人各行其固有之權」〔註44〕的時候，國家就會成爲繁榮強盛的「全權之國」。所謂「固有之權」就是人權意義上的民權。「民權興則國權立，民權滅則國權亡。」〔註45〕民權既是國權之本，「言愛國必自興民權始」。〔註46〕他在《憲法之三大精神》一文中講的第一精神就是「國權與民權調和」。另一方，民權又是與君權相對的。從儒家傳統思想同西方君主立憲思想相結合出發，梁啓超斷定君權和民權都不可不要。他既反對以君權抑民權，也反對以民權廢君權。他的基本主張是「君權與民權合，則情易通」。〔註47〕

　　與民權相聯繫，除國權和君權，梁啓超還提出了「紳權」、「鄉權」等概念。他說「欲興民權就宜先興紳權」。〔註48〕他所謂紳權，主要是指城鄉中有一定資產和學識的知識分子群體的權利。所謂鄉權，是指地方自治權。他說「今欲更新百度，必自通上下之情邑。欲通上下之情，則必當復古意，採西法，重鄉法。」〔註49〕鄉權所謂涉及的是「地方公事」；其組織形式是「地方議會」。

　　梁啓超雖然提出了「國權」、「君權」、「紳權」、「鄉權」等概念來說明民權問題，但他對這些概念的內涵和外延都沒有作嚴格的界定。顯然，國權與君權是與民權對立的；而紳權和鄉權在某種意義上講就是民權的組成部分。在這些概念中，「國權」是最重要的。

　　由於深受「物競天擇，優勝劣敗」進化論的影響，梁啓超強調：「權利何自生？曰生於強。」〔註50〕「權利何起？起於勝而被擇。勝何自起？起於競而獲優。」〔註51〕「是以有國者而欲固其位，則莫如伸民權。……處今日生存競爭優勝劣敗之世界，非藉民權無以保國權。」〔註52〕他認爲清末國情萬

〔註43〕《與嚴幼陵先生書》，《飲冰室專集》之三。
〔註44〕《論中國積弱由於防弊》，《飲冰室文集》之一。
〔註45〕《愛國論》，《飲冰室文集》之五。
〔註46〕《愛國論》，《飲冰室文集》之五。
〔註47〕《古議院者》，《飲冰室合集‧文集》之一，第93頁。
〔註48〕《論湖南應辦之事》，《飲冰室合集‧文集》之三。
〔註49〕《論湖南應辦之事》，《飲冰室合集‧文集》之三。
〔註50〕《新民說》。
〔註51〕《新民說》。
〔註52〕《愛國論》。

分危急，變法已是刻不容緩。從伸民權人權的角度來說，變法就是要廢除封建專制主義制度，立憲法，設國會，實現憲政。

二、民權的思想內涵：參政議政權

戊戌時期民權思想的現實政治目標就是實現君主立憲（君民共主）。因此維新思想家們對民權的理解主要是制度上的參政議政權。在他們看來，參政議政權是最重要的民權。

對於中國古代的民眾（包括士人）來說，自身的權力（權利）意識從來都是一個空白，向統治者要求政治權力更是絕大的禁忌。在君主專制的政治權力系統，只存在至高無上、統攬一切的君權和由君主所授予、按照君主旨意行事的並隨時可以被君主剝奪的各級官權。近代以來，隨著閉關自守的國門被打開和先進的中國傳統士人對西方政制的接觸和瞭解，發現中國君主專制統治與西方民主政制或「君民共主」政制的截然區別。在「君民共主制」下，君主固然有權，但民眾也應享有自己的權力。在民主制下，權力更是集中掌握在民眾手裏。於是，限制君主專制權力的意識、向君主爭取權利的意識乃至明確的「民權」思想，漸次成為中國人新的政治思想的聚集點。在戊戌之前，帶有一定權力意識的設立議院的呼聲已多見於早期維新代表人物的個人著述，而戊戌時期直接向皇帝提出獲取參政議政的要求，則是從康有為開始的。

戊戌之前，康有為對政治權力的要求主要是設「議郎」。議郎制與早期維新派所設計的議院方案頗為相似，只是帶有更為濃厚的「中國特色」。從康有為的設計看，議郎制並不是一個立法權力機構，議郎也不是具有獨立立法權的議員。但它在中國政治權力系統和中國政治生活中的作用，在客觀上是對君主的限制而不是對君權的補充，這是前所未有的。

戊戌時期，康有為基本上已經放棄了議郎制而主張開制度局。制度局的提出意味著維新派的政治參與意識的重要發展。一方面制度局是根據「三權鼎立之義」，仿照日本變政模式設計的，其主要職能是議決政事，制定憲法；另一方面，以制度局為核心，建立了一套新的政治體制。在制度局下，設有法律局、統計局、學校局等 12 個專局作為中央新政的行政機構，而六部、軍機處、總署等一概被排除在外，地方則設立「新政局」和「民政局」作為執行新政的地方機構。從這兩方面看，制度局已是一個立法機構，同時又是一

個變法新政的領導機構。它的開設意味著維新派欲取得更大更全面的參政議政權，對清朝從中央到地方的舊式封建官僚政治機構全面加以取代。

康有爲認爲，專制條件下的臣民是談不到參政議政權的，而作爲立憲條件的「公民」，參政議政是首要的權利。立憲是「變法之全體」。〔註 53〕「憲法爲何而立也？爲敵君主專制其國而立也，爲去人主私有其國而立也，爲安國家而官明其職、人得其所而立也。」〔註 54〕「立憲云者，以君私有之國改爲公有，以人君無限之權改爲最高之世襲官權之約章云爾，」〔註 55〕「立憲之國，不論君主民主，要皆以國爲國民之公有。」〔註 56〕在康有爲看來，中國之所以落後，就在於沒有公民觀念，只有臣民觀念。立憲以後必須培養公民的參政議政意識，並且要在憲法中明確規定公民的參政議政權。

當然，無論是議郎制還是制度局，都是維新派與君權實行某種政治聯合的形式。維新派沒有意識到君主並不是單獨的孤立的個人，而是整個封建統治集團的最高代表。在根本政治制度沒有改變之前，欲與君主分享權力，無疑是與虎謀皮。

戊戌時期的梁啓超也是從參政議政權來解釋其民權的。在《變法通義‧論變法不知本原之害》一文中指出：「吾今爲一言以蔽之曰：變法之本，在育人才；人才之興，在開學校；學校之立，在變科舉；而一切要其大成，在變官制。」〔註 57〕梁啓超的所謂「變官制」，實際上也就是從政體的角度要在封建君權中注入民權的成分。

梁啓超民權思想內涵是「以群術治群」。何謂「群術」？梁沿襲康有爲「以群爲體，以變爲用」的「治天下」思想，他說：「君之與民，同爲一群之中之一人，因以知夫一群之中所以然之理，所常行之事，使其群合而不離，萃而不渙。夫是之謂群術。」〔註 58〕從「群術」的概念出發，梁啓超重新解釋了君、臣、民的關係，君與民同爲一群之中的一人，君與民是平等的；君與臣之間也是平等的，猶如「總管」與「掌櫃」的關係，「同爲民辦事者也。」〔註 59〕只有分工的不同，而無尊貴之別，更無人身隸屬關係。

〔註 53〕《康有爲政論集》，中華書局 1981 年版，第 339 頁。
〔註 54〕同上，第 830 頁。
〔註 55〕同上，第 665 頁。
〔註 56〕《康有爲政論集》，中華書局 1981 年版，663 頁。
〔註 57〕《飲冰室合集‧文集》之一，第 10 頁。
〔註 58〕梁啓超：《說群序》，《飲冰室合集‧文集》之二，第 3～4 頁。
〔註 59〕《湖南時務學堂課藝批》，近代史資料叢刊：《戊戌變法》第二冊，第 550 頁。

那麼何謂「以群術治群」？在梁看來，政體上設議院，實行「君民合治」的變革，便是「以群術治群」。梁啓超說：「問泰西各國何以強？曰議院哉，議院哉！問議院之立，其意何在？曰：君權與民權合，則情易通；議法與行法分，則事易就。二者斯強矣。」〔註60〕

梁認為，近代以來，中國國勢不振，屢遭西方列強欺凌，在於「以獨術治群」而泰西「以群術治群」。「以群術治群群乃成，以獨術之群群乃敗……以獨術與獨術相遇，猶可以自存；以獨術與群術相遇，其亡可翹足而待也。」〔註61〕中國「以獨術治群」的專制政體已不適合世界潮流，若仍堅持專制政體，則亡國已不遠也。

譚嗣同是從中國權力結構的現實關係（士民、官民、君民）中理解「民權」的。譚嗣同認為，「今日誤國之臣，即前日之士民」。〔註62〕傳統的士民關係必須改善，因為「士無識則民失其耳目，雖有良法美意，誰與共之」。〔註63〕在官民關係中，「由上權太重，民權盡失。官權雖有所壓，卻能伸其脅民之權」，「故一聞官字，即蹙額厭惡之。」〔註64〕要改變士民誤國與官重民輕的現狀，應依靠「聯合力」，〔註65〕而不能寄希望於「今之執政者」。如果依託於「君與民相聯若項領」，「出一令而舉國奉之神明，立一法而舉國循之如準繩」，中國便憑「其忠質之效，而崛起強立，足以一振者矣。」〔註66〕

針對現實的權力關係，譚嗣同對民權飽注熱情。在譚嗣同看來，「方今急務在興民權，欲興民權在開民智。」〔註67〕開民智成為伸民權的基礎工作，與梁啓超、嚴復的變法政治思維如出一轍。

在權力結構中，君民關係是譚嗣同關注的重心。「君者公位也」，「人人可以居之。彼君之不善，人人得而戮之，初無所謂叛逆也。」〔註68〕由此譚嗣同認為，「生民之初，本無所謂君臣，則皆民也。民不能自治，亦不暇治，於

〔註60〕《古議院者》，《飲冰室合集・文集》之一，第93頁。
〔註61〕梁啓超：《說群序》，《飲冰室合集・文集》之二，第4頁。
〔註62〕《譚嗣同全集》（增訂本），蔡尚思、方行編，中華書局1981年，第210頁。
〔註63〕同上，第270頁。
〔註64〕同上，第248頁。
〔註65〕同上，第210頁。
〔註66〕同上，第233頁。
〔註67〕同上，第270頁。
〔註68〕同上，第334頁。

是共舉一民爲君。夫曰共舉之，則非君擇民，而民擇君也。夫曰共舉之，則其分際又非甚遠於民，而不下僑於民也。夫曰共舉之，則因有民而後有君；君末也，民本也。天下無有因末而累及本者，亦豈可因君而累及民哉？夫曰共舉之，則且必可共廢。君也者，爲民辦事者；臣也者助民辦事者。賦稅之取於民，所以爲辦民事資也。如此而事猶不辦，事不辦而易其人，亦天下之通義也。……故夫死節之說，未有如是之大悖矣。君亦一民也，且較之尋常之民而更爲末也。民之於民，無相爲死之理；本之與末更無相爲死之理。」
〔註69〕

譚嗣同在君民關係的闡釋中，運用先驗的初民社會狀態，將平等之精神注入權力結構，在君民關係中，突出了民（人）的地位。儘管譚嗣同沿襲的仍然是「民爲邦本」的傳統，試圖以傳統的重民文化資源來賦予民權的近代意義，但其思想已近似於近代西方的「自然狀態」學說。

但在整個戊戌時期，譚嗣同對民權精髓的把握相當膚淺，而且其理解也迥異於西方的人權觀念。這種疏離感在 19 世紀的後期的中國決非偶然的現象。如果我們將其民權思想置於當時的綜合背景之下來考察就會發現，外來學理的輸入與先在知識準備之間的差異性，使對「民權」與「民主」的闡釋始終呈現出一種歷史的當下性與個體理解的獨特性。進而言之，譚嗣同對民權的理解，一方面難以擺脫歷史境遇的制約，另一方面他不可能完全脫離正統之學所建構起來的思維方式去觀照外在事物。簡言之，這是兩種文化或兩套話語系統相遇時難以避免的問題。

戊戌之後，維新派的民權思想內涵發生了重要變化。首先，民權思想中「民」的內涵有了質的變化。維新派把「民」與「國」聯繫起來，第一次提出「國民」概念，將「民」從傳統的「君民」政治思維中解脫出來，進而使「民」第一次獲得了人的尊嚴，具有獨立的人格。梁啓超指出：「國也者，積民而成。國家之主人爲誰？即一國之民也。」〔註70〕先有民而後有君，非先君而後有民；天爲民而立君，非爲君而立民；先有國家而後有朝廷，非先有朝廷而後國家；國家能變置朝廷，而朝廷不能吐納國家。何謂「國民」？「國民者，以國爲人民公產之稱也，國者積民而成，捨民之外，則無有國，以一國之民，治一國之事，定一國之法，謀一國之利，捍一國之患，其民不可得

〔註69〕 同上，第399頁。
〔註70〕 《少年中國》，《文集》之五，第9～10頁。

而侮，其國不可得而亡，是為國民也」。〔註71〕在維新派看來，國民的標誌就具有與國家相對應的權利和義務。其次，民權已不僅僅局限於戊戌時期所謂「議事之權」的參政權。在維新派看來，國民真正享有是民權應包括立法權、行政權、司法權、任免國家官吏之權以及言論、結社、出版、宗教等權利。第三，民權思想開始注入西方近代人權的自由內涵，這一點下文專門論述。總之，這時的民權已不再是君主的「賜物」，也不是向君主「討取」的開議院的參政權，而是趨向西方「天賦人權」的意蘊。

三、民權思想的內在理路：由制度變革到思想啓蒙

戊戌變法的失敗，使維新派的民權思想邏輯發生改變，以實行君主立憲的政體變革轉向了思想啓蒙。設議院、實行君主立憲（君民共主）的政體變革失敗使維新派認為，不但民主制是將來的事，即使君主立憲也不能馬上實行，只能漸行。其原因在於中國社會風氣閉塞，「民智未開」。只有廣開民智，民權才得以實現，「開民智」是實現民權的前提。梁啓超認為：「權者生於智者也，有一分之智，即有一分之權，……有十分之智，及有十分之權。……故權與智相倚者也。」〔註72〕既然「權生於智」，那麼「伸民權」必以「廣民智」為前提。梁啓超指出：「昔之欲抑民權，必以塞民智為第一義；今日欲伸民權，必以廣民智為第一義。」〔註73〕

按照梁啓超的思想邏輯，實現民權有兩個途徑：一是民權生於民智，興民權必以開民智為前提，開民智又當以開紳智和開官智為起點、條件；一是自上而下的改良，「一日朝廷大變科舉，一日州縣遍設學堂」，「斯二者行」，則能「頃刻全變」。〔註74〕梁啓超有一句名言：「欲興民權，宜先興紳權，欲興紳權，宜以學會為之起點。」〔註75〕梁啓超把辦學會視為「群心智」和「開紳智」的起點，認為，西方國家所以強盛，就是因為他們能夠「群心智」，結成各種「群」、「會」。西方國家的「群」基本上有三類：「國群」（議院），「商群」（公司），「士群」（學會）。有此三「群」西方國家所以「心智雄於天下」。而中國專制時代是以「獨術治群」，不可能形成社會性的「群」。因

〔註71〕《飲冰室文集》之四，第 63 頁。
〔註72〕《論湖南應辦之事》，《飲冰室合集‧文集》之三，第 41 頁。
〔註73〕同上。
〔註74〕同上。
〔註75〕《論湖南應辦之事》，《飲冰室合集‧文集》之三，第 43 頁。

此，梁啓超強調「今於振中國，在廣人才；欲廣人才，在興學會。」〔註76〕所謂「開紳智」，就是「紳」當作地方代表經「學會」啓蒙轉化爲「開明士紳」的過程。而「開官智」即爲「設課吏堂」，以「撫部爲之校長，司道爲之副校長」，〔註77〕令各官閱讀各國約章、史志、政學公法、農工商兵礦政之書，並建立嚴格的考覈制度。按照梁啓超的設想，以「課吏堂實隱寓貴族院之規模」，而以南學會「隱寓眾議院之規模」。〔註78〕再設一「新政局實隱寓中央政府之規模」，「一切新政皆總於其中」。通過開民智，開紳智，開官智，西方式之國家政制結構也就基本完成。因此，梁啓超認爲，開民智，開紳智，開官智「乃一切之根本」。

實現民權的另一途徑即「朝廷大變科舉」，「州縣遍設學堂」。梁啓超把學校視爲思想啓蒙之園地，「亡而存之，廢而舉之，愚而智之，弱而強之，條理萬端，皆歸本於學校」。〔註79〕梁啓超認爲「今國家而不欲自強則已，苟欲自強，則悠悠萬事，惟此爲大。」〔註80〕

嚴復的民權思想也表現出相同的思維邏輯。在嚴復的思維邏輯中，中國欲變法圖強以適應近代之競爭，非先斷然廢除君主專制而行民權，必不能有所成就。因爲民權爲中國強弱治亂之所繫，民權以民自治，故民與國爲一體而國強；專制以君獨斷，故民不愛國而國弱。中國「自秦以降，爲治雖有寬苛之異，而大抵皆以奴虜待吾民……夫上既以奴虜待民，民亦以奴虜自待」，〔註81〕於是甲午之敗，實中國不平之治有以取之。〔註82〕

嚴復認爲，「夫民主之所以爲民主者以平等。故邊沁之言曰：人人得一，亦不過一。此平等之的義也。顧平等必有所以爲平者，非可強而平之也。必其力平，必其智平，必其德平。使是三者平則郅治之民主至矣。」〔註83〕「是以今日要政，統於三端：一曰鼓民力，二曰開民智，三曰新民德。」〔註84〕所謂鼓民力，即禁吸煙，禁纏足，以恢復民族之健康；開民智在廢科舉，講

〔註76〕《變法通議·論學會》，《飲冰室合集·文集》之一，第33頁。
〔註77〕《飲冰室合集·文集》之三，第46頁。
〔註78〕《戊戌政變記》，《飲冰室合集·文集》之一，第138頁。
〔註79〕《變法通議·學校總論》，《飲冰室合集·文集》之一，第19頁。
〔註80〕同上，第20頁。
〔註81〕《原強》，《嚴復集》之一，第31頁。
〔註82〕蕭公權：《中國政治思想史》之三，遼寧教育出版社1998年，第763頁。
〔註83〕《法意》八卷三章案語。
〔註84〕嚴復：《原強修訂稿》，《嚴復集》之一，第27頁。

西學；新民德則在倡力平等自由之政教，「此三者乃生民強弱存亡之大要也。」〔註 85〕基於尋求富強和保群保種的現實考慮，嚴復認為，必須以提高國民程度為唯一基礎，於是，如何提高民力、民智、民德便成為嚴復以及其它維新啟蒙者的終極關懷和追求。

第三節　對人權價值內涵的接觸與闡釋：「自由」理念

一、戊戌時期對自由觀念的關注和介紹

自由作為近代人權觀念的最重要的內涵之一，是西方社會公民政治心態和價值觀念的集中體現。在西方政治文化傳統中，自由被視為人生的最高價值。基於人的一種本性，自由被視為一種不可剝奪的權利。

在中國文化傳統中，「自由」概念雖時有出現，但與西方價值理念的「自由」並不一致。一般而言，「自由」在中國思想資源中主要有三個層面的含義：第一，從負面意義上講，其含義是放縱、放誕不羈、無法無天等；第二、從正面意義上講，其含義為生活中無拘無束，常與「自在、自然」同義；第三、從人格修養、精神境界上講，其含義是人格自由、精神自由。嚴復認為：「中文自繇，常含放誕、恣睢、無忌憚諸劣義。」〔註 86〕中國民眾大多數也都把「自繇」視為「放誕、恣睢、無忌憚」的代名詞。張佛泉先生認為，自由有兩種：「一種指政治方面的保障，一種指人之內心生活的某種狀態。」〔註 87〕而中國自由傳統中並不具有政治自由之內涵，即「政界自由之義，原為我國所不談。」〔註 88〕基於此，中國文化傳統資源中的「自由」不是一種天生即具或生物性的性向；而是人之修煉而自我陶冶的一種境界，得之於人的行為的品質。它主要是指「人之內心生活的某種狀態」，也就是上述第三層面的人格自由、精神自由。

在戊戌維新以前，中國思想界很少有人公開主張「自由」。1885 年，傅蘭雅與應祖錫翻譯《佐治芻言》，1890 年前後何啟、胡禮垣作《新政真詮》，開始接觸到自由思想，但多為「自主、自主之權」而不是自由。有論者認為，

〔註 85〕蕭公權：《中國政治思想史》之三，遼寧教育出版社 1998 年，第 757 頁。
〔註 86〕約翰·穆勒著，嚴復譯：《群己權界論·譯凡例》，商務印書館 1981 年版。
〔註 87〕《嚴復集》之五，第 1287 頁。
〔註 88〕《嚴復集》之五，第 1279 頁。

晚清對西方自由概念的最早具體介紹是，1887 年《申報》的一篇《論西國自由之理相愛之情》文章，文章指出：

「西國之所謂自由者，謂君與民近，其勢不相懸殊，上與下通，其情不相隔閡，國中有大事，必集官紳而討論，而庶民亦得參清議焉。君曰可而民盡曰否，不得行也。民盡曰可，而君獨口否，亦不得行也。蓋所謂國事者，君與庶民共之者也。雖有暴君在上，毋得私虐一民。民有罪，君不得曲法以宥之。蓋法者，天之所定，人心之公義，非君一人所能予奪其間，故亦毋得私庇一民。維彼庶民，苟能奉公守法，兢兢自愛，懷刑而畏罰，雖至老死，不涉訟庭，不見官長，以優遊於牖下，晚飯以當肉，安步以當車，無罪以當富貴，清靜貞正以自娛，即貧且賤，何害焉。此之謂自由。」

1895 年嚴復在《論世變之亟》一文中，介紹了自由原則對於西方社會的重要性，認為中國與西方比起來，最根本的差異，在於自由與不自由。1900年《萬國公報》從第 136 冊起連載斯賓塞爾《自由篇》，1903 年嚴復翻譯出版了約翰‧穆勒（John S. Mill）的 On Liberty，定名《群己權界論》，同年，馬君武將此書翻譯定名《自由原理》出版，把西方的自由思想比較完整地介紹到了中國。由此，隨著西方政治文化的輸入，自由觀念開始為近代中國思想界所接觸和熟知。

客觀地講，近代中國對西方自由念的關注和介紹，起源於對國家富強的渴望。「處危急存亡之秋，務亟圖自救之術。」〔註89〕甲午慘敗後中國面臨的嚴峻形勢使救亡圖存成為壓倒一切的時代主題。西方自由觀念就是在這樣的社會背景下，作為一種自救之術、富強之術而被引進的。按照嚴復的理解，西方特別是英國的富強應歸功於自由競爭。「英吉利富強之效，百年以來，橫絕四海，遠邁古初者，則其民所自為也。」

譚嗣同在從權力結構中呼喚民權時，注意到個人自由的問題，但對「自由」之具體內涵並沒有深刻的認識。在個人自由的關注上，譚嗣同僅僅把個人自由視為一種自主之權，在自主之權的內涵，即「平等」、「自由」與「節宣惟意」三個方面，所強調的僅僅是「平等」之權，而且並沒有具體所指。至於其它二者究竟什麼，語焉不詳。因此，譚嗣同的個人自由與其說是關注個人權利，不如說是傳統的個人修養；所追求的平等之權，也應是平等之精神。實質上，譚嗣同基於自主之權的個人自由，一方面源於他對秦政以來中

〔註89〕《嚴復集》之一，第 44 頁。

國政教的批判，「常以爲二千年來之政，秦政也，皆大盜也」；〔註90〕另一方面得益於對儒家思想的核心範疇「仁」的演繹（仁──通──平等）。這種追求眾生平等與集體主義的自由，與西方將個人自由作爲最高價值的人權觀念大異其趣。因而，在對個人自由的把握上，譚嗣同始終是一種儒家的自我修養。

自由權利思想是梁啓超民權思想的理論基礎。受約翰·穆勒自由主義思想的影響，梁啓超提出：「西儒約翰·彌勒曰：人群之進化，莫要於思想自由、言論自由、出版自由。三大自由皆備於我焉。」〔註91〕到1902年的《新民說》時，梁啓超對自由權利的認識更加深入，自由是「權利之表證」，「精神界之生命」，「非他人所能予奪，乃我自得之而自享之者也。」〔註92〕

在權利與自由的關係上。梁啓超認爲：「自由者，權利之表述也。凡人之所以爲人者有二大要件，一曰生命，一曰權利。二者缺一，時乃非人。」〔註93〕梁啓超把自由與權利聯繫起來，認爲自由乃是個人的權利，是「天賦人權」，這就使他的民權思想更進一步接觸到民主政治的核心，即個人自由問題。

梁啓超對自由的內涵理解體現在：自由乃民主政治的基石，是西方「歐美諸國所以立國之本原」，它同樣對中國是適用的，因爲「自由者，天下之公理，人生之要具，無往而不適用也」。〔註94〕其主要內容是政治自由、宗教自由、民族自由和生計自由。而政治自由是第一位的。政治自由之關鍵又在於參政權，「凡生息於一國中者，苟及歲而即有公民之資格，可以參與一國政事，是國民全體對於政府所爭得之自由也。」參政權之至爲重要的則是思想自由、言論自由。在梁啓超看來，對一個人來說，人身自由與思想自由相比，人身自由固然重要，精神自由則更爲重要，人身自由僅爲「小者」，精神自由才是「大者」，在爭取自由過程中，只有「先立乎其大者，則其小者不能奪也」。〔註95〕所以梁啓超強調，思想自由乃是「自由之極軌」，「爲凡百自由之母」，「文明之所以進，……其總因也。」〔註96〕而要眞正做到

〔註90〕 《譚嗣同全集》（增訂本），蔡尚思、方行編，中華書局1981年，第337頁。
〔註91〕 梁啓超：《自由書·敘言》，《合集·專集》之二，第1頁。
〔註92〕 《十種德性相反相成義》，《飲冰室文集》之五，第45頁。
〔註93〕 《十種德性相反相成義》，《飲冰室文集》之五，第45頁。
〔註94〕 《新民說》，《梁啓超選集》，第223頁。
〔註95〕 《新民說》，《梁啓超選集》，第224頁。
〔註96〕 《保教非所以遵孔論》，《梁啓超選集》，第309頁。

思想自由，就是在任何事物和言論面前，一切「以公理為衡」，獨立思考，讓理性自由活動。有了思想自由，不僅可以養成國民獨立自主的人格，並能使眞理不斷地湧現出來。所以梁啓超強調：「思想之自由，眞正所從出也。」〔註97〕

在自由與法律之關係上。梁啓超認爲，個人自由要「以不侵入人之自由爲界」。〔註98〕自由並不是不要服從，不要制裁，而是要「自由於法律之下，其一舉一動，如機器之節奏，其一進一退，如軍隊之步武」，〔註99〕這才是「文明自由」，是「眞自由」，否則「濫用其自由」，便是野蠻人之自由。自由只能是法治之下的自由。一方面自由必須在法律允許的範圍內行使，另一方面，自由的實現要有賴於法律的支持和保護，沒有法律形式保障的自由，隨時會被剝奪。

那麼如何保障個人的權利和自由？通過立法。梁啓超認爲，一是立法權問題。立法乃是政治之本原、國家意志的體現，直接關係到國民幸福與否，因此立法權當屬多數國民，而不能操與少數人手中。〔註100〕二是憲法問題。立法的根本任務是制定憲法。「憲法者何物也？立萬世不易之憲典，而一國之人，無論爲君主，爲官吏，爲人民，皆共守之也，爲國家一切法度之根源。」而要君主、官吏都遵守憲法，其中關鍵是民權。「民權者所以擁護憲法而不使敗壞者也」，因爲「欲君權之有限，不可不用民權，欲官權之有限，更不可不用民權」。因此「憲法與民權二者不可相離，此實不易之理，而萬國所經驗而得也」。〔註101〕三是政府權限問題。憲法制定後，由於人民並不直接行事權力，而是採用「代議」或其它方式委託少數人掌管。爲防止權力之濫用，必須通過立法對權力的直接運用者即政府權限加以限制。「政府者，以任群治者也」，其職責不外一是助人民自營力所不逮，二是防人民自由權之被侵而已。因此政府之權限應爲「凡人民之行事，有侵他人自由權，則政府干涉之；苟非爾者，則一任民之自由，政府勿宜問過也。」〔註102〕梁啓超已接觸到西方自由主義民主政治的實質——保障個人自由和權利。

〔註97〕　《近世文明初祖二大家之學說》，《飲冰室文集》之十三，第9頁。

〔註98〕　《十種德性相反相成義》，《飲冰室文集》之五，第46頁。

〔註99〕　《新民說》，《梁啓超選集》，第228頁。

〔註100〕　《論立法權》，《飲冰室文集》之九。

〔註101〕　《立憲法議》，《飲冰室文集》之五。

〔註102〕　《論政府與人民之權限》，《飲冰室文集》之十。

　　梁啟超雖然強調個人自由，但對集體之自由則更為重視。「自由云者，團體之自由，非個人自由也。」〔註103〕其所關注的權利也不是個人之權利，而是群體之權利。「一部分之權利，合之即為全體之權利，一私人之權利思想，積之即為一國家之權利思想。故欲養成此思想，必自個人始。」「國民者，一私人之所結集也，國權者，一私人之權利所團成也。……其民強者謂之強國，其民弱者謂之弱國……其民有權者謂之有權國。」〔註104〕梁啟超的自由權利思想帶有強烈的集體主義的特色。

　　自遊新大陸後，梁啟超的思想由十八世紀之自由平等而急轉十九世紀之重國輕民。「盧梭、約翰・彌勒、斯賓塞諸賢之言無復過問矣。乃至以最愛自由之美國，亦不得不驟改其方針，集權中央，擴張政府之權力以競於外，而他國何論焉。」〔註105〕反觀中國「今日所最缺點而急需者在有機之一統與有力之秩序，而自由平等，直其次耳。何也？必先鑄部民使成國民，然後國民之幸福乃可得言也。」〔註106〕

二、嚴復的自由理念

　　真正對西方近代自由觀念有深刻理解並對近代中國自由人權思想發生重大影響的應屬中國自由主義布道人嚴復。就時代的自由人權問題苦心探索而形成的個人本位人權自由觀念是嚴復思想體系中最富有時代氣息也是最重要最有價值的部分。

　　早期西方傳教士將「liberty」傳入中國時，多以「自主、自主之權」對譯，而嚴復用「自繇」（自由）來譯「liberty」，可以說是嚴復的一大功勞。從1898年開始翻譯亞當・斯密《國富論》、約翰・穆勒《論自由》（《群己權界論》）、孟德斯鳩《法意》，嚴復首次把西方近代自由觀念引入中國。從思想史的角度看，對近代西方自由理念的引進和詮釋，嚴復的貢獻是不爭之論。儘管由於兩種異質的政治文化傳統造成了概念移植轉換存在著內涵的差異和誤讀，但自嚴復始，近代中國真正開始了對西方自由理念的移植和闡釋。

（一）自由與民主

　　與其它維新思想家們不同，嚴復通過中西文化的比較，第一次把自由視

〔註103〕《新民說・論自由》，《合集・專集》之四，第44頁。
〔註104〕《新民說・論權利思想》，《合集・專集》之四，第36、39頁。
〔註105〕《政治學大家伯倫智理之學說》，《飲冰室合集・文集》十三，第89頁。
〔註106〕《政治學大家伯倫智理之學說》，《飲冰室合集・文集》十三，第69頁。

為中西文化的根本差異。嚴復有一段為人稱道的名言:「如汽機兵械之論,皆形下之粗跡,即所謂天算格致之最精,亦其能事之見端,而非命脈之所在。其命脈云何?苟扼要而談,不外於學術則黜偽而崇真,於刑政則屈私以為公而已。斯二者,與中國理道初無異也。顧彼行之而常通,吾行之而常病者,則自由不自由異耳。」〔註107〕在嚴復看來,西方富強的真諦在「自由」,中國之所以貧弱在於無「自由」。西方人的信念是「惟天生民,各具賦畀。得自由者乃為全受,故人人各得自由,國國各得自由,第務令無相侵損而已,侵人自由者,斯為逆天理,賊人道,其殺人、傷人及盜蝕人財物,皆侵人自由之極致也,故侵人自由,雖國君不能,而其刑禁章條要皆為此設耳。」〔註108〕西方「以自由為體,民主為用」,自由是西方文化之根本。〔註109〕反觀中國理道則向無西方之自由,「夫自由一言,真中國歷古聖賢之所深畏,而從未嘗以為教者也」。〔註110〕「中國理道與西法自由最相似者,曰恕,曰絜矩。然謂之相似則可,謂之真同則大不可也。何則?中國恕與絜矩,專以待人及物而言,而西人自由,則於及物之中,而實寓所以存我者也。自由既異,於是群異叢然以生。」〔註111〕

如果說洋務派的中體西用論企圖借西方船堅炮利和工藝技術來維護封建專制統治,改良派的西體中用論旨在用西方的科學民主來改造中國傳統的政治文化,那麼嚴復的「自由為體民主為用」則是要超越地域和國別的文化界線和限定,企圖找出一條人類社會走向未來繁榮的共同之路。〔註112〕這也是嚴復思想的深刻之處。「自由為體、民主為用」論表明,他並未將近現代最富於吸引力的「民主」視為西方國家致富致強的根本,而是將民主與自由聯繫起來,視自由為體民主為用,民主的重要性次於自由的重要性。在他看來,真正的體應該是自由,民主只是用。民主只是自由在政治領域發展的一種表現。嚴復的這一理論是其自我本位主義的自由論的延續和發展。

就自由與民主而言,嚴復首先強調的是自由。他的自由論可以稱之為自由至上論。嚴復將自由視為神聖不可侵犯的天賦人權,甚至將太平盛世的到

〔註107〕《嚴復集》之一,中華書局1986年版,第2頁。
〔註108〕嚴復:《論世變之亟》,《嚴幾道文鈔》,(臺北)世界書局1971年,第19頁。
〔註109〕嚴復:《論世變之亟》,《嚴幾道文鈔》,第42頁。
〔註110〕《論世變之亟》,《嚴復集》之一。
〔註111〕《論世變之亟》,《嚴復集》之一。
〔註112〕《原強》。

來完全寄託在自由上：「故今日之治，莫貴乎崇尚自繇，自繇則物各得其自致，而天擇之用存其最宜，太平之盛，可不期而自至。」〔註113〕嚴復與其它維新思想家的不同凡響之處，就在於他並不滿足於停留在對民主的追求上。他要進一步追問民主的目的是什麼。民主不外是自由的產物，且民主的目的在於自由及人的全面發展。將天賦人權的實現視爲民主的宗旨的自由人權觀，嚴格地講，屬於當代人權論的範疇。自由人權作爲民主和法制建設的宗旨。一切政治法律制度都將以保障自由人權爲終極目的。自由度成爲衡量和檢驗民主的標準。民主的眞實在於人人各得自由。

在民主與自由的關係上，嚴復又將民主視爲自由的現實前提、爭自由者必須爭民主，這一主張在嚴復的「三自論」（自利、自由、自治）中得到了集中的體現。在理論邏輯上，三自的順序是從自利到自由自治。自利是人性的本質規定；自由是自利的人性外在化的表現；自治則是自由在社會政治領域中的合理延伸。但是，從在現實生活中的實現過程來看，三自的順序正好相反，是從自治到自由再到自利。沒有自治，自由也就無法得到保障；自由得不到保障的人，等於喪失了自利能力。嚴復看來，從自治到自由再到自利，關鍵的一環在自治。自治達到了，其它問題就都迎刃而解了。依據嚴復的本意，自治主要指民力民智民德所能達到的一定程度。所謂「顧彼民之能自治而自由者，皆其力其智其德誠優者也。」〔註114〕

（二）自由與法治

自由是法律上的自由，同時自由又只有在法治狀態下才能獲得。這是歷代追求自由人權的思想家們得到的共識。嚴復主張法治反對人治是爲了維護自由而反對專制主義。嚴復的法治論是其個人本位主義的自由論在法律領域的發揮。他關於自由與法治關係的深刻認識來自他對中西法制狀態的比較研究。

嚴復認爲，中國封建社會不能說沒有法制。但是，中國封建法制是同自由相悖的。西法與中法相比較，最大的差異就在於自由不自由方面。西法以自由爲本，自由精神舉國稱頌；中法則以專制爲本，不論寬政苛政「大抵皆以奴虜待吾民」。〔註115〕嚴復將孟德斯鳩所言之法與中國古代法家所言之法

〔註113〕嚴復評《老子》。
〔註114〕《原強》。
〔註115〕《原強》。

區別開來：法家所言之法是爲驅迫束縛臣民的，且國民超乎法之上，可以以意用法易法，不受法律約束。「夫如是，雖有法，亦適成專制而已。」〔註116〕而孟德斯鳩所言之法，則是「治國之經制」，其特點在於「上下所爲，皆有所束」。〔註117〕君王也必須守法。西法眞正體現了法律面前人人平等的原則。

　　在自由與法的關係問題上，嚴復主張恃制而反對恃人的法治，在嚴復看來，自由與否取決於恃制還是恃人，取決於依靠制仁還是依靠君仁。自由絕對不能寄希望於統治者個人的品性和才能。搞人治的結果只能使自由遭受蹂躪，因爲在人治之下，統治者仁可以爲父母，暴可以爲豺狼。嚴復大聲疾呼：「嗚呼！國之所以常處於安民之所以常免於暴者，亦恃制而已，非恃其人之仁也。恃其欲爲不仁而不可得也，權在我者也，使彼而能吾仁，即亦可以吾不仁，權在彼者也。在我者，自由之民也；在彼者，所勝之民也。」〔註118〕國民要想獲得自由，就不能允許任何黨派或個人超越法律之上的人治現象存在。如果統治集團或個人可以超乎法律之上的話，那麼無論是什麼階級性質的政權，在本質上必然是專制主義的，在這種政權下，如果人人都是平等的話，那是因爲大家都是專制統治者的奴隸。

　　自由是法治下的自由，然而，隨著時代的進步，人們對法治的理解在不斷深化。亞里士多德曾強調法治必須具備守法和良法這兩大要素。這是古代的法治觀念。近代法治觀念除了這兩大要素外，還包括國家權力的合理配置和制約平衡。孟德斯鳩的《法意》在理論上的最大貢獻就是將自由同國家權力的合理配置問題相聯繫，從而將法治的概念進一步深化和具體化了。孟氏的三權分立論對嚴復的自由人權觀也產生了深刻的影響。在三權中，嚴復首重立法權。立法權直接關係到民權和良法的形成。立法權是自由的第一道防線。

　　爲了保證立法權的公正合法，嚴復對立法權提出了幾點要求。首先，立法權的歸屬問題。嚴復主張立法權由代表人民的議會掌握，特別是應該主要由下院來掌握。通過「設議院於京師」，分上下兩院，而「法令始於下院，是民各奉其所自主之約而非率上之制也。」〔註119〕其次，立法權與行政權分立問題。議行分離，是保障自由和防止官吏專橫的必要措施。立法權通過創製

〔註116〕《法意》卷二按語。
〔註117〕《法意》卷二按語。
〔註118〕《法意》卷二按語。
〔註119〕《原強》。

權來制定法律；而行政權通過其駁准程序參與立法。議行二權分中有合，合中有分，相互制約。再次，司法權的獨立問題。從自由人權角度看，如果說立法權的作用有於規定自由限度的話，那麼司法權的作用則是實現自由的保障。嚴復主張司法權應有「無上」的地位。「所謂三權分立，而弄權之法庭無上者，法官裁判曲直時，非國中他權所得侵官而已。然刑權所有事者，論斷曲直，其罪於國家法典，所當何科，如是而已。」〔註120〕一個國家的司法權是否享有獨立無上的地位，這是該國是否處於專制主義統治中的重要標誌。司法獨立原則是三權分立理論中最重要的原則。嚴復強調司法權應有無上的地位，這說明他對三權分立理論的基本精神和原則理解得非常透徹。法治的核心問題是國家權力的合理配置。自由人權只有納入法治的軌道才具有真實的意義。

（三）自由與富強

在嚴復看來，「夫所謂富強云者，質而言之，不外利民云爾，然政欲利民，必自民各能自利始；民各能自利，又必自皆得自由始；欲聽其皆得自由，尤必自其各能自治始，反是且亂。顧彼民之能自治而自由者，皆其力、其智、其德誠優者也。是以今日要政，統於三端：一曰鼓民力，二曰開民智，三曰新民德。」〔註121〕

嚴復為何將自由與富強聯繫起來？通常的解釋是：要救中國，實現富強，非學西方不可。而「西洋之術」的真諦在「自由」。而自由意味著在倫理、經濟、政治、思想和學術等領域要求破除對人的束縛，全面實現人的基本權利。中國求富強「必自得自由始」。而自由的取得有賴於國民程度的提高。

實質上，自由與富強並無必然之關係。自由是人類的終極性追求和本質性體現，屬於價值觀念體系中的範疇；而富強是國家追求之目標。然而由於振衰起弱之急務的威逼，使嚴復自覺不自覺地將自由視為促進富強的手段。這樣就產生了追求富強與自由價值觀念之間的內在矛盾。於是，自由理念在嚴復的詮釋下，一方面蕩漾著斯賓塞從生物有機體論推導出來的自由旋律——只有讓個體充分自由地發揮自己的體、智、德力，才能增加個體的幸福和利益，從而間接促進國家富強，同時凸現出明顯的「中國特色」，從而疏離古典自由主義的內涵。

〔註120〕同上。
〔註121〕嚴復：《原強修訂稿》，《嚴復集》之一，第 27 頁。

（四）嚴復的自由內涵邏輯

嚴復的言論中，自由的內涵包括行己自由、思想言論自由、政界自由和經濟自由。

行己自由，就是穆勒所謂的個性自由。嚴復把個性譯為「特操」，特操的自由發展就是行己自由，它包含兩層意義：第一，善惡由己主張，任其自由。「自由云者，乃自由於為善，非自由於為惡。……必善惡由我主張，而後為善有其可賞，為惡有其可誅。又以一己獨知著地，善惡之辨，至為難明，往往人所謂惡，乃實吾善，人所謂善，反為吾惡，此干涉所以必不可行，非任其自由不可也。」〔註122〕由於「善惡之辨，至為難明」，要洞察人類之「善惡」，就必須使人類享有「自由」。人類擁有自由是基於其本性的內在要求。第二，自由不涉及他人之風俗好尚。即「使其事宜任下己自由，則無間君上、貴族、社會，皆不得干涉者也」。〔註123〕

思想言論自由，就是「平實地說實話求真理，一不為古人所欺，二不為權勢所屈而已。使理真事實，雖出之仇敵，不可廢也。使理謬事誣，雖以君父，不可從也。」〔註124〕嚴復認為，思想言論自由其實質就是求實存真。無論古代聖賢還是當今最高統治者都必須遵循以事理本身的真偽作為判定是非的標準。與穆勒一樣，嚴復也是在言論自由與追求真理的關係上來理解自由的，「真理往往成為一個調和與合併各種對立觀點的問題」，〔註125〕即為言論自由之真義。

所謂政界自由，與管束相反對。「釋政界自由之義，可云其最初義，為無拘束、無管治；其引申義，為拘束者少，而管治不苛。」〔註126〕即國民所享有的政治自由也就是以限制政府的治權為自由。「政治正是拘束管轄之事。而自由云者，乃唯民所欲而無拘束。」〔註127〕簡而言之，「政令簡省為自由」。〔註128〕

嚴復的經濟自由觀念主要來自於亞當·斯密的《國富論》。不可侵奪民力之自由是經濟自由的基本原則，嚴復對此深有體悟。嚴復認為，只有讓民力徹底自由施展，減少政府的干涉及同業規則的束縛，國才可富。

〔註122〕《群己權界論·譯凡例》，商務印書館1981年，第4～5頁。
〔註123〕《群己權界論·譯凡例》，商務印書館1981年，第3頁。
〔註124〕《群己權界論·譯凡例》，商務印書館1981年，第4頁。
〔註125〕郭志嵩譯：《論自由》（臺北）協志工業叢書，1961，第43頁。
〔註126〕嚴復：《政治學講義》，見《嚴幾道先生遺著》，第59頁。
〔註127〕嚴復：《政治學講義》，見《嚴幾道先生遺著》，第60頁。
〔註128〕《十種德性相反相成義》，《飲冰室文集》之五，第63頁。

在闡釋了自由的內涵後，嚴復提出了自己對自由觀念的看法：自由的享受是有其條件的。即民力、民智、民德所代表的國民程度必須提高，國民才能享受自由。然而中國當時既貧又弱更愚，政府權威明顯失落，如此低下之國民程度，瓦解之政府權威，人民如何擁有政治自由？當前中國之急務為重建政府權威，通過強有力之政府的引導，提高國民程度，培養自治能力，以使人民享有自由。但是政府權威之建立，又必須以國家之生存為前提。國家之天職是扶植國民。只有國家存在，才能善盡扶植國民之天職。因此在嚴復的自由觀念中，國家生存、政府權威以及國民程度是其主要著眼點。三者之關係是：只有國家立於天地之間，政府權威才能建立；只有建立政府權威，進而謀求國民程度的提高；當國民程度提高，人民才能享有自由。依此邏輯，嚴復的最後結論是：國家自由先於個人自由，也即中國「所急者乃國群自由非小己自由。於是，在國家自由的追求下，個人自由的價值被降低了，嚴復的自由觀念中，個人自由失去其最高之價值地位。〔註129〕

自由作為西方自由主義的最重要價值範疇，它意味著：經濟活動自由、政治自由和思想自由等個人權利，不受政府和社會權力的不必要侵犯。在個人自由與公共權力的關係上，維護個人自由與價值是最基本之出發點。西方自由主義強調自由對於個體本身的意義，自由之所以必要在於它是人存在和發展的要求。嚴復對自由的關注並不在此，他注意的是自由的工具價值，關心的是自由對於國家和民族的意義。因此嚴復闡釋的自由理念與西方古典自由主義有相當的距離。

《群己權界論‧譯凡例》的一段話最具代表性：「斯賓塞《倫理學說公》一篇，言人道所以必得自繇，蓋不自繇則善惡功罪，皆非己出，而僅有幸不幸可言，而民德亦無由演進。故唯與以自由，而天擇為用，斯郅治有必成之一日……獨人道介於天物之間，有自繇亦有束縛，治化天演，程度愈高，其所得以自繇自主之事愈眾。由此可知自繇之樂，唯自治力大者為能享之，而氣稟嗜欲之中，所以纏縛驅迫者，方至眾也。盧梭《民約》，其開宗明義，謂斯民生而自繇，此語大為後賢所呵，亦謂初生小兒，法同禽獸，生死饑飽，權非己操，斷斷乎不得以自繇論也。」〔註130〕

〔註129〕參閱林載爵：《嚴復對自由的理解》，載《嚴復思想新論》王桂生等編，清華大學出版社 1999 年 12 月，第 236 頁。
〔註130〕《嚴復集》之一，中華書局 1986 年，第 133 頁。

　　對於深諳中國現實狀況與服膺進化論的嚴復，很自然地將自由的實現依託於國民個體素質的提升與社會的改良上。應當說，嚴復對近代中國的現實把握和對自由實現條件的認識是有道理的。但是，把個人自由的充分實現作為一個促進民智民德進而達到國家目的的手段，則與西方自由觀念大相徑庭。從不認同盧梭「斯民生而自繇」看，嚴復並不接受西方由「自然狀態」和「社會契約」而推演出來的天賦自由權利觀念。這也表明，中西方對自由觀念邏輯推演的差異。

　　這是因為嚴復自由思想的基礎是斯賓塞的社會達爾文主義。嚴復是在群體的構架中來對自由進行考慮的，從一開始就視群己關係為自由之基礎，正如史華茲指出的，嚴復的闡釋基本上是把穆勒的觀念納入斯賓塞的思想範疇中。受斯賓塞的影響，嚴復理解和闡釋的自由，主要不是免受外部干預的個人權利，而是一種能夠促進共同利益的實際能力。這一自由理念近似於馬斯·格林的觀點，「我們所珍視的自由，是全體共有的做有價值之事或享用有價值之物的一種積極的權力或能力，一種通過相互幫助和保證而人人得以行使的權力。」〔註 131〕格林同時認為，自由意味著讓每個人的才能在現有的社會條件下得以充分的施展出來，為國家為社會的共同利益作出貢獻。

　　與新自由主義的立場相似，在嚴復看來，個人自由的最高價值在於服務於國家的富強目標，個人自由的多少應根據國家利益的需要而定。當面對「純乎治理而無自由，其社會無從發達，即純自由而治理，其社會不得安寧」的兩難困境時，嚴復拒絕了在政府和個人之間劃出各自的領域和界限的古典自由主義的解決辦法，主張個人自由應在社會穩定和社會發展之間保持動態平衡，個人自由的範圍應根據國家利益的需要來劃定。由於強調個人自由要與公共利益相一致，嚴復不自覺地弱化了自由主義中的個人主義內涵，凸現出明顯的集體主義色彩。巴克評論約翰·穆勒的功利主義──為社會效用的目標，個人的最高責任可能要他去犧牲他自己。嚴復也認為，「自不佞言，今之所急者，非之自由也，而在人人減損自由，而以利國善群為職志。」〔註 132〕「特觀吾國今處之形，則小己之自由，尚非所急，而以袪異族之侵橫，求有立於天地之間，斯真刻不容緩之事。故所急者，乃國群之自由，非小己之自

〔註 131〕轉引自葉立煊等編《當代西方政治思想評價》，華東師範大學出版社 1991 年，第 238 頁。

〔註 132〕《嚴復集》之二，第 337 頁。

由。」〔註133〕「小己自由，非今日之所急，而以合力圖強，杜遠敵之覬覦侵暴，爲自存之至計也。」〔註134〕

　　儘管嚴復的看法與西方新自由主義的觀點相似，但畢竟還是有區別的。因爲新自由主義雖強調個人自由要與公共利益相一致，每個人在維護個人權利時應促進公共利益，但其理論的最終關懷始終是個人及個人自由，國家權力是爲了個人自由的更好發展。而在嚴復的政治思維裏，個人與國家之間，個人只能是手段，國家才是目的。國家也會保護個體自由，但並不是因爲個人自由本身的價值，而是因爲個人自由可以成爲社會、國家強盛的動力。換言之，嚴復的思維邏輯的起點和終點都是國家，國家之富強是其最終關懷；維護個人自由的目的是爲了國家。

第四節　個人本位與國家本位

一、從個人本位到國家本位

　　近代人權觀念自傳入中國以後便逐漸展現出兩種不同的思想傾向：一種傾向以嚴復爲代表，強調個人自由在社會共同體中的價值，此種以自存爲前提、以個人自由爲核心的人權觀可以稱之爲個人本位人權觀。另一種傾向以康梁爲代表，強調個人權利必須同公共權力相調和，主張集體或團體的利益高於個人自由，此種以集體或團體存在爲前提、以公共利益爲核心的人權觀可以稱之爲集體本位的人權觀。在社會動蕩頻仍、專制和集權的近代中國，集體本位的人權觀始終佔有壓倒的優勢，人權民權始終不能成爲思想界的主體。如康有爲的《大同書》中所蘊含的人權觀具有明顯的個人本位傾向。遺憾的是，這一思想路線並未貫徹始終，隨著後期的思想變化，國家本位傾向日益占上風，終至後來他放棄人權獨立自由平等的主張而贊成集權專制。梁啓超將人權民權國權納入團體和國家主義框架的做法，他的國家本位不僅是對嚴復的個人本位的否定，而且也是對康有爲的世界博愛的否定。立足於國權還是立足於民權，不同立足點會產生一系列的不同。梁啓超的立足點雖然有時在國權和民權之間動搖，但基本上如他本人所言偏重於國權。嚴復對自由的闡釋也具有相同的思維邏輯。

〔註133〕《嚴復集》之四，第981頁。
〔註134〕《嚴復集》之四，第985頁。

近代中國救亡圖存的緊迫的歷史重任使許多思想家不能專心致力於深入的專題理論研究，特別是人權理論研究。他們更多地將時間和精力投入實際政治運動以及與愛國救亡主題相關的探索之中。由於國家危機的緊迫和國家主義的不適當的膨脹，戊戌時期的人權思想火花在強大的國權現實需要的壓迫下顯得十分微弱。一旦將國權看重於民權或人權，任何天才的思想家都要為之付出沉重的代價；或喪失理論的創造性，或窒息本應放大的思想之光，甚至會從民主走向專制、從倡言自由人權走向壓制和特權。戊戌時期人權思想之光由放論民權而興，由傾向國權而終。

二、民權自由思想的工具意義

思想是現實的反映。時代和社會的召喚，決定戊戌時期維新派民權自由思想必然以民族生存危機，以國家富強為價值目標。怎樣才能使中國擺脫西方列強的侵略和封建專制的統治而走向獨立富強是這一時期所思考的政治邏輯。維新派對人權的理解是基於現實的實用需要，源於全民族建立近代獨立自主民族國家的共同心理要求。

因此，對救亡和富強的訴求導致康梁等維新志士寄希望於民權，但對民權的價值卻並無多少體認。對「民權」概念理解的關鍵應注意梁啟超關於「群」的概念的解讀。張灝先生認為，梁的群概念是一個受西方社團組織和政治結合能力的事例所激發的新概念。它包含三層意思：一是帶有整合的意思，即如何將中國人集合起來組成一個有凝聚力的政治實體；二是指政治參與，即一種合理的政治實體能夠容納什麼樣的社會分子參與；三是指政治共同體的範圍，即中國是否應組織為一個民族國家。〔註135〕這裏，強烈的民族主義成為康梁等維新志士政治思維的理論基點。康梁所關注的是民權對國家強盛的意義。只有當「民權」能為國家富強帶來好處時，他才被置於一個凸現的地位。國家強盛是無可爭議的最高目標，民權只是服務於國家強盛的一種手段。從實質意義上講，它僅僅意味著分享君權或皇權的要求和願望而已。它本身並不構成獨立價值，也不作為一個獨立的目標。這與西方人權觀念所包涵的個人自由和權利的獨立價值有著不同的文化取向和追求，最多也僅僅作為民族和國家富強的一種工具使用而已。

〔註135〕參見〔美〕張灝：《梁啟超與中國思想的過渡》，江蘇人民出版社1993年版，第68～69頁。

由於受 19 世紀庸俗進化論——「天演強權」思想的影響，在維新派民權思想體系中，民權意識建立於民族競爭意識之上的，而「天賦人權」的思想成分僅僅是附帶而已。從梁啓超是自由權利思想中可以看到，「權利何自生？曰生於強。」〔註136〕「權利何起？起於勝而被擇。勝何自起？起於競而獲優。」〔註137〕中國最迫切需要的自由是政治自由，而政治自由當中，「中國所最急者」，一是國民「參政問題」；二是「民族建國」問題。〔註138〕國民參政意味著向封建專制爭政治上的自由權；民族建國即爭民族國家的自由權。這種要求參與政權和挽救國家危亡的強烈願望的出發點和歸宿在於強盛國家。即使後來梁啓超把「新民」作爲當時的第一要務，其終極目標仍然是挽救國家和民族的危亡。從強調「群」、「族」的價值趨向來分析，對家國、民族岌岌可危的關注，使梁啓超等維新思想家無法將自由主義中極富價值意義的個體置於顯赫的位置。在此，梁啓超於民權（人權）與國權兩者之間選擇了國權，「小我」應服從「大我」。民權（人權）作爲一種「工具」被置於國家和民族之麾下，僅僅具有其工具理性的意義。

比其它維新思想家們看得更遠思考得更深的是嚴復對人權價值自由理念的闡釋。在他看來，自由才是西方國家的立國之本，民主不過是自由在政治上的運用。「自由者，各盡其天賦之能事，而自承之功過者也。」「故言自由，則不可不明平等，平等而後有自主之權；合自主之權，於以治一群之事，謂之民主。」〔註139〕對此，史華茲認爲，在嚴復心目中，「自由意味著無拘束地發揮人的全部才能，意味著創造一個解放和促進人的建設性能力，以及使人的能力得以充分發揮的環境。但中國聖人所做的每件事都在限制和禁錮個人的潛在能力，而近代西方則創造和培育了旨在解放這些能力的制度和思想。」〔註140〕

然而在近代中國，自由是被作爲可以使中國富強和擺脫外國侵略的工具而被嚴復從西方思想庫中挑選出來的。基於救亡圖存的憂患意識和對國家富強的渴望，嚴復對自由觀念的闡釋偏離了西方自由觀念的價值內涵。在這一點上，黃克武對嚴復的自由觀念分析是中肯的，他認爲：「對彌爾（即穆勒）

〔註136〕《新民説·論權利思想》，《飲冰室合集·專集》之四，第 31 頁。

〔註137〕《新民説·論義務思想》，《飲冰室合集·專集》之四，第 104 頁。

〔註138〕《新民説·論自由》，《飲冰室合集·專集》之四，第 44 頁。

〔註139〕《主客評議》，《嚴復集》之一，第 118 頁。

〔註140〕〔美〕本傑明·史華茲著《尋求富強：嚴復與西方》，江蘇人民出版社 1989 年 7 月，第 55 頁。

來說，他當然強調群己權限之分「界」，但界的觀念不是他的重點，他的重點是界內的個人自由應盡可能廣。然而對嚴復和梁啓超來說，他們有很清楚的「界」的觀念，他們認為引進西方自由觀念最重要的意義是讓國人瞭解群己之間以「界」為基礎的平衡關係，所以嚴復將《On Liberty》譯為《群己權界論》，又在序中開宗明義地表明「學者必明乎己與群之權界，而後自由之說乃可用耳」。」「他們與彌爾不同之處在於，他們不主張界內自由要盡可能廣。」〔註141〕在嚴復的自由觀念裏，穆勒的自由思想中主張的個人自由應在界內盡可能發揮的鋒芒被磨損了，而相應地張揚了他所強調的在民族危亡和民智未開、民德未進條件下以「國群自由」為重的思想。由此，經過嚴復調和闡釋的自由也就成為救亡圖存、謀求富強的工具。

值得肯定的是，在個人與社會的關係上，個體不能享有無限制的自由而影響群體，只有每一個人的素質提高了，才有國家和群體的富強。嚴復的這一觀點不乏一定的合理性。嚴復認為：「今夫國者非他，合兆之民以為之也。國何以富？合億兆之財以為之也。國何以強？合億兆之力以為之也。」〔註142〕「是故欲覘其國，先觀其民，此定例也。」〔註143〕由此，嚴復從斯賓塞的社會有機體論出發，主張以鼓民力、開民智、新民德，尤其開民智作為中國謀求富強的根本手段，可謂精深與可貴。如果說，戊戌時期康梁潭主要著眼於國家政制的變革，那麼嚴復卻關注到影響國家政制變革的更深刻是文化觀念的改變和國民素質的提高。然而在武器的批判代替批判的武器的時代，這種思想影響卻微乎其微。

作為人的一個價值目標和觀念系統，人權意味著作為人所享有的基本權利和自由不被侵犯和剝奪。其價值正在於維護和保障「人」的權利不被侵犯和剝奪。而維新派的「民權」說恰恰失去了權利學說所應有「人」的權利不被侵犯和剝奪的宗旨，反倒理解為實現民族國家獨立富強之工具。因此，可以說，近代中國的「民權」說實質上並未涉及真正的人權的內容，只在「人權」之外圍徘徊一陣，便不了了之。理論上的缺失和弱點與中國近代特殊社會現實狀況息息相關。

〔註141〕黃克武：《嚴復對約翰·彌爾自由思想的認識——嚴譯〈群己權界論〉為中心之分析》，臺北中央研究院近代史研究所集刊第24期上冊，1995年6月，第146頁。
〔註142〕《原富》按語，《嚴復集》之四，第917頁。
〔註143〕嚴復譯：《群學肄言》，「喻術第三」譯者注，商務印書館1981年10月，第38頁。

第四章　人權與共和

第一節　人權的價值理念：自由平等

　　進入 20 世紀，近代中國社會內外雙重危機的嚴峻形勢對近代新型知識分子以更大刺激。在革命思潮和啓蒙思潮的相互激蕩之下，「革命」取代「改良」成爲大多數先進分子的政治取向和現實選擇，在思想取向上，隨著西方政治文化的大量輸入，要求人權和崇尚自由成爲啓蒙宣傳的突出內容。近代新型知識分子的人權意識的覺醒，使「人權」一詞大量見諸於辛亥革命時期（20 世紀的最初十年）的報刊雜誌。對於「人權」，這一時期儘管不同政治取向和不同思想背景的人有不同的理解，但歸根到底是與自由觀念聯繫在一起的。各種人權觀念都最終可以通過對自由的解釋而溝通起來。自由成爲人權的核心內涵。如果說戊戌時期嚴復等人對「自由」的闡釋還僅僅停留在「天賦人權」表層理解的話，那麼辛亥時期「自由」與「民權」思想的結合，使人權獲得了比較完全近代意義的內涵，進而成爲革命的依據和口號。

　　一般來講，辛亥時期的人權觀念有三個層面的涵義：（1）天賦人權（追求個人幸福和快樂的原則）。鄒容完全接受了天賦人權的觀念，提出：「生命，自由，及一切利益之事，皆屬天賦之人權，不得侵犯人的自由，如言論、思想、出版等事」，〔註 1〕故「無論何時，政府所爲有干犯人民權利之事，人民即可革命，惟倒舊日之政府，而求遂其完全康樂之心，迨其既得安全康樂之後，經眾公議，整頓權利，更立新政府，亦爲人民應有之權利」。

〔註 1〕《革命軍》第 6 章，上海民智書局 1928 年，第 50～51 頁。

〔註2〕這一時期的知識分子不僅認識到自由爲天賦之權，而且涉及到個人自由的具體內涵，「自由權者，思想自由、言論自由、出版自由三大自由也。」〔註3〕（2）自主、自治。新型知識分子進一步認識到人的自由又表現爲自立、自主。他們提出：「且夫自立者，天地之大義生人之本分，不可不擔當不力行者。」「生天地之間者，自非犬馬奴隸，皆有自主之權。」並指出國人之所以無自由自主之權，「其原因有二焉：一由呻吟於歷代專制政體之下獨夫民賊，務爲嚴刑峻法，收天下之權歸爲己……一由於深中陋儒之毒，桎梏於綱常名教之虛文。」〔註4〕在啓蒙思想家們看來，封建專制制度最根本的一點就在於它藐視和踐踏人權。爭取人權也就是爭取自由。（3）自尊、自強。主要指對個人人格的尊重。

近代新型知識分子對自由的認識推動了其對平等和獨立概念的認識。他們開始意識到「平等、獨立，也爲人之不可攘奪權利，皆由天授。」「凡爲國民，男女一律平等，無上下貴賤之分。」〔註5〕「夫天之生人也，皆賦予獨立之性，其分配最公平無頗。他性之稟受或有厚薄，而獨立之性，則無厚薄。」〔註6〕宋教仁提出：「立憲國民，其義務必平等，」「其權利必平等。」〔註7〕

由於辛亥時期近代新型知識分子接受了「天賦人權」的價值內涵，從而使他們在現實中由申明個人的基本權利發展到對封建專制的徹底否定，由此也使他們的民主意識升華，從「君主立憲」轉向了「民主共和」，開始了「民權」觀念向「人權」觀念的轉換。

然而正如余英時所說，在整個二十世紀，民族獨立和民主都是中國人追求的基本價值，但兩者相比較，民族獨立的要求卻比民主的嚮往不知道到要強烈多少倍。〔註8〕這一時期，以孫中山、章炳麟、鄒容、陳天華爲代表的革命知識分子所高揚的「自由、人權」雖然具有一定的個人主義性質，但是所強調的並不是人的解放和人的自由權利，其出發點和歸宿是「爭獨立，鬧革命」，「興民權，行民主」，即對外爭國家主權、獨立、自由；對內推翻滿

〔註2〕《革命軍》第6章，上海民智書局1928年，第52～53頁。
〔註3〕一笑生：《說報》，《鵑聲》第2期。
〔註4〕《清議報》第27冊。
〔註5〕《中國近代政治思想論著選輯》下冊，中華書局1986年，第684頁。
〔註6〕《清議報》第58冊。
〔註7〕陳旭麓編：《宋教仁集》上冊，中華書局1981年，第17頁。
〔註8〕參見余英時：《打開百年歷史糾葛》。

族統治，光復漢民族政權的生存。救亡圖存、尋求富強始終是他們心中揮之不去的民族主義情結，革命派聲言，「吾人求集體之自由，非求個人之自由也，以個體之自由解共和，毫釐而千里也。」甚至把個人自由與國家或集體群體自由對立起來，否定個性解放和個人自由權利。「惟欲求總體之自由，故不能無對於個人之干涉」。「共和者亦爲多數人計，而不得不限制少數人之自由。」〔註9〕這種理解和闡釋頗具中國特色，即把自由人權視爲救亡圖存的手段，自由平等的價值意義被融化於以「群」爲特徵的「民權」之中。這種政治思維眞實地反映出當時中國人的普遍心理。從孫中山民權主義思想體系中可以發現這種思維邏輯。

在中國近百年人權思想史上，孫中山民權主義的人權思想無疑是一座重要的里程碑。其人權思想自形成以來便一直以不同方式在不同時期發生著不同程度的影響。民權主義在近現代烙下的印跡，反映出近現代中國追求人權的曲折歷程和艱難險阻。

孫中山把民權主義概括爲六大宗旨：即制度層面的「民有、民治、民享」民主共和政體；理念層面的「自由、平等、博愛」人權觀念。將西方「自由、平等、博愛」注入民權主義是孫中山對近代中國人權思想的一大貢獻。但孫中山的思想內涵邏輯則是由民權而人權，在民主共和政體的國家，只有人民作了主人，才能享有自由平等的人權。

客觀地講，孫中山的這種政治思維無疑具有現實的合理性。因爲當孫中山在十九世紀九十年代踏上政治舞臺時，「革命」已經成爲亟待解決的歷史主題。他唯一所關心的是通過「革命」建立近代西方式的民主制度來提高中國的政治地位，而國民的自由平等權利是在此之後的事情。因此在興中會的宗旨中都沒有明確提出爭取自由平等權利。當時「自由」還不是人們潛意識中的要求，還不能鼓蕩起人們反對現行制度的情緒。形勢迫使革命者考慮的是如何拯救中國的危亡，危機迫在眉睫，無暇考慮個人的自由平等權利問題。當務之急是「驅逐韃虜，恢復中華」。所以，孫中山認爲，國民自由平等權利只是民國建立之後才能實現的。「中華民國之建設，專爲擁護億兆國民之自由權利」。〔註10〕在共和國中，人民「均有平等自由之權」。

〔註9〕陳天華：《論中國宜改創民主政體》，《陳天華集》，湖南人民出版社1982年，第208頁。
〔註10〕《孫中山先生外集》，第26頁。

　　自由與平等是西方近代人權思想的兩個基本理念。然而對於隨著民主思潮從西方傳到中國來的自由、平等觀念，孫中山根據中國國情和中國的革命需要對其進行了新的闡釋。

一、關於「自由」

　　孫中山對「自由」的理解有三個層面的涵義：一是指一個民族和國家的「自由」、獨立自主。這種觀念屬於民族主義的範疇，「民族主義是提倡國家自由的。」〔註 11〕二是個人的自由權利，即國民在「共和制度」下所應享有的諸如集會、結社、言論、信仰等自由。三是作爲極端自由化和無政府主義的同義語，「簡而言之，在一個團體中能夠活動，來往自如，便是自由。我們有一種固有名詞，是和自由相彷彿，就是放蕩不羈。……和散沙一樣，各個有很大的自由。」〔註 12〕從民權主義的思想來看，孫中山對自由的理解和闡釋有其特殊的邏輯和局限。

（一）自由的民族主義闡釋：國家自由高於個人自由，個人自由服從國家自由

　　自由屬於西方近代人權觀念的核心內涵。所謂「自由」，在政治上是指人從被束縛、被虐待中解脫出來，其內容是「個性解放」、「政治自由」等。作爲政治概念的「自由」意味著按照自己的意志進行活動的一種權利。孫中山對自由的理解與「個性解放」、「政治自由」有很大不同。

　　孫中山認爲，所謂西方的「不自由，毋寧死」，把個人自由視爲最高之價值，作爲革命的目標來追求，不適合中國。爭取民族國家的自由權才是革命的首要目標。「蓋人類犧牲的價值，有比生命還要重要的，這就是眞理和名譽。七十二烈士……爲眞理和名譽而死。他們死後的報酬，不只是立紀念的石碑，革命成功，中國富強，全國人民都可以享幸福，那就是他們的大報酬。」〔註 13〕爲全國人民爭取幸福而死，其價值遠遠高於爲個人爭自由而犧牲，應該爲革命而犧牲。

　　在《民權主義》第二講中說：「究竟我們三民主義的口號和自由、平等、博愛三個口號，有什麼關係呢？照我講起來，我們的民族，可以說和他們的

〔註 11〕孫中山著，胡漢民編：《總理全集》第一集，上海書店 1990 年 12 月，第 116 頁。
〔註 12〕《總理全集》第一集，第 103～104 頁。
〔註 13〕《孫中山全集》第八卷，中華書局 1986 年，第 286 頁。

自由一樣，因爲實行民族主義，就是爲國家爭自由，但歐洲當時是爲個人爭自由的。到了今天，自由的用法便不同。在今天自由這個名詞，究竟要怎麼應用呢？如果用到個人，就成了一片散沙，萬不可用到個人上去，要用到國家上去，個人不可太過自由，國家要得到完全自由。到了國家能夠行動自由，中國便是強盛的國家。」〔註14〕由此可見，孫中山所謂的自由是國家的自由、民族的自由，而不是個人的自由。他認爲，中國人向來無凝聚力，呈散沙狀態，如果再強調個人自由，國人將更加散漫，對於國家獲得獨立自主和繁榮昌盛將是不利的。孫中山在晚年總結到：「以前革命之失敗，是由於各位同志講錯了平等自由，從今後，要革命成功，便要各位同志改正從前的錯誤，結成一個大團體，犧牲個人的平等、自由，才能達到目的。」〔註15〕

　　但是我們也不能由此而否定孫中山對個人自由的追求。在早年的同盟會宣言中，孫中山指出，國體民生變更，「雖經緯萬端，要其一貫之精神，則爲自由平等博愛」。1912 年孫中山在宣佈對外政策時也強調「易君主政體以共和，此非吾人徒逞一朝之忿也」，而是由於「天賦自由，縈想已夙，祈悠久之幸福，掃前途之障蔽」。因爲中國的自由和實現天賦人權，是孫中山民權革命的初衷。由他主持制定的《中華民國臨時約法》明確規定，中華民國人民一律平等，享有居住、財產、言論、出版、集會、結社、通信、遷徙、信仰、訴訟、考試、選舉與被選舉等各種自由權利。

　　恢復國家主權、挽救民族危亡是近代中國壓倒一切的首要的歷史使命。孫中山的思想邏輯是：在中國不能以革命去爭自由，而是要打破和犧牲個人自由，使人民團結起來，反對帝國主義的侵略，爭得民族的獨立和國家的主權。民族主義的訴求再次壓倒了對人權的價值追求。強調國家、民族的利益高於一切，個人自由服從國家自由，凸現出孫中山強烈的民族主義情愫。問題在於，即使犧牲個人自由，未必一定能組成強大的團體去贏得國家獨立和國家自由，而且，消解了個人自由的「國家」也未必能稱得上眞正意義上的「共和國」。這種民族主義的闡釋消融了個人自由的價值涵義。如此，作爲人權價值理念的自由變成了有害於革命的隱患，被逐出了孫中山的民權主義。孫中山的這種邏輯矛盾和思想疏漏，源於孫中山對「自由」理念的曲解，也是近代中國錯綜複雜的時代矛盾和文化衝突的觀念折射。

〔註14〕《孫中山選集》下卷，人民出版社 1981 年，第 616 頁。
〔註15〕《孫中山全集》第十一卷，第 271 頁。

（二）對「自由」理念的曲解

孫中山認爲，歐美資產階級革命時代，把爭取個人自由作爲革命的目標來追求，是由於「人民受不了那專制的痛苦。所以要發生革命，拼命去爭自由。」〔註16〕而中國與歐洲的情況截然相反，「中國人民自古以來都有很充分的自由」。處在封建專制下的中國人民只要「不侵犯皇位，無論他們是做什麼事，皇帝便不理會」，「人民不管誰來做皇帝，只要納糧，便算盡了人民的責任，政府只要人民納糧，便不去理會⋯⋯由此可見，中國人民並沒有受過很大的專制的痛苦。」〔註17〕

孫中山把「自由」理解爲一種無外力約束而隨心所欲的自然生存狀態。在他看來，「自由的解釋，簡而言之，在一個團體中能夠活動，來往自如，便是自由。」〔註18〕實際上，這種「放蕩不羈」、「一盤散沙」式的「自由」，是一種中國式的「天高皇帝遠」的小農無政府主義「自由」，絕非近代意義上的「自由」。孫中山的這種認識和闡釋不能不說是對「自由」理念的曲解和誤會。自由作爲西方政治文化的一種價值理念，是一個反映人的本質規定的價值範疇，意味著個體權利的神聖性，意味著個人的價值和尊嚴受到尊重，其社會政治內涵是指人擺脫外部社會異己力量的強制而確認自己作爲主體的權利。17、18 世紀的西方啓蒙思想家並沒有把自由解釋爲「爲所欲爲」的「散漫」生活狀態。孫中山之所以把「自由」理解爲「放蕩不羈」、「一盤散沙」，一方面是近代中國知識分子託古改制的常用手法，更重要的是出於民族主義的立足點，認爲「自由」消解了團體的力量，對民族獨立和國家富強是極其危險的。

二次革命失敗後，孫中山總結教訓說：「從前推翻滿清之後，至今無法建設民國，就是錯用了自由之過也，我們革命黨以前被袁世凱打敗亦是爲這個理由。」〔註19〕因此，他反覆告誡：「中國革命之所以失敗，是誤於錯解平等、自由。」〔註20〕

所謂「錯解平等、自由」，一是只追求個人的平等自由，把個人的平等自由視爲比民族國家自由更爲重要，一是革命黨人的「自由」、「散漫」狀態。

〔註16〕 孫中山著，胡漢民編：《總理全集》第一集，第 837～838 頁。
〔註17〕 《民權主義》第二講，《孫中山全集》第九卷，中華書局 1986 年，第 282 頁。
〔註18〕 《孫中山全集》第九卷，第 272 頁。
〔註19〕 《孫中山全集》第九卷，第 281 頁。
〔註20〕 《孫中山全集》第十一卷，第 268 頁。

孫中山非常同意列寧主張的「革命黨要有自由，不要革命黨員有自由」，〔註21〕認為「大家要希望革命成功，便先要犧牲個人的自由、個人的平等，把各人的自由平等都貢獻到革命黨內來。」〔註22〕

這裏，孫中山把革命失敗歸咎於自由，確實是極大的誤解。因為自由與武人的割據、國人責任心的缺失、革命黨內部的紀律渙散並不是一個概念。相反，在某種意義上，中國人的「渙散」、革命者的「紀律鬆弛」正是由於中國從未有過西方意義上的「自由」理念所造成的結果。問題實際上又回到了民權與人權的關係上，這也是始終困擾近代思想家的問題：倡民權而棄自由人權。孫中山認為，自由需要制度上的保證，而代表民權的共和恰恰是確立和實現自由的制度，要鞏固民權制度，必須限制個人自由，當個人自由與代表「群體」的民權發生衝突時，應毫不猶豫地放棄前者。在孫中山的思想邏輯裏，「群」代表著崇高和神聖，個人自由必須從它那裏尋求存在的理由。救亡禦侮的近代中國亟需的並不是個體的自由，而是民族的凝聚和國權統一。孫中山思維邏輯的現實出發點不乏合理之處。對於西方人來說，「自由」意味著反專制爭解放；對於中國人來說，「自由」意味著無政府和放蕩散漫；而對於中華民族來說，「自由」意味著擺脫殖民地地位而爭取民族的自主獨立。

但是當「自由」的內涵由「個體」移向「民族」或「群體」時，就形成了孫中山關於自由思想的邏輯矛盾：自由作為民主的本質和共和的基石，孫中山並不願意捨棄這一民主主義革命鵠的；當自由被視為「一盤散沙」的根源和革命成功的障礙，必須以犧牲個人自由來換取國權的統一時，孫中山最終捨棄了自由。這種邏輯矛盾與其說是孫中山思想的矛盾，不如說是近代中國救亡圖存的歷史境遇使然。

孫中山的自由思想正是近代中國錯綜複雜的時代矛盾和文化衝突的產物。民族生存和國家獨立始終是近代中國壓倒一切的時代主題，而啟蒙只能屈降為時代的副題。民主的起點是個性自由，獨立則著眼於國權的統一。當二者發生悖反與衝突時，自由就不能不讓位於獨立。孫中山自由思想恰恰反映了時代的深刻矛盾。自由價值由個體向群體的移位，從嚴復、康有為、梁啟超等近代思想家那裏每每可以發現。

〔註21〕《孫中山全集》第十一卷，第 271 頁。
〔註22〕《孫中山全集》第十一卷，第 272 頁。

　　然而這種思想演變還不僅僅是時代的產物，中國文化傳統對思想家的制約和影響也不能忽視。中國儒家政治文化傳統以人倫和諧爲終極價值目標，在價值取向上與西方近代崇尚個性的自由意識是格格不入的。這種儒家價值觀念在兩千多年的歷史演變中，已潛移默化地積澱在人們的心理，成爲自由意識在中國植根的最大思想障礙，孫中山的自由觀念的價值取向在很大程度上也無法擺脫這種傳統的影響。同時中國文化傳統中的「自由」觀念，也以一種文化慣性同樣阻礙了近代自由意識的移植和萌芽。此外中國文化傳統的實用理性也深深地影響著孫中山，使其思想具有鮮明的現實主義色彩和濃鬱的實用主義傾向。進而導致自由由於不具有直接滿足於近代中國民族救亡需要的現實功能而被孫中山最終捨棄了。

　　自由作爲西方近代文化的價值理念，歸根結底是以商品經濟爲其現實基礎的。誠如托克維爾所言：「商業使人各自獨立和重視自己的個人價值，使人願意自己處理自己的工作，教導人學會成功之道。因此，商業使人傾向自由而遠離革命。」〔註23〕中國社會缺乏西方近代社會那種商品經濟，是自由意識在近代中國難以植根、萌芽的根本社會經濟原因。

二、關於「平等」

　　與自由相比，孫中山更看重平等。他曾把自己創造的三民主義學說的一貫精神概括爲「打天下之不平等」：「民族主義者，打破種族上不平等之階級也」，「民權主義者，打破政治上不平等之階級也」，「民生主義，則打破社會上不平等之階級也。」〔註24〕他把平等提到了前所未有的高度：「歐洲各國從前革命，人民爲平等和爭自由，都是一樣的出力，一樣的犧牲。……更有很多人以爲要能夠自由，必要得到平等，如果得不到平等，便無從實現自由。用平等和自由相比較，把平等更是看得重大的。」〔註25〕

　　建立「人人平等」的「人民主權」國家是孫中山一生追求的理想。在他長期的革命活動中，曾經多次重申「平等」觀念，同盟會的宣言中提出，未來的共和國的國民「皆平等而有參政權」，〔註26〕「國人相視，皆叔伯兄弟諸姑姐妹，一切平等」。在孫中山看來，「國民平等之制」的涵義應是：「四萬萬

〔註23〕《論美國的民主》下卷，商務印書館 1996 年，第 801 頁。
〔註24〕《孫中山全集》第六卷，第 27 頁。
〔註25〕《孫中山選集》下卷，第 691 頁。
〔註26〕《孫中山選集》上卷，第 69 頁。

人一切平等，國民之權利義務，無有貴賤之差，貧賤之分，輕重厚薄，無有不均。」〔註27〕但孫中山的平等觀念卻有著不同於西方的價值取向和意義。

對於「平等」，孫中山是從不平等的視角來理解的。對於盧梭的「天賦平等」，孫中山持否定的態度，指出「自人類出生幾百萬年以前，推到近年民權萌芽時代，從沒有見過天賦有平等的道理」。不平等是一直存在的，按其性質，不平等又可分為「天生的」不平等和「人為的」不平等。「天生的」不平等係指「天地間的所生的東西總沒有相同的。既然都是不相同，自然不能夠說是平等。自然界沒有平等，人類又怎樣有平等呢？天生人類本來也是不平等的。」不平等的依據在於人們彼此所具有的不同「天賦的聰明才力」。據此，孫中山把人們分為聖、賢、才、智、平、庸、愚、劣八等。當社會發展到一定階段時，又出現了「人為的」不平等。「到了人類專制發達以後，專制帝王尤其變本加厲，弄到結果，比較天生的更是不平等。」「人為的」不平等產生於「特殊階級的人」的「暴虐無道」，〔註28〕它在社會生活中表現為帝、王、公、侯、伯、子、男、民的階梯式壓迫。孫中山認為，這種「人為的」不平等現象應通過「政治革命」消除掉。

在「天生的」不平等和「人為的」不平等觀念的基礎上，孫中山又將「平等」分為「真平等」與「假平等」兩種。「真平等」是消除了「人為的」不平等，「政治上的地位平等」，但是如果無視「個人天賦的聰明才力」的差異，「造就高的地位，也要把他們壓下去，一律要平等，世界便沒有進步，人類便要退化」。〔註29〕這就是違反「平等」真諦的「假平等」。在孫中山看來，「真平等」不外是「政治上地位的平等」，它完全包涵在「始初起點的地位平等」之中，而人們彼此之間的「聰明才力」的差異是不變的，由此產生的「地位」的不同無損於「平等」的真諦。

對於西方的平等觀念，孫中山進行了適合於革命的改造。孫中山認為，西方資產階級革命把爭平等作為革命的目標來追求，是由於歐洲在封建專制時代封建等級森嚴。被分為帝王公侯伯子男不同等級的人，享有不同的政治權利，人與人之間並無平等可言，處於社會最低層的人更不待言。因此在歐洲都把「平等和自由看得一樣重大」。然而由於歐美革命是為爭平等而爭平

〔註27〕《總理全集》第一集，第 319 頁。
〔註28〕《孫中山選集》下卷，第 692 頁。
〔註29〕《孫中山選集》下卷，第 694 頁。

等，忽略了爭民權。人民表面上爭到了平等，但實際上沒有爭到民權，民權沒爭到，結果平等也不能得到保障，至今還要爭民權。而中國在二千年前就打破了封建制度專制也沒有歐洲厲害。除皇帝之外，等級地位都不是世襲的。因此，中國不能仿效歐美以革命爭平等。中國的根本問題是沒有民權，所以中國是要爭民權。平等作爲民權的一個內涵，民權是實現平等的保障，沒有民權就不能有眞正的平等。在這裏，孫中山把平等視爲民權的內涵，依附於民權，就賦予了平等一種不同於西方的群體意義（平等不再意味著以個人爲單位的權利分配的正義），即集體權利的平等，民族的平等和國家的平等。這也正符合孫中山爲國家獨立和民族復興的「革命」邏輯和出發點。與康有爲、梁啓超、嚴復一樣，孫中山對自由平等價值理念的接受並非基於中國社會的內在需要，而是出於救亡圖存的民族需要從西方移植而來，當價值轉換爲手段時，其價值意義必然被扭曲，工具理性也就取代了價值理性。

第二節　民權與人權：從統一到對立

近代中國人權思想的發展從一開始就沿著兩種思維路徑進行的：一是個人本位，一是集體本位。前者在淵源上更多地接受了近代西方個人主義傳統；後者更多地接受了中國古代民本思想傳統的影響。孫中山的人權觀念在不同時期和不同問題上徘徊於二者之間。然而，從總體上和結構上看，孫中山的人權觀念具有明顯的集體本位傾向。

就民權和人權關係而言，孫中山最早接受的是民權觀念。在其民權主義理論形成過程中，人權是被包含在民權之中的。由於民權和人權是兩個既有聯繫又有區別的概念，且在含義上有交叉和相同的方面，所以孫中山乃至近現代許多思想家在探討民權問題的同時，自覺或不自覺地在不同程度上論及人權問題。孫中山對西方民主、自由、人權、平等、博愛觀念作過大量的介紹和宣傳，然而這種介紹和宣傳最終是爲推翻封建帝制、建立共和政體的民權主義綱領服務的。

辛亥時期的「民權」，指「人民的主權」，與「民主」同義，同源於英文Democracy。「民主」概念傳入中國的時候，主要反映的是體制概念而非思想意義，是概念的靜態表層描寫而不是動態深層闡釋，所以在十九、二十世紀之交，西方的「民主」（Democracy）與「共和國」（Republic）這兩個概念在

漢語語釋中並沒有嚴格的區分。因此,「民主」既是西方 Democracy 的本來含義,又指 Republic。甚至進入二十世紀後這兩個概念基本上是同義的。

因此,辛亥時期革命派的「民權」,既不是君民共主之「民權」,也不是君主立憲之「民權」,而是推翻君權,實現民主共和。由此可以發現,「民權」的外延在逐漸擴大:早期改良派的「民權」僅僅是指有限的參政權,平等、自由等人權都被排斥在外;維新派向前邁進一大步,將平等和自由納入「民權」的範疇,卻中途又轉向辦教育開民智;而革命派將「民權」與「民主」的內涵統一起來。

在孫中山看來,平等自由的「價值」是融化於民權之中,並成爲它的一個組成部分。按照孫中山的邏輯,既然專制使人民喪失了權利,就必須推翻專制。只有實現了「人民主權」,即先讓人民作國家的主人,然後人民才能享有平等自由的人權。「歐洲在一兩百年以來,本是爭平等自由,但是爭得的結果,實在是民權。因爲有了民權(民主),平等自由方能存在,如果沒有民權,平等自由不過是一種空名詞。」〔註30〕

爭得了民權,人民才能有事實上的平等和自由,「平等自由是在什麼地方立足呢?要附屬到什麼東西呢?是在民權上立足的,要附屬於民權。民權發達了,平等自由才可以長存;如果沒有民權,什麼平等自由都保守不住。」〔註31〕

孫中山認爲,要中國強盛,實行革命,便非提民權不可。「在中國革命,決定採用民權制度,一則爲順應世界之潮流,二則爲縮短國內之戰爭」。〔註32〕

對於民權,孫中山的解釋很多,但總起來看,主要是指一種政治制度,即民主共和制度。他說:「余以人群自治爲政治之極則,故於政治之精神,執共和主義。」〔註33〕其核心是「推翻帝制,建立共和,保障民權」。只有實行共和政體,才能眞正稱得上實現了民權主義,也只有共和才能眞正保障「平等、自由、博愛」之人權。

孫中山的民權主義實際上是中國古代民本思想傳統與近代西方共和制度經驗的融匯。早在 1894 年《上李鴻章書》中,孫中山就闡述了「國以民爲本」的民本思想和改革主張。而民權主義的核心就是推翻君主專制政體,

〔註30〕《孫中山選集》下卷,第 822 頁。
〔註31〕《孫中山選集》,中華書局 1981 年版,第 736 頁。
〔註32〕《孫中山選集》,中華書局 1981 年版,第 707 頁。
〔註33〕《孫中山全集》第五卷,中華書局 1981 年版,第 393 頁。

建立民主立憲政體。民權主義所關心的是政體問題，是統治權力歸誰掌握的問題。〔註34〕在民權與人權的關係上，孫中山關注的是集體意義上的民權，而非個體意義上的人權。

民權與人權之間的聯繫在於「國民」觀念。使國民人人平等成為孫中山早期民權主義的奮鬥目標，國民觀念當然涉及個人的人權問題，但在總體上它所要實現的是集體意義上的民權，孫中山講國民主要是從「國民全體」意義上而言的。國民全體被作為與君主個人相對立的權利主體看待。由於國民在法律上應當是平等自由的，而君主專制政體是平等自由的國民不堪忍受的，從而有建立民主共和政體的必要。孫中山民權主義中的民權主要指國民全體之權，當然，其中包含個體意義上的國民。然而隨著孫中山的集體本位傾向日益膨脹，後來他更多地喜歡使用「人民」的概念來解釋民權主義。「人民」一詞純屬集體性質的表述。任何單個個人是不能稱之為人民的。民權也就被理解為人民之權。「共和國皇帝就是人民」，〔註35〕人民在理論上被捧到至高的位置。

在國內外的重重危機中，奪取政權實現民權成為革命鬥士們的歷史任務和崇高理想，在國難當頭的亂世，個人的人權同民眾的災難相比，實在是不那麼引人注目。在孫中山及其它革命者的心目中，民權自然會比人權重要得多。君主專制制度被推翻，民主立憲制度實現後，人權問題自然會隨之迎刃而解，民權的實現意味著人權的實現。這是當時革命志士的一般邏輯。

以民權保人權，這是孫中山提出民權主義時的初衷。在早期孫中山提出民權主義理論時，他並未想到他的民權主義會導致排斥人權的傾向出現。當他後期自覺地走上以民權壓人權、以民權擠人權的道路時，孫中山思想中民權與人權的關係終於從統一走向對立。

在孫中山的民權主義思想發展中，導致民權與人權關係變化的根本原因是民權與黨權關係的變化。在黨民的關係中，起初黨在理論上從屬於民、依附於民，黨權在民權之下，這在孫中山早期思想中是確定無疑的。但是，隨著革命鬥爭形勢的激化，兵權日益顯得重要。「革命之志在獲民權，而革命之際必重兵權」。〔註36〕革命之際，兵權重於民權，黨權又重於兵權，這在孫中

〔註34〕 孫中山：《在東京〈民報〉創刊週年慶祝大會的講話》，《孫中山全集》第一卷，第 323～331 頁。

〔註35〕 《總理遺教》。

〔註36〕 孫中山：《與汪精衛的談話》，《孫中山全集》第一卷，289 頁。

山的革命程序論中也是明顯的，他將革命程序分爲軍政、訓政和憲政三個時期，軍政和訓政都得由「革命黨」來主持。隨著革命程序論不斷深入黨心軍心民心，黨權高於民權的觀念也就被普遍接受了。

黨權高於民權的觀念的形成，與孫中山思想深層中的英雄史觀有密切的關係。在孫中山的思想邏輯裏，民權實際上是統治權力，而人民是奴性十足的後知後覺的群盲。在這些群盲被改造以前，民權當然只能歸屬於革命黨。人民必須由黨來教訓。在孫中山的心目中，黨比人民偉大得多、崇高得多，在民權主義的旗號下，人民早已被架空，民權被黨權取代，民權被黨權鯨吞，人民在「先知先覺」的黨面前無形中被降低到無知無識的地位，孫中山說：「中國奴制已行了數千年之久，所以民國雖然有了九年，一般人民還不曉得自己去站那主人的地位。我們現在沒有別法，只好用強迫手段，迫著他來作主人，教他練習練習」。又說：「共和國皇帝就是人民，以五千年被壓作奴隸的人民，一旦招他做皇帝，定然是不會做的，所以我們革命黨人應當來教訓他，如伊尹訓太甲一樣。」〔註37〕在黨權之下，人民等待的不是如何享有民權，而是無期無盡的無數個人權利的喪失和犧牲，人民不僅未能得到民權，而且連人權都付出了。

黨權至上，爲了黨國必須犧牲個人自由和權利。黨權意識的膨脹終於改變了民權主義的初衷。它促使了孫中山由早年倡導人權自由到晚年反對講人權自由的思想轉變。他曾明確表示：「國民黨之民權主義，與所謂「天賦人權」者殊科，而唯求所以適合於現在中國革命之需要。」〔註38〕什麼是中國革命之需要？黨國利益。在黨國利益面前，個人自由、天賦人權這些理想追求統統成爲充滿危險和罪惡的東西。黨國的團體利益集體利益要求將個人自由天賦人權打入冷宮。「個人有自由，則團體無自由」；「自由這個名詞，……如果用到個人，就成一片散沙，萬不可再用到個人上去」。〔註39〕由此可見，在孫中山後期的民權主義思想中，不僅人權被排除了，而且民權也被閹割了。從早期贊成個人自由天賦人權，到後期反對個人自由天賦人權，孫中山的民權主義理論這種轉變究竟意味著從進步轉向後退和落後，還是意味著從幼稚轉向成熟？杜鋼建教授認爲，這種轉變實際上就是孫中山權利問題上由個人本位向集體本位的位移。

〔註37〕《總理遺教》。

〔註38〕 孫中山：《中國國民黨第一次全國代表大會宣言》，《孫中山全集》第 9 卷，第120 頁。

〔註39〕 孫中山：《民權主義第二講》，《孫中山全集》第 9 卷，282 頁。

從理論上講，民權與人權在本質上應當是相互聯繫互為補充的。根據孫中山對民權的理解，民權與人權本不矛盾。無論是他講的選舉、罷免、複決這些直接民權，還是他主張的人民主權和間接民權，在性質上都不是排斥個人人權。民權注重的是國民全體的權利；人權注重的是個人的基本權利。二者側重的方面不同。然而，出於革命鬥爭形勢的需要，孫中山後期的民權主義逐漸將民權與人權對立起來，將人民或國民全體的權利與個人自由權利對立起來，從而背離了民權主義的初衷，走向了集體本位的人權理論。

孫中山沒有意識到人權是民權的基礎，更沒有認識到人權是民權的前提。〔註 40〕在他的民權主義理論中，或者將人權依附於民權，或者以民權排斥人權，始終沒有解決好民權與人權的關係。民權主要是指人民對國家的管理權利，並表示人民對公共權力活動的參與程度，人權則主要指個人作為人必需享有的基本權利。在個人的基本人權都沒有保障的情況下，空談人民主權和其它民權是毫無意義的。只有在人權發達的社會，民權才有可能實現。對於近現代中國來說，首先需要實現的是人權，其次才是民權，如果在理論上需要對人權與民權作嚴格區分的話，人權的實現程度與民權的實現程度雖然有聯繫，但二者在性質上是有區別的。對於近現代中國社會發展來說，實現人權比實現民權更為迫切。人權的核心是自由，民權的核心是民主，爭自由與爭民主這兩個目標雖然是一致的，但在實踐中應有先後順序的差別。近現代社會文明發展的規律往往表現為自由度提高在前，民主度提高在後。然而孫中山和近現代的許多思想家對此不加區分，他們對於民主民權的問題比對於自由人權的問題抱有更為濃厚的興趣。甚至重民主輕自由、重民權輕人權的傾向相當嚴重。

近代人權最初是以民權形式表現出來的。民權與人權，同屬於權利範疇。然而，在近代中國特定的條件下，民權以「群」為基礎，希望通過首先實現民權進而實現人權；而人權以「個體」為基礎，其本意在於通過保障個體自由，實現對人的尊重。近代中國民主獨立與國家富強的歷史主題，使得幾乎所有思想家（一定意義上嚴復除外）都選擇了由民權而人權的路徑，即通過集體民權的方式來達到實現個體人權。這正是近代人權觀念萌芽、產生和早期發展的理性邏輯。

〔註40〕 參見杜鋼建：《社會主義與人權主義》，載於《法律學習與研究》1992 年 2 期。

第三節　人權的制度歸結：民主共和

　　民權主義不僅是孫中山三民主義的核心，而且也是近代人權觀念發展在民權階段的制度歸結。孫中山的民權主義的基本內容大致為：以「國民革命」為手段，推翻作為「惡劣政治之根本」的專制制度，代之以「平等」、「民治」的共和國，並在「民主立憲」的原則上規劃出相應的政體，以「民有、民治、民享」的共和制度來保證「自由、平等、博愛」的實現。

　　在《中國同盟會方略》中闡述：「今者由平民革命以尋國民政府，凡為國民皆平等以有參政權。大總統由國民公舉。議會以國民公舉之議員構成之。制定中華民國憲法，人人共守。……敢有帝制自為者，天下共擊之。」〔註41〕國體民生「雖經緯萬端，要其一貫之精神則為自由、平等、博愛。」〔註42〕

　　在孫中山看來，自由、平等、博愛之人權與封建專制制度水火不相容。只有徹底推翻滿清政府，以共和政體代替專制政體，才能真正實現自由平等博愛。在孫中山早期的演講、著文中所提到的自由平等權利多數是與推翻清政府專制制度結合起來。在《中國問題的真解決》中，揭露專制：「在滿清二百六十年的統治之下，我們遭受到無數的虐待……不給我們平等的權利，……侵犯我們不可讓與的生存權、自由權和財產權……壓制言論自由……禁止結社自由。」〔註43〕在《同盟會革命方略》突出的自由平等仍然是依附於革命的主題：「所謂國民革命者……一國之人皆有自由平等博愛之精神，即皆負革命之責任」；「我國民循序以進，養成自由平等之資格，中華民國之根本胥於是乎在焉」。

　　孫中山認為，這種專制暴政同「自由、平等、博愛」的原則相矛盾，與「民主立憲」相對立，決非「平等自由的國民所堪受」，必須迅速消除社會政治的「千年專制之毒」。

　　如何消除？經由「國民革命」，推翻專制，建立共和國，即建立一個「平等」、「自治」、「國民」的國家。早在興中會的誓詞中，「建立合眾政府」就已經成為革命的綱領。1897年孫中山在與宮崎寅藏晤談時重申：「人民自治為政治之極則，故於政治之精神，執共和主義。」1905年同盟會宣言中把「建立民國」作為「今日革命之經綸」和「將來治國之大本」，指出「我等今日與前

〔註41〕《孫中山全集》第一卷，第296～297頁。
〔註42〕《孫中山全集》第一卷，第296頁。
〔註43〕《孫中山選集》，《中國問題的真解決》，第60頁。

代殊，於驅除韃虜，恢復中華之外，國體民生，尚當與民變革，雖經緯萬端，要其一貫之精神，則爲自由、平等、博愛」。〔註44〕

　　何爲民國？——在制度層面就是：「民有、民治、民享」。在「民有」方面，孫中山把四萬萬人看作民國的主人。新成立的「民國以四萬萬人爲主人」，「主權在民，民國之通義」。〔註45〕「天下者，天下人之天下，非一二族所可獨佔。」〔註46〕國家「非一人之國家，乃我人民之國家」，〔註47〕國民「乃民國之天子」；〔註48〕在「民治」方面，孫中山指出，「從前之天下，在專制時代則以官僚、武人治之，本總理則謂人人皆應有治之之責。」〔註49〕如何治？孫中山提出了選舉權、罷免權、創製權、複決權四項具體權力；在「民享」方面，孫中山認爲，「天下既爲人人所共有，則天下之權利自當爲天下人民所共享。」〔註50〕享什麼權？就是平等、自由、博愛的人權。

　　孫中山爲民爭得自由、平等、博愛而設計的制度就是被孫中山稱爲「最先進的」美國式民主共和制。在孫中山看來，只要建立了像美國那樣的代議政治，民權的落實便不成問題。「中國革命之目的，係欲建立共和政府，效法美國，除此之外，無論何項政體皆不適宜於中國。」〔註51〕

　　辛亥革命推翻了清朝政府。「民國」取代沿襲已久的專制制度，民權主義似乎已經付諸實現，「專制政體」乃至「帝王思想」將會「不謀而絕跡於天下」。然而共和制不過是徒具形式，孫中山所謂的「民國則以四萬萬人一切平等，國民之權利義務，無有貴賤之差，貧賤之分」的「民治」、「平等」和「國民」的國家中，人民群眾仍然毫無政治權力。「主權在民」的原則並沒有實現，所謂的「平等」只是「法律面前的平等」——「富人和窮人不平等的前提下的平等」。〔註52〕

　　共和的破產，使孫中山重新檢驗民權主義。在十月革命和五四運動的影響下，孫中山重新闡釋了民權主義。對於西方的「民主政治」、「代議政體」

〔註44〕《孫中山全集》第一卷，1981 年，第 296 頁。
〔註45〕《孫中山選集》下卷，第 722 頁。
〔註46〕《孫中山全集》第五卷，中華書局 1985 年版，第 628 頁。
〔註47〕《孫中山全集》第三卷，第 349 頁。
〔註48〕《孫中山全集》第三卷，第 349 頁。
〔註49〕《孫中山全集》第五卷，第 628 頁。
〔註50〕《孫中山全集》第五卷，第 629 頁。
〔註51〕《孫中山全集》第一卷，第 563 頁。
〔註52〕《馬克思恩格斯全集》第二卷，第 648 頁。

重新作出了評價：「考察歐美的民權事實，他們所謂的先進的國家，像美國、法國，革命過了一百多年，人民到底得了多少民權呢？照主張民權的人來看，他們所得的民權，還是很少。」〔註53〕在《中國國民黨第一次全國代表大會宣言》中指出：「近世各國所謂民權制度，往往為資產階級所專有，適成為壓迫平民之工具。」〔註54〕對此，孫中山提出：「我們所主張的民權，是和歐美的民權不同。我們拿歐美以往的歷史作材料，不是要學歐美，步他們的後塵，是用我們的民權主義，把中國改造成一個「全民政治」的民國，要駕乎歐美之上。」〔註55〕對於西方國家現行的「代議政體」，孫中山認為「現行的代議士都變成了「豬仔議員」，有錢就賣身，分贓貪利，為全國人民所不齒」。把「代議政體」視為人類和國家的永久之計，那是不足信。十月革命的勝利，使孫中山的目光轉向了蘇維埃國家政治制度，「近來俄國新發明一種政體，這種政體，不是代議政體，是「人民獨裁」政體。這種「人民獨裁」政體……當然比較代議政體改良得多。」〔註56〕孫中山得出結論：「法美共和國皆舊式的，今日唯俄國為新式的；吾人今日當造成一最新式的共和國。」〔註57〕

　　通過比較，孫中山認為最理想的共和國應當是：人民「享有一切自由權利」，反動派則「不得享有此等自由與權利」；由「全體平民」組織「代表全體平民之利益」的「政府」；為保證人民真正居於國家主人地位，乃於「間接民權之外，復行直接民權」，人民「不但有選舉權，且兼有創製、複決、罷官諸權」。簡言之，即「全民政治」。

　　所謂「全民政治」，即孫中山的「權能區分」的政體設想。「權」就是賦予國民的選舉、創製、複決、罷官四項權利，又稱「直接民權」，以區別於西方「代議政治」（或曰「間接民權」）。「直接民權」體現在對人和對法兩個方面：對人即「管理官吏」，直接民權的第一個就是「選舉權」，「一切重要官吏要人民有權選舉」；罷免權是人民罷免政府官員的權利，由此，「人民對於政府之中的一切官吏，一面可以放出去，又一面可以調回來」。對法即「管理法律」，創製權是人民直接立法的權利，「人民可以公意創製一種法律」。複決權

〔註53〕《孫中山選集》下卷，第707頁。
〔註54〕《孫中山選集》下卷，第526頁。
〔註55〕《孫中山選集》下卷，第722頁。
〔註56〕《孫中山選集》下卷，第722頁。
〔註57〕上海《民國日報》1922臘月23日。

是民眾修正、否決法律的權利，對法律「人民可再以公意決定之」。此四權「乃真正底民權主義」。

孫中山又明確提出：「在南京訂出來的「民國約法」中，只有「中華民國主權屬於國民全體」一條，是兄弟所主張的，其餘都不是兄弟的意思。」〔註58〕他的「意思」是要「立一個五權憲法」。

孫中山不僅從主權、治權、人權三方面規定了民權的內涵，而且提出了「五權憲法」以保障人權。「五權憲法」是孫中山針對西方三權分立的流弊，借鑒中國古代科舉考試制度和監察御史制度進行的獨創，包含立法、司法、行政、考試、監察五權，「這不但是各國制度上所未有，便是學說上也是不多見，可謂破天荒的政體。」〔註59〕

近代中國對人權的追求，一直以追求民權憲政的形式表現出來。孫中山與維新派在解決民權保障問題上的區別在於：維新派主張限制君權，實行君主立憲，就可以達到保障民權之目的，而孫中山則認為，君主立憲並不能從根本上實現民權，要想徹底實現民權，必須在國家政治體制上實行共和，只有共和才能真正保障民權。

孫中山對民權的追求從一開始就把民權與憲政聯繫在一起。他認為：「憲法者，國家之構成法，亦即人民權利之保障書也。」〔註60〕孫中山所說之「憲法」概念完全是近代意義上的憲法，即國家之根本大法。憲法的本質在於保障民權。而「五權憲法」也正是孫中山為切實保障民權而設計的憲政體制。

孫中山的「五權憲法」強調的是「人民有權」的思想。如何從制度上保障「五權憲法」的實施，從而保障「人民有權」？孫中山提出上述「權能分立」的設想，即「把國家的政治大權分開成兩個，一個是政權，要把這個大權完全交到人民的手內，要人民有充分的政權可以直接去管理國事，這個政權，便是民權。一個是治權，要把這個大權完全交到政府的機關之內，要政府有很大力量治理全國的事務，這個治權，便是政府權。」〔註61〕如此，人民掌權，政府握能，中國就可以造就一個「無敵於天下的政府。」孫中山劃分政權與治權的目的是要「人民根本上有權」，〔註62〕「用人民的四個政權，

〔註58〕 《孫中山全集》第五卷，中華書局1981年，第513頁。
〔註59〕 《孫中山全集》第一卷，中華書局1981年，第329頁。
〔註60〕 《孫中山全集》第五卷，中華書局1981年，第319頁。
〔註61〕 《孫中山選集》，人民出版社1981年，第793頁。
〔註62〕 《孫中山選集》，人民出版社1981年，第778頁。

來管理政府的五個治權」。〔註 63〕有了四個民權，人民就成了五權政府的主人，而政府則成了人民實現權利的工具，政府官吏則成了人民的公僕。這樣，就可以在制度上保障「五權憲法」的實施，進而保障民權。

「五權憲法」思想的提出，使得孫中山後期民權主義有了新的起色。「五權憲法」的提出，實質上是要建立一個「爲一般平民所共有，非少數人所得而私」的「直接民權制度」。其始終貫穿的「主權在民」和「官吏是人民的公僕」的思想，就是要「造就一個萬能政府」，即使得人民享有民主權利，而「賣國罔民」的「團體和個人」則不得享有「自由與權利」的民主共和政體。這也就是孫中山注入民權主義中的新內容。它不僅體現出孫中山追求保障民權的執著，而且也代表了中國近代人權觀念在民權階段想要達到的最高願望。

孫中山的人權觀念是二十世紀初中國人權思想的最重要的代表。他的民權主義的人權嚴格地說來屬於集體本位的範疇，而且還是集體本位的重要代表。集體本位的人權觀念在二十世紀的中國思想界始終占主導地位。以個人本位的人權觀念在二十世紀的中國思想界始終處於下風。人權問題上的集體本位和個人本位之爭不僅是近現代中國思想界一直存在的問題，而且也是當代中西人權觀念的主要分歧之一。

〔註 63〕《孫中山選集》，人民出版社 1981 年，第 798 頁。

第五章 人權與民主

第一節 人權的個人主義闡釋

辛亥革命的凱旋並不標誌著一種新的價值觀念和體系的建立和形成，相反意味著一系列新的政治爭鬥和社會價值觀念紊亂的開始。形式上的共和，使傳統的倫理、價值信仰失去了強有力的制度支撐，從而也就失去了原來作爲社會價值的神聖性。在政治權威和價值權威雙重空闕的情況下，一場價值重建運動──新文化運動──呼之欲出。新文化運動使中國思想界再度獲得了春秋時代的勃勃生機。其中自利主義、利他主義、唯心主義、唯物主義、個人主義、集體主義、國家主義、社會主義等等當時所可能出現的各種價值主張都在人權思想中留下了一些痕跡。儘管如此，新文化運動時期的人權觀念的個人本位主義基調依然是清晰可見的。

新文化運動早期的《新青年》知識分子具有強烈的西方人本主義、個性主義意識，他們自覺不自覺地把人權、自由當作最根本的價值衡量尺度，從而真正掀起了一場人本主義、個性解放的思想大潮：人是價值的尺度，現代人是現代價值的尺度。而舊社會舊文化的最大罪惡，就在於蔑視人性，戕殘個人自主、人格獨立、意志自由。如果說，嚴復所謂中西社會與文化的根本差異是「自由與不自由爾」，陳獨秀所謂近世西方歷史就是爭自由人權、求個人解放的歷史的觀念──個人主義，構成了新青年知識分子的共識。

個人主義是從近代西方文化中演進出來的一種現代觀念，它蘊含著一整套的道德和政治原則，同時也提供了一系列根本的行爲準則。個人主義把個人當作看待一切事物和問題的核心和出發點。作爲一種道德原則，個人主義

強調個人本身就是目的，因而具有最高的價值，社會只是達到個人目的的手段。作爲一種政治哲學，個人主義主張個人的自由、權利和平等，強調自由民主，反對國家對個人自主事務的干預。作爲一種經濟學說，個人主義主張私有財產權和自由市場經濟。

西方個人主義的源頭可以追溯到古典哲學，希臘城邦政治，當然個人主義的直接來源還是近代的文藝復興和宗教改革。人權向神權的挑戰構成文藝復興人本主義的焦點。文藝復興使一個從黑暗時代強加的一切鐐銬下的「人」獲得了解放，現代意義上的個人就是這樣誕生的。宗教改革對個人主義所作的貢獻在於它肯定了個人的良心和判斷。它爲個人從羅馬教會下解放出來奠定了神學和組織上的基礎，並爲確認個人進一步掃清了道路。從此在歐洲思想史上，個人自由與個性解放成爲像洛克、盧梭、穆勒和康德等哲學家共同關注的主題，馬克思也不例外，雖然他號召無產階級聯合起來通過階級鬥爭去建立共產主義，但他不僅把個人的存在看作任何人類歷史的先決條件，也視之爲最終目的。

在西方，自從文藝復興後，個人逐步從外在束縛中得到了解放：無論是宗教的，政治的或經濟的，到 19 世紀這一過程基本完成。而中國卻始終沒有經歷這一過程。

個人主義對中國傳統文化來說完全是陌生的。個人價值、個人權利等概念，在中國文化中根本不存在。從社會的角度講，中國的三大基本結構——高度中央集權的官僚機構，絕對君主制和宗法制，都是從本質上和個人主義水火不相容的。從文化上講，個人主義的思想基礎在中國也極不發展。中國文化中也沒有天賦人權和社會契約的學說，沒有民眾參政的傳統，大部分入也不認爲自己有這個權利。只有所謂的「國家興亡，匹夫有責」，從來沒有聽說過「匹夫有權」。

中國文化中並非沒有個人主義的成分，但中國悠久的歷史早已證明，中國不是個人主義的合適土壤。〔註1〕

從儒家來看，首先，儒家的政治原則是社會的安定，而非個人的權益。儒家「個人」不是政治或法律的概念，而是一個道德概念。它關注的主要是一個人的人格或性格。從政治或社會的角度來說，個人不過是群體的一員，

〔註 1〕參閱錢滿素：《個人主義在現代思維中的意義》，《愛默生和中國——對個人主義的反思》第五章。

個人是作爲人際關係中的一個環節來獲得他的意義的，尤其對一般民眾而言。在中國文化中，沒有上帝這樣一位至高無上者來賦予個人一種超驗的人生價值和意義。在儒家「修身齊家治國平天下」的公式中，個人是始點而不是最終目的。他甚至不屬於自己，故而不可能爲自己的利益和權利辯護。其次，儒家的自我修養從本質和內容上看，並不鼓勵個性。自我修養的最高道德原則就是「忠君報國」——它要求個人作出一切犧牲來達到它。任何人即使官至極品，達到一人之下，萬萬人之上，也仍然處於君王的生殺大權之下。穆勒正確地指出：「一個中國官員和最卑微的農夫一樣，都是專制主義的工具和奴隸。」〔註2〕

　　法家也許是諸子百家中離個人主義最遠的。因爲法家以君爲本，提倡的是用「術」來操縱法和權削弱貴族，確立君王的中央集權。法家推行的完全是獨裁之道，愚民政策，根本不尊重平民個人，或者說是不尊重人的因素。在他們眼裏，老百姓無個性可言，他們只是工具。主張凡是能增強國家權力的手段，無論其道德蘊含如何，法家都會不顧一切地採用，他們對人民的自由和權利是絕不在意的。

　　在中國的哲學中，道家和個人主義最爲相近。道家宣揚回歸自然，順其自然，注重自我，強調人的自然性而非人的社會性。他們不想介入社會，在社會中實現自己，而是要逃離社會。在政治上主張「無爲而治」。根據「無爲」的原則，爭取政治權利對他們來說是毫無意義的。佛教中也有某些潛在的個人主義傾向。如：佛教相信人的可完善性和自我修養，佛教的解脫完全依賴於個人努力，佛教教義宣傳人類平等和四海之內皆兄弟。但是佛教的整體世界觀決定了它不可能沿著個人主義的方向發展下去。因爲，佛教的個人主義傾向不涉及政治。

　　總之，中國傳統思想文化（儒佛道）中關於「人」（自我）的概念和個人主義都不一致。他們的個人是一個道德載體，而不是政治實體。在中文中表達「個人」常用「私」這個字，它同時也包含著自私的意思，儒佛道三教都把個人利益或私利貶爲自私，把「私」視爲萬惡之源。個人權利既被視爲私利，也就不會受到尊重，個人經常被要求作出無謂的犧牲。中國把個人主義基本上等同於「自我中心」或者「自私自利」。中國思想家中從來沒有人像穆勒那樣，提出要給個人保留一方領地，連政府也不得干預。

〔註 2〕穆勒：《On Liberty》, p. 104.

在中國，「人」的發現者，準確地說，「個人」的發現者的代表人物在第一次思想鼎盛時期是楊朱。在中國思想史上，大概只有楊朱一人公開宣揚過「爲我」的學說。然而，楊朱主張個人本位的存我思想並沒有在中國的思想史上留下多大痕跡。如果說，楊朱對個人的發現僅僅立足於中國文化的本土資源的話，那麼，《新青年》對個人的再發現則更多地依託的是外來的思想資源，如果楊朱對個人的發現僅僅在於肯定自身利益的正當性的話，《新青年》對個人的再發現則上升到了個人主義的新高度。

一、人的發現與個性解放

在二十世紀初的中國思想界，當許多人對人權觀念還非常陌生或處於不自覺的認識階段時，陳獨秀「科學與人權並重」的吶喊徹底喚醒了國人對自身處境的意識，闡述了人權的價值和意義。從嚴格意義上講，現代中國人權觀念是陳獨秀最早提出的。他指出「夫帝國主義，人權自由主義之仇敵也，人道之洪水猛獸也，此物不僵，憲政終毀。」〔註3〕

新文化運動的知識分子從西方人權本原意義上對人權進行了個人主義闡釋：一是個性解放，即「脫離夫奴隸之羈絆，以完成其自主自由之人格」，肯定個人價值與個性自由；一是實行「自治」，即國民是國家的主人，在法律上人人平等，享有各種自由權利，包括參與管理國家的權利。新文化運動的知識分子，都不同程度地意識到：民主共和的建立，首先是人的解放，人的覺醒。只有除去「人」的奴性，實現個性解放，才談得上民主共和。要謀求自我解放，人人都應從個人的實利、幸福去獨立自主判斷和取捨從前一切天經地義的價值。

陳獨秀認爲，「人的解放」首先是承認和確立人作爲主體的存在。在《新青年》創刊號（1915年9月）上，陳獨秀一開始就明確號召人的解放，提出：「國人而欲脫蒙昧時代，羞爲淺化之民也，則急起直追，當以科學與人權並重。」〔註4〕他將人權理解爲「自主之權」。人權與奴役水火不容。「自人權平等之說興，奴隸之名，非血氣所忍受。」〔註5〕人權的基礎在於人格的平等。人權的自主性與人格的平等性是同一的。就自主性和平等性而言，人絕無奴隸他人之權利，也絕無以奴隸自處之義務。自主、自由、獨立和平等應該成

〔註 3〕《愛國心與自覺心》，《新青年》第1卷2號。
〔註 4〕陳獨秀：《敬告青年》，《青年雜誌》1卷1號。
〔註 5〕陳獨秀：《敬告青年》。

爲人權的基本特性。這些特性所體現的精神便是個人本位主義：「不以自身爲本位，則個人獨立平等之人格，消失無存，」〔註6〕應該說陳獨秀對近代人權學說精神的理解是十分透闢的。他將科學和人權視爲人類近代歷史舟車的「兩輪」。鑒於「科學之興，其不在人權說下」，陳獨秀提出了「當以科學與人權並重」的口號。

在陳獨秀那裏，人權不僅僅具有口號意義，而且還貫穿他對人性、人道的執著追求。他對個人主義人權的呼喚是與他對人性的深刻理解分不開的。他將人權視爲人的主體性的必然要求。他宣稱：「人權者，成人以往，自非奴隸，悉享此權，無有差別。此純粹個人主義之大精神也。」〔註7〕他認爲人是性靈、意思和權利的主體。人權便是這些主體性的表現。他說：「自唯心論言之，人間者，性靈之主體也；自由者，性靈之活動力也。自心理學言之，人間者，意思之主體；自由者，意思之實現力也。自法律言之，人間者，權利之主體；自由者，權利之實行力也。」〔註8〕在他看來，人權的本質在於人的主體性所要求的自由。無自由則主體性無從表現。從這一點看，人權的本質在於自由；自由的本質在於個人主義。通過對人格和主體性的探討，陳獨秀得出個人本位主義的人權結論。

在提倡個人本位主義的同時，陳獨秀還對家族本位主義進行了揭露和批判。他將中國封建社會的根本特徵歸結爲個人本位主義相對立的家族本位主義。他指出宗法制度有四大惡果：「一曰損壞個人獨立自尊之人格；一曰窒息個人意思之自由；一曰剝奪個人法律上平等之權利；一曰戕賊個人之生產力。」這四大惡果中，每一項都是對人權的侵害。他認爲宗法社會的根本特徵是「以家族爲本位，而個人本位主義，易家族本位主義。」〔註9〕

需要指出的是，家族本位主義固然是中國封建社會制度的一大特徵。但是，如果僅僅將中國封建社會的根本特徵歸結爲家族本位主義則是遠遠不夠的。與個人本位主義相對立的是集體本位主義。家族本位主義只是集體主義的表現形式之一。以個人本位主義易家族本主義固然必要，但更重要的是要以個人本位主義易集體本位主義。從理論上看，中國社會中個人自由權利之所以長期受到壓迫和蹂躪，歸根到底是由於集體本位主義所造成。在中國，

〔註6〕陳獨秀：《敬告青年》。
〔註7〕陳獨秀：《東西民族根本思想之差異》，《青年雜誌》1卷4號。
〔註8〕陳獨秀：《東西民族根本思想之差異》。
〔註9〕《東西民族根本思想之差異》。

封建宗法的家族關係被廢除後，並非就意味著個人自由權利會隨之得到恢復。不動搖國家社會本位便不能從根本上解決問題。

如何使國人從麻木遲滯的精神狀態中解放出來，這是二十世紀始終困擾無數賢達哲人的問題，李大釗對個性解放和個人自由重視和提倡正是以此為切入點的。李大釗認為，民國時期國人精神萎縮的原因在於缺乏對自我的追求。在專制主義統治下「幾乎人人盡喪其為我」，「我之既無，國於何有」。這種喪失自我的無我狀態即便以孔孟之道來看，也未必符合孔孟精神。李大釗根據孔孟「示人有我」的言論指出，「孔孟亦何嘗責人以必犧牲其自我之權威。而低首下心甘為其傀儡也哉！」〔註 10〕面對這種「失卻獨立自主之人格，墮於奴隸服從之地位」的壓迫人權狀態，李大釗號召沖決網羅而卓自樹立，「真正的解放，不是央求人家網開一面，把我們解放出來，是要靠自己的力量，抗拒沖決，使他們不得不任我們自己解放自己，不是依靠權威的恩典，給我們把頭上的鐵鎖解開，是要靠自己的努力，把他打破，從那黑暗的牢獄中，打出一道光明來。」〔註 11〕

鑒於中國人在人權問題上的麻木冷漠的精神狀態，李大釗認為解放運動的關鍵是思想解放、精神解放。二十世紀被認為是解放時代，各種解放的口號和主張不絕於耳。在各種解放口號和主張中，李大釗強調指出「精神解放」應當成為「解放運動第一聲」。他認為精神解放是「一切解放的基礎」。要解放精神，就必須擺脫國家等這些「束縛各個人精神上自由活動的東西」。

李大釗的個性解放和個人自由的思想主要來自穆勒等人個人主義理論影響。他對穆勒等個人主義學說的介紹和宣揚，主要是倡導個性解放個人自由和獨立自主的人格。李大釗關於個人主義的認識雖然沒有像陳獨秀的認識那樣深刻，但對個人主義抱有鮮明的肯定態度。

新文化運動後期，李大釗從個人主義轉向社會主義和人道主義。他將個人主義視為近代經濟學說的傳統，而將社會主義和人道主義視為反傳統的經濟思想。值得注意的是，李大釗從一開始就對馬克思的階級鬥爭學說的局限性就有所認識，他在高舉社會主義旗幟的同時，也並沒有放棄人道主義精神。他強調指出：「馬氏所謂真正歷史，就是互相的歷史，沒有階級競爭的歷史。近來哲學上有一種新理想主義出現，可以修正馬氏的唯物論，而救其偏弊。

〔註10〕李大釗：《民彝與政治》，《李大釗選集》，人民出版社 1959 年。
〔註11〕李大釗：《真正的解放》，《每周評論》1919 年 30 號。

各國社會主義者，也都有注重於倫理的運動、人道的運動的傾向，這也未必不是社會改造曙光，人類真正歷史的前兆。」〔註12〕人道主義實際上同個人主義精神相一致，其宗旨在於通過互助使個性得到全面自由發展。

李大釗的個人主義傾向還表現在他關於「多數政治」與「自由政治」的討論中，他主張推行「自由政治」，而反對實行「多數政治」。多數政治是多數人的意志強加於少數人，以多數人強制統治少數人。這種多數政治並非民主政治。自由政治則是同民主主義精神相一致的。自由政治的特點不是「以多數強制少數」，而在於「人人得以自由公平的態度，為充分的討論，詳確的商榷，求一個公同的認可」。「「自由政治」的真諦，不是仗著多數的強力，乃是靠著公同的認可。取決多數不過是表示公認可的一種方法罷了。」〔註13〕

在人權問題上始終堅持的（個人）自由主義觀點是胡適。其代表作《易卜生主義》倡導的自由獨立人格和為我主義的「個人主義」，在當時被認為是「最新鮮又最需要的一針注射」〔註14〕。他指出，社會最大的罪惡莫過於摧折個人的個性，使之得不到自由發展，充分發展自己的個性和人格，應當成為青年最重要的人生主張。在他看來，發展個人的個性，須要有兩個條件：一是須使個人有自由意志；二是須使個人擔干係負責任。「個人若沒有自由權，又不負責任，便和做奴隸一樣，……到底不能發展個人的人格。」〔註15〕一個自治的社會，一個共和的國家，都應當使個人有自由獨立的人格。社會國家若不允許個人有自由獨立的人格，「那種社會國家決沒有改良進步的希望」。〔註16〕

在提倡個人主義的同時，胡適堅決反對狹隘的國家主義。他認為，國家主義是個人主義的對立物，也是自由主義的對立物。中國要擺脫愚昧落後的狀況，需要的不是國家主義，而是個人主義。「歐洲有了十八九世紀的個人主義，造出了無數愛自由過於麵包，愛真理過於生命的獨立特行之士，方才有今日的文明世界。」然而中國的統治者總是把國家主義強制灌輸給國人，以國家利益為藉口壓迫個人自由。你要個人的自由，會有人說先要爭取國家的自由；你要個人的人權，偏有人講國家主權比你個人的人權更重要。胡適直

〔註12〕李大釗：《我的馬克思主義觀》，《新青年》6卷5、6號。
〔註13〕李大釗：《平民主義》。
〔註14〕胡適：《介紹我自己的思想》，《胡適論學近著》第一集。
〔註15〕胡適：《易卜生主義》，《胡適文存》卷4，黃山書社1996年。
〔註16〕胡適：《易卜生主義》。

接對此種國家主義提出挑戰：「現在有人對你們說『犧牲你們個人的自由，去求國家的自由！』我對你們說：爭你們個人的自由，便是爲國家爭自由！爭你們自己的人格，便是爲國家爭人格！自由平等的國家不是一群奴才建造得起來的！」〔註 17〕國家主義所要造就的是完全喪失自由獨立的人格的奴才。個人要鑄成自由獨立的人格，必須從根底上破壞國家主義和其它一切集體主義和奴役主義的理論。

從以上所述看，要求獨立自主人格，呼喚國民自覺其居於主人的主動地位表明，新文化知識分子對「人」的理解和宣傳較之過去是大爲豐富和前進了。但是中國近代對「人」啓蒙，不是在固有的文化中衍生的，也不是科學進化的自然結果，而是在民族的危機、文化的危機中發展起來的。對「人」的關注和思考來自於對民族生存問題的思考：從鴉片戰爭的泱泱大國的幻覺被打破，經歷了洋務運動對西方技術的發現，戊戌維新對西方政治制度的發現，辛亥革命對西方政治制度的嘗試，這一切不僅仍然使「吾熱於共和國體之下，備受專制政治之痛苦」，〔註 18〕而且民族危機日益深重，於是，「人」的啓蒙問題應運而生。

然而無論是基於對民主社會價值空闕、意義迷失的痛苦感知，還是出自振興民族國家的焦灼，新文化知識分子從人性、人格角度提出人權觀念，其本身就具有深刻的社會意義和認識意義，儘管國家富強、民族振興現實問題常常有意無意地被置於更爲根本目的的高度。

二、思想言論自由

新文化知識分子最初大多是個人主義者，在他們看來，民主的核心思想就是保障個性尊嚴、思想、言論、學術和信仰自由。在各項基本人權中，如果還要進一步強調其中的第一重要權利的話，那便是思想言論自由。是否允許不同政見的發表，這是衡量一個國家人民是否享有言論自由的根本標誌。這一看法已爲文明國家所普遍接受。

陳獨秀對思想言論自由的重要性有著深刻的認識。他將思想言論自由視爲「文明進化的第一重要條件」。〔註 19〕沒有思想言論自由，社會就難以進步。

〔註 17〕 胡適：《介紹我自己的思想》。
〔註 18〕 陳獨秀：《吾人最後之覺悟》，《獨秀文存》，第 37～41 頁。
〔註 19〕 陳獨秀：《舊黨的罪惡》，《每周評論》1919 年 11 號。

　　陳獨秀認爲，言論自由是不受法律限制的言論自由。言論自由首先是批評和反抗法律文明的言論自由。如果言論不能反對現行法律和違背現行法律的話，也就沒有自由。陳獨秀明確提出：「言論自由若要受法律的限制，那便不自由了。言論若是不自由，言論若是沒有「違背法律的自由」，那便只能保守現在的文明，現在的法律，決不能夠創造比現在更好的文明，比現在更好的法律。」〔註20〕

　　在言論自由與法律的關係問題上，陳獨秀認爲，現在的法律文明不過是過去的言論自由的產物。將來要創造新的法律文明，就必須首先允許新的言論自由。法律不得限制思想自由的道理很簡單：因爲思想本身並無罪惡可言。從來與思想問題相關的罪惡都是由於利用政府權勢壓迫不同思想實行思想專制所造成。他揭露道：「無論新舊何種思想，他自身本沒有什麼罪惡，但若利用政府權勢，來壓迫異己的新思潮，這乃是古今中外舊思想家的罪惡，這也就是他們歷來失敗的根源。」〔註21〕壓迫思想壓迫言論的專制主義者從來都沒有好下場。他們最終是要被歷史所唾棄的。

　　在思想言論自由問題上，李大釗對這個問題的討論是比較系統全面的，且富於說服力。

　　首先，思想言論自由是導向光明與眞實的途徑，李大釗認爲人生第一要求就是光明與眞實，而知識是引導人生到光明與眞實境界的燈燭，愚昧是達到光明與眞實境界的障礙。爲了引導人生走向光明與眞實，思想言論自由是必不可少的途徑。只有思想言論能夠充分自由地表達時，才能夠保障人生達於光明與眞實的境界。「無論什麼思想言論，只要能夠容他的眞實沒有矯揉造作的盡量發露出來，都是於人生有益，絕無一點害處。」〔註22〕

　　其次，思想有無危險性問題。壓迫思想言論自由的人總是強調有所謂危險思想，視之如洪水猛獸。李大釗認爲思想本身不具有危險性，與思想相關的危險是人們壓迫思想的行爲。「思想本身沒有絲毫危險的性質，只有愚昧與虛僞是頂危險的東西，只有禁止思想是頂危險的行爲。」〔註23〕

　　再次，禁止思想言論自由則犯了使人愚昧和虛僞的罪惡。思想言論自由有利於人們辨別光明與愚昧、眞實與虛僞。李大釗指出禁止思想學說傳播的人犯

〔註20〕陳獨秀：《法律與言論自由》，《新青年》7卷1號。
〔註21〕陳獨秀：《舊黨的罪惡》。
〔註22〕李大釗：《危險思想與言論自由》，《每周評論》1919年24號。
〔註23〕李大釗：《危險思想與言論自由》，《每周評論》1919年24號。

了泯滅眞實的罪惡。對於某種主義或學說，如果認爲它是異端邪說，應該自己先要瞭解其眞相，並將其眞相傳播給大家，讓大家都瞭解它。如果人人都說它是異端邪說，大家自然不會信它，「假使一種學說確與情理相背，我以爲不可禁止，不必禁止。因爲大背情理的學說。正應該讓大家知道，大家才不去信。若是把他隱蔽起來，很有容易被人誤信的危險。」〔註24〕強行禁止思想的做法掩蓋了思想的眞相，使人走向愚昧和虛僞。「禁止人研究一種學說的，犯了使人愚昧的罪惡，禁止人信仰一種學說的，犯了教人虛僞的罪惡性。」〔註25〕

最後，思想自由本身是禁止不了的。李大釗指出：「禁止思想是絕對不可能的，因爲思想有超越一切的力量。監獄、刑罰、苦痛、窮困，乃至死殺，思想都能自由去思想他們，超越他們。」〔註26〕思想之所以是絕對的不能禁止的自由，就在於思想的超越力量，一是思想在人的精神上的活動無法禁止。二是思想與思想的聯繫不可中斷，因爲人與人的聯繫不可能中斷。只要人際關係存在，思想必將超越各種阻礙在人們之間流行；三是思想具有強大的吸引力。「你怎樣禁止他、制抑他、絕滅他、摧殘他，他便怎樣生存、發展、傳播、滋榮，因爲思想的性質力量，本來如此。」〔註27〕既然思想自由是絕對禁止不了的，禁止也是毫無效果且導致愚昧虛僞的罪惡，那麼保障言論自由促成思想自由便是社會文明進步的唯一途徑。

三、人權：憲政之基礎

個人和公共權力（國家）的關係始終是自由主義關注的焦點。自由主義在西方是一極難精確界定的思想，且在不同的時期有不同的流派。但有一基本點是被普遍認同的：維護經濟活動自由、政治自由和思想自由等個人權利，使之免受政府和社會權力的不必要侵犯。在任何情況下，個人自由都必須得到確保──這是自由主義最根本的東西。在個人與社會整體、個人與國家之間的關係上，它把個人視爲國家和社會的基礎，賦予其終極價值。而國家僅僅是保護和實現個人權利的工具。國家或政府的權力必須有限度，不能無限擴張並不得干涉個人自由，政府必須在憲法的框架內運作。政府權力必須分割，以維持權力的制約與均衡。

〔註24〕 李大釗：《危險思想與言論自由》。
〔註25〕 李大釗：《危險思想與言論自由》。
〔註26〕 李大釗：《危險思想與言論自由》。
〔註27〕 李大釗：《危險思想與言論自由》。

　　繼嚴復、梁啓超等人的自由主義之後，新文化知識分子進一步強調自由主義理念：個人與國家，在先後次序上，先有小己後有國家社會；在相互關係上，沒有自主、健全的個體，就不會有隆盛富強的國家，國家都不過是由個體組成的個體間的關係；在存在目的上，國家除了保護小己的自由權利外，沒有自己的任何目的。「集人成國，個人之人格高，斯國家之人格亦高；個人之權鞏固，斯國家之權亦鞏固。」〔註28〕國家由個人集成，國家就理應成爲「爲國人共謀安寧與幸福之團體」，「國家者，保障人民之權利，謀益人民之幸福者也」，這是陳獨秀對國家本義的基本認識。基於這一認識，實現和保障個人人權自然應該成爲國家的宗旨。

　　在人權與立憲共和的關係上，新文化知識分子認爲，「自法蘭西革命以還，人權之說大倡，於是對人生之觀念大變；人生之觀念既變，於是乎對國家之觀念不得不變，人生之觀念變，於是乎尊重自由，而人類之理性始得完全發展；國家之觀念變，於是乎剷除專制，而憲政之精神始得完滿」。〔註29〕立憲共和與人權是緊密相聯的，離開了人的自由無所謂人權，離開了對人的自由權利的保護，亦無所謂共和。「所謂民權（人權），所謂自由，莫不以國法上人民之權利爲其所解，爲之保障，立憲共和，倘不建築於國民權利之上，尚有何自由可言？」〔註30〕人權是共和的基礎，而人權的最基本點是人的自由。陳獨秀、胡適等人認爲，個性自由是理想社會的出發點，社會自由（思想、言論、出版自由）爲精神之生命，個性自由與社會自由構成人的自由。自由得之則生，不得則死，人的自由意思構成「國民總意」，這種「國民總意」就是共和的本質所在，「惟民主義爲其精神，代議制度爲其形」〔註31〕的國家才是眞正的立憲共和國家。

　　陳獨秀從思想言論自由的角度來理解憲政。他強調指出：「從輿論以行庶政，爲立憲政治之精神。蔑此精神，則政乃苛政，黨乃私黨也。」〔註32〕他所講的輿論是由不同聲音的言論構成。此種輿論亦被當作「國民總意」。他認爲輿論與黨見不能等同。黨見乃輿論之一部分而非全體。不同黨見不同政見以構成輿論是憲政的基礎。離此輿論便無憲政可言。他所謂憲政主要有兩大因素：「一曰庶政公諸輿論，一曰人民尊重自由。否則雖由優秀政黨掌握政權，

〔註28〕陳獨秀：《1916 年》，《青年雜誌》1 卷 5 號。
〔註29〕汪叔潛：《新舊問題》，《青年雜誌》1 卷 1 號。
〔註30〕陳獨秀：《再質問東方雜誌記者》，《新青年》6 卷 2 號。
〔註31〕李大釗：《民彝與政治》，《李大釗選集》，人民出版社 1959 年。
〔註32〕陳獨秀：《答汪叔潛〈政黨政治〉》。

號稱政黨政治則可，號稱立憲政治則猶未可。」〔註33〕這表明陳獨秀的憲政思想與其人權思想是融為一體的。以人權精神確立憲政；以憲政制度保人權。在陳獨秀那裏，人權與憲政是互為表裏密不可分的。

李大釗從個人主義的角度來闡述對憲政制度理解。李大釗提出：中國必須改變「不尊重個人權威與勢力」的立國精神，「非大聲疾呼以揚布自我解放之說，不足以挽積重難返之勢。」〔註34〕近代西方「自有英之「大憲章法」之人權宣言為近世人類自由之保證書，各國憲法莫不宗為泰斗」。〔註35〕自英國大憲章和權利法案之後，美國、法國等國陸續仿傚，制定憲法或人權宣言，以保障個人自由。李大釗認為憲政的精神在於自由人權，憲法本應為保障自由人權而設，但民國憲法草案卻不符合這一精神。民國憲法草案規定「國民教育以孔子之道為修身大本」。〔註36〕將一個死人的學說納入憲法強迫國人全體遵奉，這與憲法的思想信仰自由原則相悖，是「憲法之自殺」。強迫國人接受某種學說信仰的憲法「將為萌芽專制之憲法，非為孕育自由之憲法也；將為束制民彝之憲法，非為解放人權之憲法也；將為野心家利用之憲法，非為平民百姓日常享用之憲法也。」〔註37〕如果將某人某派的思想學說在憲法上定於一尊，「俾他種宗教、他種學派不得其相當之分於憲法」，那麼此種憲法絕不是「自由證券之憲法」，而是「專制復活之先聲」。〔註38〕

新文化知識分子關於人權與憲政關係的思想雖然在二十世紀的中國沒有引起人們的高度重視，但終將會在中國思想史上產生深遠的影響。

四、個人主義與集體主義

在中國近現代思想史領域，個人主義與集體主義之間始終存在著頗為尖銳的緊張。集體主義所追求的價值，就是賦予國家高度的自主與優先地位，藉以集中意志與力量，達成政治共同體——也就是民族國家——的生存、穩定、自保、與發展。相對於集體主義，個人主義的關懷著重個人，它會抗拒集體性的目標和價值；由於信仰的自主，它會反對政治權力的整合模式；由於強調多元，它會挑戰「人民」、「民族」等這類集體主義的建構；由於對權

〔註33〕陳獨秀：《答汪叔潛〈政黨政治〉》。
〔註34〕《憲法與思想自由》，《李大釗文集》，第247頁。
〔註35〕李大釗：《憲法與思想自由》，《李大釗文集》，第247頁。
〔註36〕李大釗：《孔子與憲法》，原載1917年1月30日《甲寅》日刊。
〔註37〕李大釗：《憲法與思想自由》。
〔註38〕李大釗：《憲法與思想自由》。

力的疑懼，它會要求以分散、制衡、限權為特色的體制；由於擔心統治者取得道德權威，它也會提防旨在表達民意的制度淪為提供正當性的工具。個人主義與集體主義兩種政治哲學根本衝突源於兩者對人的本性、社會以及人與社會的看法有著根本的衝突。

個人主義的哲學源泉之一是理性在人性中的位置和份量。個人主義思想基礎來自於人是有理性的動物這樣一個事實。所有的人都是有理性的，所以所有的人作為社會的基本構成單位，其價值是相等的。另一方面，每一個人的理性又是不充分的、有缺陷的、非全能的，所以我們不能賦予任何一個（群）人統治他人，替他人思考、替他人作出決定的絕對權力。任何人的理性都不值得絕對的信賴，對每個人都是如此。人的生命和自尊要求人們忠誠於自己的價值，忠誠於自己的思維和判斷。

個人主義認為，個人是最基本的社會構成單位，也是最高的社會構成單位。沒有一種社會構成單位比個人更小，也沒有一種社會構成單位比個人更高以致可以凌駕在個人之上。個人主義只承認有比個人更大的社會單位，如國家、階級、政黨、家庭、公司、社群、教會以及種種自願性結社。集體主義則認為，沒有比個人更小的社會構成單位，但是有比個人更高、個人必須屈從的社會構成單位，如政黨、階級、國家、政府等。

個人主義認為，只有個人才是最本原的存在，即個人是現實存在的根本單位和最終的價值標準。但個人主義這一認知並不否認社會和集體的重要性。不過，個人主義僅僅把社會和其它大於個人的社會構成單位看作是個人的集合，而不是超越或凌駕於個人之上的東西。

個人主義不否定社會的存在及其給人類的生存所帶來的好處。個人主義認為，人自身就是目的，是價值的最終決定者，任何一個人都不是另一個人的工具。任何團體或集體，不管是大是小，僅僅是無數個人的組合。除了個體成員的權利之外，團體沒有其它的權利。在自由社會中，任何團體的「權力」都是從其成員的權利中引伸出來的，應是個體自願的選擇和同意的產物。個人參加團體之後，既不可能獲得新的權利，也不可能喪失他所應該具有的權利。個人權利的原則是所有團體或聯合體的唯一道德基礎。如果集體的活動不是從個人權利出發的話，它僅僅是一種暴民統治的原則。

個人主義作為一種政治理論的出現是針對不斷增長的國家權力，及其對個人責任心的侵蝕。根據個人主義的原則，個人的權利是公共權力的來源，

且高於公共權力，因此，公共權力的範圍就應該受到嚴格的限制。既然個人主義認爲政治權威的正當性只能確保來自個人的自願同意，個人主義的制度表現必然是自由的市場經濟、代議的憲政民主。個人主義反對國家與政府對個人自主範圍內的事務進行干預。因此，政府是必須受到限制的。只有有限的政府才可能是有效的，才可能是包容個人自由的政府。只要人們可以自由地運用自己的理智，就會形成不同的意見。因此，以個人爲基本構成單位的政體有義務尊重來自個人的各種不同意見，讓各種意見有充分表達的機會，而不是一味加以扼殺。政府的目的是幫助個人實現自我，去保障個人追求自身利益的自由，當然其前提是，其利益和自由不能妨礙他人的自由和利益。在這一意義上，個人主義的矛頭是針對著擁有並行使專橫權力的國家的。

在一個典型的集體主義社會，個人無權對自己的生存負責，國家則聲稱要承擔對個人的全部責任，法律和社會文化都側重保護集體的權益而非個人的權益。個人被要求去犧牲自身的利益服從集體的利益，只能唯有權勢者之命是從；個人不應表達各種不同的觀點，否則會受到社會輿論乃至法律的制裁。集體主義主張，參與政治是爲了追求公益、追求眞善美，它們均與個人的價值和利益無關，政治是爲了追求超越個人的大目標。

《新青年》發現，社會之構成乃是以個人爲最基本之單元，一旦個人的自由與利益無立錐之地，社會的興旺也就失去了根基。陳獨秀指出：「人間百行，皆以自我爲中心，此而喪失，他何足言？奴隸道德者，即喪失此中心，一切操行悉非義由己出，附屬他人以爲功過者也。」〔註39〕無可否認，《新青年》對個人的再發現奠定了其在中國思想史上的獨特地位。然而，不幸的是，五四之「個性解放」，均被隨後到來的排山倒海的集體主義湮沒得無影無蹤。正如林毓生先生所指出的，五四時期的「中國知識分子所以接受西方個人主義的思想和價值，主要是借它來支持並辯解反傳統運動」，「個人應當作目的，不可當作手段；個人的自主和獨立，源自個人本身便遭到了曲解。」個人主義被工具化了，成爲張揚個人的意志、反對傳統的手段。

五、個人主義與民族主義

歐洲近代人文主義的價值基礎是個人，它提倡個人的解放。新文化運動對「人」的理性思考，也標誌著對人的重新發現。然而新文化運動在宣揚個

〔註39〕陳獨秀：《一九一六年》，《青年雜誌》1 卷 5 號。

人價值、個性自由時，沒有像歐洲文藝復興人文主義那樣，把它置於至高無上的地位，而是把它和國家民族的命運乃至社會的生存發展聯繫起來，並且把後者視爲前者的價值尺度。換言之，新文化運動「人」的發現與個性解放是建立於民族主義基礎之上的。

新文化運動把「人」的解放歸結爲人的獨特性，也就是把人從各種群體的、類屬的、觀念的領域解放出來。這種尋找「人」的獨特性必然導致對於家庭、倫理以至民族和國家的否定，因爲一切外在於「人」本身、「個體」的東西都構成了對「人」壓迫。易卜生的「國民之敵」和「孤立的人」，成爲「五四」新文化運動普遍推崇的人生準則，更表現出一種對於「國家」和「種族」觀念的反叛。魯迅把「個人的自大」與「合群的愛國的自大」作爲對立的範疇，認爲個人的自大，就是獨異，是對庸眾宣戰。陳獨秀把「國家」同「宗教」、「君主」、「節孝」一道視爲應當「破壞」的「虛僞的偶像」，〔註40〕李大釗也把「家園、階級、族界」視爲「解放自由的我」的對立物，「都是進化的阻礙，生活的煩累，應該逐漸廢除」。〔註41〕

然而五四新文化運動在表述個體獨立性的同時，實質上是把個體的獨立建立在民族主義的前提之上。這種以民族主義群體意識爲特徵的思維邏輯在近代中國社會轉型初期的思想家中就已出現。康有爲提出「破除九界」；譚嗣同喊出「沖決網羅」口號。他們的理想一方面是要求個人從傳統的種種束縛解放出來；同時也希望個人完全融化在一個以愛爲基礎的大同社會裏面。梁啓超也不例外，在《新民說》中，一方面要求個人從傳統的精神羈絆中解放出來；另一方面他也要求個人徹底融化於民族國家的有機體裏。

陳獨秀在 1915 年發表的《東西民族根本思想之差異》裏，極力頌揚西方文明，認爲西方文化的一大特色和優點就是：西洋民族以個人爲本位。但在 1916 年的《人生眞義》裏面透露：他的個人主義是摻雜著一些群體意識。一方面他強調：「社會的文明幸福，是個人造成的，也是個人應該享受的。」「社會是個人集成的，除去個人，便沒有社會，所以個人的意志和快樂是應該尊重的」。這是十足的個人主義思想。但是同時他又說：「人生在世，個人是生滅無常的，社會是眞實的存在。」「社會是個人的總壽命，社會解散，個人死後便沒有連續的記憶和知覺」，「個人之在社會好像細胞之在人身，生滅無常，

〔註40〕陳獨秀：《偶像破壞論》，《新青年》第 5 卷第 2 號。
〔註41〕李大釗：《我與世界》，1919 年 7 月，《每周評論》第 29 號。

新陳代謝，本是理所應當，絲毫不足恐怖。」〔註42〕這些觀點又很近似社會
有機體思想，意味著群體爲主，個人爲輔的觀念。

在《歡迎湖南人民精神》的文章裏，陳獨秀流露的群體意識更爲強烈。
他說：「個人的生命最長不過百年，或長或短，不算什麼大問題，因爲他不是
眞生命。大問題是什麼？眞生命是什麼？眞生命是個人在社會上的永遠生
命，這種永遠不朽生命，乃是個人一生底大問題。」〔註43〕在這裏，陳獨秀
強烈的群體意識與其頌揚的西方個人主義形成了鮮明的對比。

胡適的「社會不朽論」是這種特徵又一典型的例子。他在《易卜生主義》
倡言西方個人主義，而在 1919 年《不朽——我的宗教》一文中則主張社群至
上的「社會不朽論」。他強調，個體「小我」依賴於社會「大我」而存在，「小
我」是有限的，「大我」是無限的；「小我」是有死的，「大我」是不朽的。「我
這個現在的「小我」，對於那永遠不朽的「大我」的無窮過去，須負重大的責
任；對於那永遠不朽的「大我」的無窮未來，也須負重大的責任。」〔註44〕
在胡適看來，個人對社會負有責任，個人只有通過社會整體才能實現自己的
價值。易白沙在《我》一文中認爲：「有犧牲個體小我之精神，斯有造化世界
大我之氣力。」〔註45〕李大釗、高一涵和傅斯年等啓蒙學者也都表示出類似
的人生理念，五四啓蒙蘊涵的這種與個人主義相反的群體意識具有鮮明的中
國特色，與西方個人主義並不一致。西方個人主義是建築於個人本身要有終
極的價值前提上。而五四新文化運動啓蒙者認爲個人的價值在於是否能對社
會群體有所貢獻，也就是說個人只有在作爲社會的一個成員時，才有價值，
個人本身並無獨立而終極的價值。

就個人自由與群體意識這雙重傾向本身而言，在五四新文化運動啓蒙
中，個人主義是建立在群體意識的前提上並從屬於群體意識。「五四」後期，
隨著政治民族主義的白熱化，馬列主義的傳播，群體意識因此激增，相形之
下，個人主義大爲減色，幾乎被湮沒。〔註46〕

〔註42〕 《人生眞義》，《新青年》4 卷 2 號。
〔註43〕 《獨秀文存》，安徽人民出版社 1988 年，第 434 頁。
〔註44〕 胡適：《不朽——我的宗教》，《新青年》6 卷 6 號。
〔註45〕 易白沙：《我》，《青年雜誌》1 卷 5 號。
〔註46〕 張灝：《重訪五四——論「五四」思想的兩歧性》，許紀霖編《二十世紀思想
　　　　 史論》上卷，東方出版中心 2000 年，第 24 頁。

　　由此可以看出，新文化知識分子對人權的個人主義闡釋既來源於西方又不同於西方，區別在於它並不屬於一種終極價值。它服從於更高的價值——國家民族的命運乃至社會的生存發展。這種個人主義人權的定位是由兩方面的因素形成的：一方面是受以邊沁、密爾父子爲代表的功利自由主義思想的影響。功利自由主義以功利、效果和最大化爲原則，認爲自由之所以有價值，不僅是因爲它能夠帶來個人的幸福，而且它能帶來社會的利益，促進社會的進步和發展，能夠產生最大和最好的社會效果。更爲重要的是現實境遇所致。在弱肉強食的世界競爭面前，國家民族的命運和社會的發展始終是知識分子心目中揮之不去的情結。於是就造成了人權與憲政、個性解放與國家振興之間的內在緊張。

第二節　人權的自由內涵：兩種自由傳統

　　五四新文化運動對「人權」的理解導源於西方兩種自由主義傳統，即一是法國大革命時期倡導的各種自由權利；一是英美自由主義。在《青年雜誌》創刊號上，陳獨秀發表《法蘭西人與近世文明》一文中指出，東西文明之差異實屬古代文明與近代文明之別，而法蘭西文明則爲歐洲近代文明之母。作爲近代文明之最重要特徵的人權說、生物進化論和社會主義，分別導源於法國拉法耶特（Lafayette）之《人權宣言》、拉馬爾克（Lamarck）之《動物哲學》和聖西門（Saint-Simon）、傅立葉（Fonrier）之《社會主義》。「此近世三大文明，皆法蘭西人之賜。世界而無法蘭西，今日之黑暗不識仍居何等。」〔註47〕汪叔潛在《新舊問題》中也將法國人權說歸爲近代西方文化的基石：「歐美現今一切文化，無不根據於人權平等之說。……乃自法蘭西革命以還，人權之說大唱，於是對於人生之觀念，爲之大變。人生之觀念既變，於是對於國家之觀念，亦不得不變。人生之觀念變，於是乎尊重自由，而人類之理性，始得完全發展。國家之觀念變，於是乎剷除專制，而憲政之精神，始得圓滿表見。是謂之西洋文化。」〔註48〕

　　儘管早期啓蒙者對法國的人權思想情有獨鍾，然而英美自由主義的影響也許同樣不應忽視。

〔註47〕《青年雜誌》第 1 卷第 1 號。
〔註48〕《青年雜誌》第 1 卷第 1 號。

　　早期《新青年》人權思想可以說是洛克傳統的承續。陳獨秀在所譯法國歷史學家薛紐伯（Charles Seignobos）的《現代文明史》（節選）中，重點介紹了洛克的人權理論：「陸克以爲人類未成社會以前，即生而賦有自導其行爲之德性，及天然之權利，此即人權也，人權者，個人之自由也，家主權也，財產權也。此等權利，皆建基於自然教義之上皆神聖也。人類之創設政府，爲互相守護此等權利耳。爲政府者不可不衛此天然權利。人民服從之者，唯此條件之故，政府試侵犯之，即失其存在之理由，蓋彼自破壞授彼以權之契約，凡屬公民，人人得而反抗之。」〔註49〕

　　陳獨秀在新文化運動中大力倡言的人權觀念，顯然源自洛克的自然權利說，同時洛克的人權思想也反映在高一涵的《國家非人生歸宿論》〔註 50〕和李亦民的《安全論》中。〔註51〕

　　思想、言論和出版自由，作爲英國式自由主義制度的基礎和現代人權的基本內容，尤爲《新青年》啓蒙學者所倡導。高一涵所作《戴雪英國言論自由之權利論》和《讀彌爾的自由論》，譯介了戴雪（Albert V. Dicey）和彌爾（John S.mill）的自由理論，以及英倫言論出版自由制度。〔註52〕高在介紹彌爾自由論時，尤推重其思想自由的觀點。在他看來，彌爾的《自由論》（On Liberty）之唯一宗旨，即在反對好同惡異的思想專斷。中國思想古來定於一尊，民國時代此風相沿未改。今日中國思想界應人人成爲彌爾，要打破習慣和輿論專制，必先從人心中打起。「中國今日思想，不要統一，只要分歧。所有的學說，不必先去信他，只要先去疑他。這就是彌爾的《自由論》中尙異惡同的宗旨了。」〔註53〕

　　關於近代西方法國與英美的兩種自由傳統。柏林將其概括爲「積極自由」和「消極自由」。在他看來，消極自由觀念，以不讓別人妨礙自己的選擇爲要旨，自由即「免於⋯⋯的自由」，消極自由觀念基於「人性之惡」；積極自由觀念則以做自己主人爲要旨，自由意謂「去做⋯⋯的自由」。積極的自由基於「理性意志」而追求理想的目標，因而常與烏托邦和極權相緣。

〔註49〕《青年雜誌》第 1 卷第 1 號。
〔註50〕《青年雜誌》第 1 卷第 4 號。
〔註51〕《青年雜誌》第 1 卷第 4 號。
〔註52〕《青年雜誌》第 1 卷第 6 號。
〔註53〕《新青年》第 4 卷第 3 號。

　　積極自由與消極自由的最大區別是：前者是一個倫理道德的概念，而後者是屬於政治哲學範疇。按照西方政治文化傳統，所謂自由首先是指政治上的自由，它實質上是一種「消極自由」，其基本含義是劃定「一個人能夠不受別人阻撓而徑自行動的範圍」，〔註54〕也即個人權利的範圍。17世紀以來，爭取消極自由或「政治自由」一直是西方人權運動和人權理論的價值內涵。政治自由包含的具體內容如大多數人的統治、代議制、有限政府原則……等等，無一不以保障公民的個人權利和個人自由爲鵠的。

　　但近代中國知識分子引進「自由」理念時，由於特殊的社會歷史境遇，他們並沒有對其作仔細的區分（嚴復所闡釋的自由應是消極自由），僅僅把自由視爲達到富強的手段，這種工具合理性的理解，使近代的「自由」理念包含有更多的「積極自由」的成分。雖然五四的啓蒙者對自由進行了一定程度的區分，但傳統與現實（集體主義與民族主義）使他們傾向於歐陸自由理念。換言之，自由可以培養出獨立的人格和有利於每個人才智的充分發揮，而這是爲達到國家和民族的強盛所必需的。因此，近代知識分子對自由理念的解說中，大多強調的是自由與個人能力的關係，自由成爲激發個人能力與活力的驅動力和力量之源。以思想言論自由爲例，它本來是西方爭取政治自由（消極自由）的一項重要成果，從嚴格意義上講屬於一種「個人享有的自由」，它的價值就在於它本身，而不基於其它功利的要求。而在近代中國知識分子看來，思想言論自由之可貴，就在於它具有極其重要的工具價值，未來理想的社會應以思想言論自由爲前提，只有保證公民有發表自己對政治的意見的權利，才能形成一種社會輿論，進而影響政府決策和行爲。〔註55〕

　　五四新文化運動被稱之爲「個人自由」的「個性解放」，是以突出個人的主體性及要求解除外界的束縛爲特徵的。嚴格意義上，它只是一種積極自由，與西方以政治自由爲內涵的「消極自由」有相當大的差異。

　　關於近代西方法國與英美的兩種自由觀念的歧異。五四新文化運動啓蒙者對之也有一定的認識，陳獨秀所譯之薛紐伯的《現代文明史》中，對洛克傳統與盧梭傳統進行了明晰的區分：洛克的英倫政治自由學說非本於普遍的平等原則，其所求者在政府不越一定之限制，不犯私人之自由而已；而盧梭

〔註54〕柏林：《自由四論》，臺北聯經出版1986年，第230頁。
〔註55〕參見胡偉希：《理性與烏托邦——二十世紀中國的自由主義思潮》，許紀霖編《二十世紀中國思想史論》。

的社會契約論，則主張以人民主權易君主專制，所有公民一律平等，政府由人民選舉，受絕對權力，以規定財產教育宗教諸制度。高一涵引證黎高克（Leacock）的政治學說，將自由分爲「天然自由」（Natural Liberty）和「法定自由」（Civil Liberty）。在他看來，「天然自由」爲盧梭所主張，即人生而自由，及相約而成國，則犧牲一部分自由。自由之性出於天生，非國家所能賜。精神之自由，不爲法律所拘束。「法定自由」（公民自由）則爲有限制之自由。按美國法學家柏哲士（Burgess）的闡釋，自由源自國家所賜之自由權。定自由之範圍，建自由之境界，而又爲之保護其享受自由之樂，皆國家之責。自由之界，隨文化之演進而彌寬，文化愈高，自由愈廣。而十八世紀革命派之所謂自由，則純屬理想。〔註56〕

洛克與盧梭自由思想的基本分歧，源於二者社會契約論的不同理路。高一涵在《民約與邦本》一文中，對洛克與盧梭的社會契約論進行了思想史的比較。指出，洛克認爲，遠古社會人民天然自由，及相約爲國，乃劃定權力，部分託諸政府，部分仍留於人民。國家之存，專以保護人民權利爲職責，政府權力終不能超民權而獨立，其運用當有所限，否則人民可以收回權力。洛克之說有三點重要發明：一是最高主權爲人民所保留；二是政府權力乃寄託而非固有；三是政府行動縮納於規範之中。盧梭則主張，國家主權即人民主權，政府爲奉行國家意志的公僕，立法之權永存於人民手中，因人民權力可寄託於政府，而人民意志則決不能委託。人民自由與約定前的天然自由無異，其服從政府實爲服從人民總意。人民總意之發表，由人民直接集會投票表決。故眞正主權惟屬於人民主體。從洛克的限制政府權力到盧梭消滅政府權力，盧梭之說可謂人民主權論之極致。〔註57〕

高一涵還分析了西方關於國家目的論之價值取向的差異。他指出，西方古今關於國家終極目的的理論約可分爲「道德幸福說」與「保護權利說」。柏拉圖、亞里士多德、黑格爾以「道德幸福」爲國家之終極目的；而洛克、康德以保護人民自由權利爲國家之終極目的。「道德幸福說」以實行道德理想或追求最大多數之最大幸福爲其旨。然而「以道德幸福之責，託諸國家，則國家權力，泛然無所限制。古今萬國，凡國權過大，而無一定之界限者，未有不侵及民權。此說如行，則凡人民對於國家之行動，舉莫逃出道德幸福之範圍

〔註56〕《青年雜誌》第 1 卷 1 號。
〔註57〕《青年雜誌》第 1 卷 3 號。

者，舉莫逃出國家之干涉，勢必損人民之自由，以爲國家之鈝狗。」而「權利保護說」則著眼於明定國權之範圍，其最能補救「道德幸福說」偏弊。「保護權利說」主張，國家可頒佈制度以獎勵人民以求其終極目的，而不能代人民以求之。國家權力僅及於形式而不能及於精神。國家職責，在立於人民之間，以裁判其相侵相害之事實，調和其相需相待之機宜，獎勵其自由，保護其人格，以促進其自治獨立。此即保護權利說之眞正價值。〔註58〕

　　綜上所述，五四啓蒙早期人權觀念的自由內涵是英法自由觀念的交叉融彙。（儘管陳獨秀的思想更多具有崇法的傾向，）但就其主流和側重來講，人權的自由內涵是英美的自由精神。早期《新青年》可謂英美自由主義的「洛克時代」。究其思想史原因，英美自由傳統較法國來講，其自由思想之資源更爲豐富。同時還與民初《甲寅》有關，早期《新青年》的作者如陳、高、李等，多爲章士釗在日本創辦的《甲寅》雜誌的編撰人，〔註59〕而《甲寅》則爲民初英美自由主義思潮之重鎭。

第三節　人權內涵的位移：從自由到民主

　　五四新文化運動的最大功績就是確立了科學與民主這兩項基本的價值觀念。經過五四愛國運動，民主成爲全社會的共同追求，從而在更普遍意義成爲中國人精神世界的權威。

　　對於 1919 年初的陳獨秀來說，民主已不僅僅是一種政治制度或生活方式，也不僅僅是維護自由、平等、公正等價值理念的工具，其本身就具有天然的價值合理性。把民主作爲基本價值，出自陳獨秀 1919 年的《新青年罪案之答辯書》。陳獨秀在《青年雜誌》時期提倡的是「科學與人權並重」。人權的具體內容大致是法國大革命時期倡導的各種自由權利，而到 1919 年他則直接拿 Democracy 去代替原來所謂的「人權」，從「人權」到「民主」並非僅僅是陳獨秀用詞的簡單替換，它反映出五四啓蒙者對人權理解的變化。

　　在陳獨秀的早期觀念中，人權是人的自由、個性解放的同義語。「個人之自由權利，載諸憲章，國法不得而剝奪之，所謂人權是也」。而 Democracy 的對應語是「惟民主義」，由張東蓀先生在 1915 年 6 月首先提出。「所謂惟民主

〔註58〕《青年雜誌》第 1 卷 4 號。
〔註59〕常乃眞：《中國思想小史》，中華書局 1930 年，第 181 頁。

義，乃爲人民以自身之能力運用其政治耳」。〔註60〕要做到這一點，必須人人具有「獨立人格」，有「發展之能力與自覺之活動」，做到「自強」、「自由」、「不託庇與大力者」、「不由偉人之率導」等。這裏，張東蓀強調的是人民在國家政治生活中居於主人之地位，而不是「國家機關皆由民選以組織之」的政體形式。同時也表現出對西方民主的理解由政治制度層面轉向到思想文化層面的意念。1915年陳獨秀對「唯民主義」的理解與張東蓀相近，但是與「人權」在含義上是有區別的。人權與「君權」、「教權」、「男權」相對立，而「唯民主義」則與「民主」、「國家」、「共和」相關聯。二者的聯繫在於前者的獲得是後者實現的前提：人民只有得到充分的自由——「人權」、「獨立人格」和參政權利，才能實現「唯民主義」政治。

新文化運動後期的「五四」政治風雲和中國的社會現實，促使陳獨秀把思想啓蒙的注意力更多地投轉到政治實踐（救亡）。從而把具有更多內涵的「人權」化約爲 Democracy——民主或民治主義。一切反抗專制、爭取解放、實現自由平等等內容都被納入 Democracy 名下，把民主作爲一種價值，從而取代了人權及其自由內涵。陳獨秀聲稱：「要擁護那德先生，便不得不反對孔教、禮法、貞節、舊倫理、舊政治；要擁護那賽先生，便不得不反對舊藝術、舊宗教；要擁護德先生又要擁護賽先生，便不得不反對國粹和舊文學。」〔註61〕這裏的「德先生」，其制度的意義和成分已淡化許多，主要表現爲一種價值，代表著自由。

西方傳統政治文化中，民主與自由是兩個不同層次的政治範疇。自由是人的終極價值，民主是實現自由的手段和工具，民主的目的在於保障個人自由。而且作爲價值的自由和作爲手段的民主有時並不一致。個人自由固然需要通過民主政治來保障，但民主政治並不必然地導致對個人自由的尊重，甚至在某種情況下，民主制度下對自由的侵犯和壓制較之專制政體更爲嚴重。因此，西方自由主義者始終對「大多數人的統治」的危險保持警惕。哈耶克說：「將「民主」一詞作爲值得讚美的普遍詞彙並非沒有危險。因爲這暗示我們：民主是好東西，所以它的擴張必爲人類之福。這種看法似乎是不證自明的，但事實上並非如此。」〔註62〕

〔註60〕張東蓀：《行政與政治》，《甲寅》第 1 卷第 6 號。
〔註61〕陳獨秀：《本志罪案之答辯書》，《新青年》6 卷 1 號。
〔註62〕F.A.Hayek,《The Constitute of Liberty》，Chicago，1960，p104。

民主觀念，在西方發源甚早，古希臘即已出現。但在西方受到肯定是十八世紀中葉以後的事。而且影響中國近現代民主觀念的主要是這一時期。在西方政治思想中，有兩種民主觀念：高調民主觀與低調民主觀。

高調民主觀認為，民主是為實現一種道德理想而產生的制度。這種制度構思裏面往往具有集體主義精神和集體主義傾向。盧梭的思想就是典型的例證。

盧梭的民主觀念是基於對兩種自由的理解：自然的自由與政治的自由（又稱人的自由），前者是指個人不依靠別人而只求個人的自然衝動與情慾得到滿足；後者則是指只有在人類群體生活中才能實現的自由。這種觀念認為，人有超乎自然衝動之上的道德品質，這一品質是人之所以為人之道。現代人的生活沉淪而分裂，沒有一個真正人應有的高貴和完整的道德品質。政治自由就是指從現代生活的沉淪與分裂中解放出來而體現道德的品質，要以人的自由取代自然的自由，因此這種自由觀念含有極強烈的道德感。

馬克思對於民主的理解與盧梭頗有類似之處。馬克思認為，「自由主義式的民主」（Liberal Democracy）只是資產階級的工具，因此是虛假的、有名無實的制度。他所追求的是一種「真民主」（True Democracy），即不僅僅是「政治的解放」而是「人的解放」。在他看來，資本主義制度是與其理想背道而馳的制度必須推翻，建立理想的社會，在理想的社會裏，不僅每個人有自由，而且全體有自由，個人的意志與盧梭的「公意」達到完全的契合。

低調民主觀認為，民主不是以實現道德理想為目標，而是針對人性的有限而構想的一種制度。西方近代對人性有限的自覺有兩個源頭，一個是來自猶太教與基督教傳統的人性罪惡觀，一個是來自西方文藝復興以來對人性觀察所積累的現實觀。儘管二者在思想內容上有很大不同，但都對人性有一個很低的估價。即人基本上是一個自私自利，非常有限的東西，無法對之期望過高。根據這一前提，認為民主只是一種制度，一種程序。一則為保護個人的權利不受外來的侵害（不論是來自其它個人或政府專制或多數群眾的獨斷），二則為讓自私自利的芸芸眾生不論是個人或團體，能夠把他們的彼此衝突的權益，以討價還價，相互妥協的方式和平相處。因此，民主沒有什麼崇高的目標，誠如英國十九世紀自由主義思想家詹姆士‧密爾（James Mill）所強調，民主不過是為了適應人性自私自利而發展的一個勉強可行的制度。〔註63〕

〔註63〕參見張灝：《中國近代轉型時期民主觀念》，許紀霖編《二十世紀中國思想史論》。

　　中國近代知識分子基本上是「民主」至上論者。近代中國對「民主」接觸和認識是從西方政制開始的。中國知識分子對民主的追求具有鮮明的中國特色，不僅體現在對民主的社會效能抱有超常的期望，直至擡舉爲中國現代化和富強的首要前提，而且把它作爲一種價值理念提升到價值層面來看待。這種追求和認識可回溯到嚴復、梁啓超、譚嗣同等人的宣傳，甚至可追究到馮桂芬「通上下之情」的主張。而比較典型的是陳獨秀爲富強而革命、爲革命而重估一切價值，倡言民主與科學。由於近代中國民族獨立與國家富強的首要主題，導致近代知識分子在觀念上將民主的功能嚴重泛化，對民主的認識和接受主要側重於社會功能。這種工具理性使「民主」這樣一個在制度層面和理念層面上都極爲複雜的問題，被簡化爲限制或結束皇權專制、實行分權、擴大參與等「西化」富強模式——維新主張立憲；革命求共和；五四啓發「國民」。其次，由於不注意民主的確切涵義及在西方的歷史演化，很輕易地將民主提升爲與某些價值理念——人權、自由、平等並行的層面，進而在價值理念上賦予民主以領袖群倫的地位。在五四之前「民主」主要指一種政治制度或政治運作方式，即「大多數人的統治」。到五四後期，民主被提升爲一種價值理念，不僅是手段，而且也是目的。因爲在他們看來，民主已不單是一種政治制度或生活方式，不單是維護自由、平等、公正等價值理念的工具，其本身就具有天然的價值合理性，並且民主較之自由更能激發公眾對國家事務和公共生活的關心與參與。由此，人權的自由內涵隨著五四運動和馬克思主義的傳入而被民主的概念所取代也就是順理成章的邏輯。

　　英美自由傳統認爲，民主首先是某種制度形態，旨在爲某種價值理念提供運作規範和制度保障。換句話說，民主主要是維護社會平等公正之類價值的工具。很少把民主直接抽象爲價值理念從而與自由平等之類的價值理念並行的現象。近代中國自嚴復以後，民主似乎與自由一樣成爲知識分子的一種政治理想和價值取向。陳獨秀更是傾向於把民主與自由、平等、公正等價值理念當作並列並行的東西，進而直接把民主提升爲價值理念的核心。

　　1919 年，陳獨秀在《本志罪案之答辯書》中聲言：「西洋人因爲擁護德、賽兩先生，鬧了多少事，流了多少血，德、賽兩先生才漸漸從黑暗中把把他們救出，引到光明世界。我們現在認定只有這兩位先生，可以救治中國政治上道德上學術上思想上一切的黑暗。」〔註64〕這番言論，可視爲《新青年》

〔註64〕《新青年》6 卷 1 號。

時期陳獨秀對民主在西方和中國意義的基本定位。這一定位對近現代中國知識界和產生巨大影響。

陳獨秀在《新青年》後期把「民主」上升爲一種價值理念，其思想資源有三：維新派關於民主與富強關係；自由主義關於民主與自由之關係；陳獨秀對共和失敗的分析。〔註65〕

一、民主與富強

整個近代中國的民權論者，很少有人是純粹出於追求自由而要求人權的，絕大多數乃出於救亡和富強的目的而強調人權（民權）。這一工具性的思維模式從魏源開始，愈演愈烈。甲午慘敗，在士人階層普遍煽起進行整體變法以求保國、保教、保種的民族主義富強激情；日本明治維新的成功模式使維新派認定「以日明治之政爲政法」，實行君主立憲爲變法和富強的總目標。因而，康有爲所謂「民權」可以通上下之情，上下之情相通便可富強的思維定式就此成型。嚴復的爲平等自由而反對專制的啓蒙旋律就成爲救亡富強的次聲部。

民主就其本質而言，是擴大參與，提供參與機會的平等，由此產生公意。它與國家富強並無必然之因果關係。但是實用理性傳統卻使陳獨秀放大民主的致富致強功能，從而使陳獨秀在啓蒙運動中，把民主提升到價值範疇的層面，抽象爲一種新的倫理價值標準。

二、民主與自由

在維新派中，嚴復以他對自由以及民主與自由的關係的關注而不同於一般的民權論者；辛亥前，革命派的革命宣傳，有相當部分是以嚴復的社會有機體論和「自由爲體、民主爲用」作爲理論基礎。可以說，陳獨秀進行啓蒙宣傳的理論基礎也是嚴復的社會有機體論。在《新青年》啓蒙中，陳獨秀幾乎避而不談嚴復對他的影響，但從整體上看，陳的思想觀念中已隱含著嚴復的印記。

嚴復的自由論主要出於對英國社會與政治的理解。與以往的維新派不同，嚴復關注的是英國的學術思想以及各類制度、器物背後所隱涵的原則精神。但是嚴復的認識並沒有停留在此，比一般先進士人高明之處在於認識到，「民主」還不是西方的根本，「民主」不過是「自由」在政治上的表現，即「民

〔註65〕參閱毛丹：《陳獨秀的民主神話及其思想資源》，《二十世紀中國思想史論》。

主」是保證自由、平等、公正的制度規範和秩序。英國的政制理念內涵是「以自由為體，以民主為用」，這裏嚴復把英國政制的理念內涵移位於「自由」。自由不自由是中國之落後、西方之先進的分水嶺。自由不自由的差異不僅造成中西文化諸方面的差異，而且在嚴復的啓蒙思想中成為一切價值評判的唯一尺度。

對於陳獨秀來講，嚴復的自由民主觀念是具有權威性並富有魅力的。嚴復對於民主的理念內涵的特有梳理，是站在理念的高度闡明了民主與富強的因緣。陳獨秀不僅繼承了嚴復的自由民主意識，而且把民主自由向前推進一大步：既然自由是富強的前提，民主又是自由之「用」，那麼民主與自由就是同一意思的兩個說法，民主被提升為一種價值，或者直接就是自由。具體表現在陳獨秀把嚴復的社會有機體論和鼓民力、開民智、新民德主張，作為自己發動價值重建運動的理論基礎，而且表現在把嚴復的所謂黜偽崇眞、屈私為公、自由為體、民主為用等一系列理念化約為民主與科學。而陳獨秀與嚴復的差異也許在於，嚴復認為富強與民主在中國相衝突而決意捨棄民主，而陳獨秀則認定自由誠是中國富強之急要，必須將民主晉升為德菩薩。

三、辛亥革命失敗的分析

辛亥政制變革失敗後，「在共和政制之下備受專制之苦」的陳獨秀，把失敗歸因於缺乏國民心理的普遍支持與國民運動基礎。與嚴復一樣，陳認為中國社會的改造不能局限於引進西方器技、建立民主政制。而必須從價值啓蒙、改造國民心理做起。比嚴復更進一步，陳獨秀把啓蒙的範圍從知識界拓寬到「國民」，唯此才能造成辛亥革命所缺乏的國民運動基礎。在這個意義上，價值重建被放在中國社會改造本位的高度，而把輸入民主觀念，在中國確立近代資產階級意識形態的權威，視為價值啓蒙和價值重建的核心所在。陳獨秀未能釐清工具理性與價值理性之間的關係，一心要為辛亥革命補上民主覺悟課，自然地把民主（工具理性）升格為價值理念的東西，從而賦予了民主以自由的內涵和道德特徵。

第四節　人權的意識形態分歧：個人的解放與階級的解放

事實上，從思想深層看，新文化運動知識分子在價值觀上是有差異的（他們接受的西方思想分別來源於不同的思想源流——英美和法國），在人權觀念

上表現爲是以個人爲本位還是以國家爲本位？只是思想啓蒙和文化重建共同主題暫時彌合了彼此的歧異，也暫時緩解了人權與國權、個性解放與國家富強之間的內在緊張。然而由於俄國十月革命和五四愛國運動的影響，新文化知識分子在 1918 年開始分化。以陳獨秀、李大釗爲代表的一批受俄國十月革命的感召，逐漸走向馬克思主義；而以胡適爲代表的一批則仍然堅守著自由主義的理念。於是接受馬克思主義的知識分子與堅守自由主義理念的知識分子在提倡個性解放、人格獨立，對自由與人權的理解的等方面產生了分歧。

一、啓蒙與革命：從個性解放到社會改造

俄國十月革命五四愛國運動的影響改變了新文化運動的方向。中國社會的主要任務已不是思想啓蒙，而是通過革命方式推翻專制統治、取得民族獨立的反帝反封。1919 年後，新文化啓蒙運動被新的政治革命洪流和他們自身的救世焦灼所征服。思想啓蒙轉向了政治救亡。

實際上，對於個人自由、自由主義的宣傳啓蒙者來說，在更大意義上，他們是一群試圖通過救個人實現救社會的救世關懷者。1918 年當個人主義、個性自由宣傳蔚爲大觀之時，他們已經明顯感覺到「不談政治」或者至少不談具體政治問題的價值取向正在削弱對於現實政治進程的參與力和影響力，甚至有可能使自己喪失不願喪失的政治角色。於是，當個人自由宣傳在 1918 年底漸臻高峰時，《每周評論》問世，專門談時事，討論政治問題。五四愛國運動又帶來了民族覺醒，使得接受馬克思主義的啓蒙知識分子對人權的理解有了新的發展：從新文化運動在文化心理上喚起人們對獨立人格和自由權利的意識，轉向強調集體權利的價值和力量。它在一定程度上超越了個人自由的藩籬，開始把個人權利同集體的權利和奮鬥聯繫在一起。以陳獨秀、李大釗爲代表的一批信仰馬克思主義的知識分子，積極宣傳唯物史觀和社會主義思想，並以此爲指導開始了徹底改造中國政治和中國社會道路的新探索。

陳獨秀在代表《新青年》編輯部寫的宣言中，對未來理想社會作了熱烈而浪漫的憧憬：「我們理想的新時代新社會，是誠實的，進步的，積極的，自由的，平等的，創造的，美的，善的，和平的，相愛互助的，勞動而愉快的，全社會幸福的。」〔註 66〕陳追求的理想的新社會幾乎涵蓋古今中外人類一切美好的價值。與此相應，其「人權」觀念已不再滿足於消極的「自由」，開始

〔註 66〕《新青年》7 卷 1 號。

進一步追求政治社會經濟全面的民主。陳對「政治民主」的解釋是：由人民直接議定憲法，用憲法規定權限，用代表制依憲法規定執行民主，打破統治者與被統治者的階級差別，實行人民自治。〔註67〕陳認爲，這種「人民自治」的眞正的民主，可取徑英美式的聯合自治而由小到大地實現。這種追求社會經濟平等和直接民主的思想明顯具有盧梭的思想印記。〔註68〕

李大釗的思想流變理路更具典型。李在民初篤信英倫自由傳統，而對法國革命評價甚低。在他看來，「即以英、法相較，英無法之慘劇，而獲得之政治，什倍於法。法以百年之血歷史，易得者僅勉爲共和。」〔註69〕俄國革命後，李開始改宗馬列主義，其對法國革命亦轉而持積極態度，並且將法國革命與俄國革命同歸於兩次具有世界歷史意義的偉大事件。李預言，「十九世紀全世界之文明，如政治或社會之組織等，罔不胚胎于法蘭西革命血潮之中。二十世紀初葉以後之文明，必將起絕大之變動，其萌芽即茁發於今日俄國革命血潮之中，一如十八世紀末之法蘭西亦未可知。」〔註70〕

二、「問題與主義」之爭：兩種社會改造思路的分野

「問題與主義」表徵著五四新文化後期人權觀念內涵的裂變。奉宗英美自由傳統的胡適，在政治上主張漸進式的改良主義，認爲，文明進化不是籠統地而是一點一滴的完成的。因而社會改造不可能靠包治百病的一種「主義」而「根本解決」，而只能從研究和解決諸如從人力車夫的生計到大總統的權限等具體問題入手。〔註71〕而李大釗則堅持馬克思主義唯物史觀，主張中國社會的改造必須通過俄國式社會革命而根本解決。在他看來，若在沒有組織和生機，而一切機能都已閉止的社會，必須有一個從改造經濟組織入手的根本解決，才能解決一個一個的具體問題。〔註72〕

五四後期，陳獨秀的思想也發生了轉變。他認爲，用革命的手段建設勞動階級的國家，創造禁止對內對外一切掠奪的政治法律，爲現代社會第一需要。「中國政治改革，決非幾年之後就能形成西方的德謨克拉西。……要到這

〔註67〕《新青年》7 卷 1 號。
〔註68〕參閱高力克：《〈新青年〉與兩種自由主義傳統》，《二十世紀中國思想史論》。
〔註69〕《中華》1 卷 11 號。
〔註70〕《言治季刊》第 3 冊。
〔註71〕《每周評論》1919 年，第 31 號。
〔註72〕《每周評論》1919 年，第 35 號。

個程度，最好經過俄國共產黨專政的階級。因為求國民底智識快點普及，發達實業不染資本主義的色彩，俄國式的方法是唯一的道路了。」〔註73〕在五四馬克思主義者的心目中，以俄為師並不是拋棄自由人權，而是通過向自由的階梯，也是達到更廣泛、更高程度的民主的必經之路。

　　「問題與主義」的論爭凸現的是《新青年》英美與歐陸思想之爭。這場論爭以馬克思主義的勝利而告終。至此，人權觀念的內涵由自由轉向「民主」（人民主權），個人權利轉向群體意識，以人權為目的的啟蒙轉向了以國權為目標的民族解放運動。

三、人權的意識形態分歧：從個人解放到階級解放

　　五四新文化後期，關於人的自然權利和人的理性自由思想受到來自馬克思主義的嚴峻挑戰。馬克思揭示了啟蒙思想的「自由的人性」和「理性」不過是「資產階級的中等市民的悟性」〔註74〕和對「利己的市民個人」及其社會生活內容的承認罷了。〔註75〕馬克思不是用「自然法」的理論觀察「人」及其本性，而是從人的經濟利益的角度，從「社會關係的總和」的角度分析「人」及其本質，從而用變更經濟關係和階級的解放的思想取代了啟蒙主義的「人」的解放的命題。

　　馬克思主義的傳播和共產主義運動的發展構成了中國現代歷史的一個最為重大、最為持久的現象，這是因為它找到了自己的現實基礎和力量。作為一種獨立存在的思想體系，馬克思主義有著完全不同於啟蒙思想的目標、使命、歷史觀，因而成為啟蒙運動的一種「否定的」力量。從思想史的發展歷程看，馬克思主義的傳播宣告了啟蒙作為一個運動的終結。〔註76〕

　　首先，馬克思主義的傳播動搖了五四新文化啟蒙關於「人權」的理解。五四啟蒙對「人權」的理解主要是反對「尊卑等級」的制度和倫理觀念，推崇和倡導法國大革命的自由平等原則。然而，1919年5月李大釗即指出法國大革命不是「平等精神」的體現，而是代表「資本家的中級勢力」；〔註77〕1920年陳獨秀在《新青年》第八卷第三號發表《國慶紀念的價值》指出「共和政

〔註73〕《陳獨秀著作選》第二卷，第199頁。
〔註74〕《馬克思恩格斯選集》第三卷，人民出版社1972年，第297頁。
〔註75〕《馬克思恩格斯選集》第二卷，第145頁。
〔註76〕參閱汪暉：《中國現代歷史中的「五四」啟蒙運動》，《二十世紀中國思想史論》。
〔註77〕李大釗：《我的馬克思主義觀》，《新青年》第六卷第5號。

治爲少數資本階級所把持，無論哪國都一樣，要用它來造成多數的幸福，簡直是妄想」。在第八卷第四號發表的《民主黨和共產黨》批判「民主政治」：「若是妄想民主政治才合乎全民意，才眞是平等自由，那便是大錯特錯。」

其次，馬克思主義的經濟決定論動搖了啓蒙的文化決定論。五四新文化啓蒙重視倫理的覺悟和「國民性」的改造。唯物史觀認爲「一切社會上政治的、法制的、倫理的、哲學的，簡單說，凡是精神上的構造，都是隨著經濟的構造變化而變化」，〔註78〕因此「經濟問題的解決，是根本解決。經濟問題一旦解決，什麼政治問題、法律問題、家族制度問題、女子解放問題、工人解放問題，都可以解決。」〔註79〕「根本解決」的途徑由倫理覺悟轉向經濟變革：不是生產力的發展，而是經濟權、所有制的變革。

第三，馬克思主義的階級和階級鬥爭學說動搖了新文化啓蒙的「個人主義」思想。五四啓蒙蔑視「群眾意識」，力倡「獨標異見」的個人精神。〔註80〕陳獨秀從經濟和倫理兩方面加以論證：「現代生活，以經濟爲之命脈，而個人獨立主義，乃爲經濟生產之大則，其影響遂及於倫理學。故現代倫理學上之個人人格獨立，與經濟學上個人財產獨立，互相證明，其說遂至不可動搖。」〔註81〕1919 年 5 月李大釗在《我的馬克思主義觀》中聲言「現在社會主義、人道主義的經濟學，將要取此正統的位系，而代個人主義以起了」。啓蒙思想家把個人作爲家族、群體、民主、國家、倫理觀念的對立物，從而把個人的自由解放視爲首要的任務。而馬克思主義則把「階級的自覺」、「階級競爭」視爲歷史的根本特點，「既往的歷史都是階級鬥爭的歷史」。〔註82〕在這樣的思想基礎上，唯物史觀動搖了「五四」啓蒙共同認可的「進化論」歷史觀。此後的歷史中，「人」或「人的解放」被作爲抽象的人性論而遭到嚴厲的批判，「人的解放」被湮沒在「階級鬥爭」的風暴中。武器的批判代替了批判的武器。

〔註78〕李大釗：《我的馬克思主義觀》，《新青年》第六卷第 5 號。
〔註79〕李大釗：《再論問題與主義》，《每周評論》，第 35 號（1919 年 8 月 17 日）
〔註80〕陳獨秀：《抵抗力》，《青年雜誌》第一卷第 3 號。
〔註81〕陳獨秀：《孔子之道與現代生活》，《新青年》第六卷第 5 號。
〔註82〕《我的馬克思主義觀》，《新青年》第六卷第 5 號。

第六章　人權與法治

　　俄國十月革命後，李大釗、陳獨秀等一批新文化知識分子接受了馬克思主義，很快從文化革命轉向了政治革命，其興趣已不是一般地討論民主理論。而此後依然執著於希望通過合法途徑追求西方人權理念並與專制政府發生衝突的只有自由主義者。

　　20世紀20年代末30年代初，以胡適、羅隆基為代表的中國自由主義知識分子以《新月》雜誌為陣地，針對國民黨的獨裁統治，公開向國民黨政府提出保障人權，制定約法，實行民主政治的要求，從而發動一場有組織有計劃的人權運動。這一體悟人權價值與真諦，為促進人權而努力奔走呼號的政治派別被稱為「人權派」。人權派的政治主張，主要是反對專制，主張民主和信仰思想言論自由，反對黨治、人治和獨裁，主張憲政、法治和人權，實現專家治國的民主政治，其目的是建立現代民治國家。從某種意義上講，人權派提出的實行民主政治，用憲法法治來約束、規範政府行為，保障人作為人的基本權利，用自由、民主、人權培養一個有人情味的文明社會的主張，仍是我們今天要為之奮鬥的共同理想。

第一節　人權運動的勃興

　　人權運動是由胡適在《新月》月刊上發表《人權與約法》引發的。然而，其直接導火索卻是一個會議提案。1929年3月，國民黨三全大會上，上海特別市黨部主任、宣傳部長陳德徵提出一項「嚴厲處置反革命分子」的提案，建議「凡經省及特別市黨部書面證明為反革命分子者，法院或其它法定受理

機關應以反革命罪處分之，如不服，得上訴，惟上級法院或其它法定受理機關，如得中央黨部之書面證明，即當驅斥之」。〔註1〕胡適對於國民黨這種以黨代法，「只憑黨部一紙證明，便須定罪處刑」的議案「實在忍不住了」。立即致信時任國民黨南京政府司法院院長王寵惠提出質疑，同時寄信給國聞通訊社作爲「新聞」發表。但信被新聞檢查官所扣而未能如願。不料幾天後《民國日報・星期評論》卻刊登了陳德徵批駁胡適信件的評論——《胡說》，此文稱：「在以中國國民黨黨治中國的今日，……違反總理遺教，便是違反法律，違反法律，便要處以國法。這是一定的道理，不容胡說博士來胡說。」〔註2〕同時國民政府於 4 月 20 日頒佈一條保障人權的命令，稱「世界各國人權均受法律之保障。當此訓政開始，法治基礎亟宜確立。凡在中華民國法權管轄之內，無論個人或團體均不得以非法行爲侵害他人身體、自由和財產。違者即依法嚴性懲辦不貸」。〔註3〕胡適以討論該保障令爲由，結合陳德徵以黨代法的提案，寫成《人權與約法》一文，發表在《新月》月刊1929年第2卷第2期上，由此人權運動拉開序幕。

從表面看，人權運動由胡適《人權與約法》一文而引發。實際上它的發動有著深刻的思想、政治和社會背景。

一、孫中山訓政的理論缺陷

國民黨「訓政」的理論，來源於孫中山先生的建國三時期學說。1906年孫中山在《中國同盟會革命方略》中明確提出革命措施之次序爲「軍法之治、約法之治、憲法之治」三個時期。在約法之治中，約法既規定人民應享有的權利和義務，同時也規定軍政府的職權範圍，即在約法的基礎上進行社會治理。孫中山的這一主張已初步具有近代民主憲政的思想。然而後來的革命並沒有按《方略》的設想進行。辛亥革命勝利後，僅落得個空招牌。1923年孫中山在《中國革命史》中，把早期的革命三時期轉述爲「軍政時期、訓政時期、憲政時期」，其中訓政時期相當於原來的「約法之治」。但是約法之治中規定的軍政府與人民各自遵守的權利義務，被轉述爲主要是訓練人民、讓人民學會行使屬於自己的政治權利。孫中山認爲，訓政主要是作爲「由專制入共和之過渡」，解決普通人民由於「程度不高」而不適

〔註 1〕《胡適來往書信》（上），中華書局 1979 年，第 510 頁。
〔註 2〕《民國日報・星期評論》，1929 年 4 月 1 日。
〔註 3〕《國民政府公報》，1929 年 4 月 23 日。

應民主政治生活的問題而設計的，「有訓政爲過渡，則人民無程度不足之憂也」。〔註4〕

　　按照孫中山思維邏輯，訓政的核心實際上就是由孫中山等「先知先覺」者，用「三民主義」來訓練人民。客觀來講，孫中山的設想不無道理。然而問題是，人民固然需要訓練，執政者也同樣需要民主政治的訓練。執政者並不等於「先知先覺」者。僅僅強調人民需要訓練而忽視執政者的訓練，這樣的設計，爲借「訓政」之名而行專制獨裁之實提供了可乘之機。此後的國民黨政府也正是要求對政權「獨負全責」，建立其一黨獨裁統治的。

二、國民黨的一黨獨裁

　　1928 年 8 月，國民黨二屆五中全會決議實施「訓政」。10 月，國民黨中常委通過《訓政綱領》宣佈，訓政期間由國民黨代表大會及中央執行委員會代表國民大會領導國民，行使政權，並由國民黨訓練國民逐漸行使「選舉、罷免、創製、監察四種政權」，「以立憲政之基礎」；「治權之行政、立法、司法、考試、監察五項付託國民政府總攬而實行之」。同時又規定，訓政期間國民黨中央執行委員會是國家最高權力機關，國民政府爲它的執行機關。爲保證對國民政府的直接控制，國民黨專門設置中央執行委員會政治會議，簡稱中政會。作爲國民黨的機關，中政會不僅處理黨務，而且還是國民政府的決策機構，「總握訓政時期一切根本方針之抉擇權，爲黨與政府間唯一之連鎖」，〔註5〕其中心任務是從政治上、組織上實現對國民政府的控制，保證黨治和訓政的實施。於是，孫中山「權能區分」中的政權與治權完全集中於國民黨中央執行委員會。「訓政」也就成爲國民黨的一黨獨裁專制。

　　國民黨的獨裁專制不僅表現在政治組織上，而且以「三民主義」來推行「黨化教育」。1929 年 3 月，國民黨三全會決議以「總理主要遺教」爲「訓政時期中華民國最高之根本大法」，「舉凡國家建設之規模，人權、民權之根本原則與分際，政府權力與其組織之綱要，及行使政權之方法，皆須以總理遺教爲歸依」。〔註6〕既然以總理遺教爲最高之根本法，這就不僅要求全體黨員

〔註4〕《孫中山全集》第五卷，中華書局 1982 年，第 189 頁。

〔註5〕《國民黨政府政治制度檔案史料選編》上冊，安徽教育出版社 1994 年，第 586 頁。

〔註6〕《國民黨政府政治制度檔案史料選編》上冊，安徽教育出版社 1994 年，第 591 頁。

必須統一在三民主義旗幟之下，而且全國人民也必須「服從擁護中國國民黨，誓行三民主義」，方可享有「國民之權利」。同時宣佈訓政期間於必要時「得就於人民集會、結社、言論、出版等自由權，在法律範圍內加以限制」。

國民黨的這些政治舉措對執著於自由主義理念、反感極權專制獨裁的中國知識分子無疑是一沉重打擊。

三、自由主義知識分子對時局的關注和討論

五四之後，中國自由主義者密切關注著中國政局的劇烈變化，注視著國民黨新政權的種種政治決策與行政思維，同時憑依著自己的真誠信念、社會良心與所肩負的社會歷史責任，希望在政治上為執政者設計出一條通往民主法治的建國之路。他們崇尚西方的自由、人權、民主和憲政思想，主張人的自主性和獨立性，要求承認並尊重個人的價值和尊嚴，呼喚人的權利自由。特別是對人的思想言論自由的保障。然而國民黨執掌國家政權後，實行一黨專制，以黨治國，以黨治法，黨凌駕於國家、法律、人民和軍隊之上。這種獨裁統治，使胡適、羅隆基、梁實秋等自由主義知識分子深感「失望」和不滿，終於「忍無可忍，便出來說話了，說出與現在時局有關的話來了」。[註7]

他們認為，中國人權已被「剝奪得幾乎沒有絲毫餘剩」，正是國民黨政府機關與黨部以「反動分子」、「土豪劣紳」、「反革命」、「共黨嫌疑」等帽子，肆意侮辱人的身體，剝奪人自由，沒收人的財產，使個人人權沒有任何保障。胡適說，今天侵犯人權的最大非法行為者不是「個人和團體」，而是政府機關和國民黨黨部機關，他說：「今日我們最感覺痛苦的是種種政府機關或假借政府與黨部的機關侵害人民的身體、自由及財產。」「現在中國的政治行為根本上從沒有法律規定的權限，人民的權利自由也從沒有法律規定的保障。在這種狀態下，說什麼保障人權！說什麼確立法治基礎！」[註8]

法治絕不僅僅是對老百姓和民眾團體，它首先是對國民黨、國民政府及軍隊的。胡適指出，孫中山先生在「建國大綱」裏放棄「約法」設立「訓政」是一個重大疏漏，而國民黨諸公以為「訓政」可以無限期延長，可以不用「約法」來約束自己的政治行為更是一重大錯誤。當務之急是制定憲法（約法），「規定人民之權利義務與革命政府之統治權」。用約法規定政府的權限，過此

〔註 7〕《新月月刊敬告讀者》，《新月》2 卷 6、7 號合刊。
〔註 8〕胡適：《人權與約法》，《新月》2 卷 2 號。

權限便是「非法行爲」；用約法規定人民的「身體、自由、及財產」的保障。有侵犯法定的人權，無論是 152 旅的連長或國民政府的主席，人民都可以控告，都得受法律的制裁。〔註9〕

　　他們指出，中國近年政治上的紊亂，責任不在小民實在大官；不在鄉村實在中央及地方政府。根本的問題是從中央到各省政府的政權，從國的行政到黨的行政，都受毫無政治智識的武人支配、操縱、包辦。所謂以黨治國、一黨獨裁，實際上是軍人政治、分贓政治。二十世紀的行政已是專門科學，二十世紀的政治是專家政治，二十世紀的政治行政人員必須有專門的智識。「只有正當的選舉和公開的考試，才能產生眞正的專家政治。只有專家政治，才能挽救現在的中國。」〔註10〕

　　於是，人權運動伴隨著胡適等自由主義知識分子對國民黨獨裁的不滿和反感而拉開了帷幕。

第二節　自由主義的人權宣言

　　繼胡適《人權與約法》之後，在半年左右的時間裏，胡適、羅隆基、梁實秋等自由主義知識分子陸續發表一系列文章，系統表達了中國自由主義的人權法治思想。這一系列文章被胡適編爲一冊《人權論集》，由新月書店於 1930 年 1 月出版。這是中國第一部有關人權法治的論文集，堪稱中國自由主義的人權宣言。該論文集內容圍繞以下主題而展開。

一、人權的內涵與範圍

　　人權派從西方接受了「人權」的觀念，但並不贊成西方的「天賦人權」的觀念。他們認爲，今天的人沒有必要「歸眞返樸，到自然的環境裏去自由發展我們的本性」，〔註11〕也不能把法律作爲人權的根據（因爲法律最多只告訴人們現在有什麼權利，沒有告訴人們應有什麼權利）。人權，用羅隆基的話說，是「完全以功用二字爲根據」的。據此，羅隆基對人權作了解釋：「人權是做人的那些必須的條件。人權是衣，食，住的權利，是身體安全的保障，是個人「成我至善之我」，享受個人生命的幸福，因而達到人群完成

〔註 9〕胡適：《人權與約法》，《新月》2 卷 2 號。
〔註 10〕羅隆基：《專家政治》，《新月》2 卷 2 號。
〔註 11〕羅隆基：《我們不主張天賦人權》，《新月》3 卷 8 號。

人群可能的至善，達到最大多數享受最大幸福的目的上的條件。」〔註12〕只要是做人所必須的條件就是人權。換言之，凡是對於維持生命、發展個性培養人格、實現大多數人的幸福有功用的，「都是做人的必要條件，都是人權」。〔註13〕

以「功用」爲衡量標準，羅隆基對人權的界限作了劃分。他認爲，「人權」（rights of man/Human right）是做人的權利，「民權」（civil rights）則是在國家裏政治上做國民的權利。在國家裏，有不是國民的人，沒有不是人的國民。因此，人權比民權範圍更大，也更爲基本，而民權只是人權中政治方面的一部分，是法律上規定的做國民的權利。也就是孫中山所說的選舉權、創製權、複決權、罷免權等政治權利，而屬於人權內涵的自由平等基本權利則不在此列。在羅隆基看來，當時的中國「要做民，更要做人；要民權，更要人權。」〔註14〕

什麼是當時（1929年）中國人要的人權？羅隆基列舉了35條，其主要內容包括：國家主權屬於全體國民，其權威由全民賦予；任何個人或團體未經國民直接或間接的許可，不得行使國家的權威；法律是根據人權產生的，它是人民公共意志的表現；人民在法律面前一律平等，全民應受同樣法律的統治。任何人或團體不得處於超越法律的地位，否則即爲侵犯人權；人民平等地享有國家政治上的權利，不得有宗教、政治信仰、社會階級及男女的限制；國家一切官吏受全民所雇，任何個人或家庭包辦政府多數高級職位即是侵犯人權；司法獨立，侵犯司法獨立，即侵犯人權的保障；現役軍人不得兼任國家任何文官職位，不得以軍事法庭代替普通法庭；行政官吏的選用應完全以才能爲依據，凡一切吏治上之賄賂、損輸及饋贈均爲侵犯人權；國家財政應絕對公開；國家保障國民的私有財產、勞動權，國民在遭受水旱疾病災疫時有從國家獲得賑災的權利；國民有思想、信仰、言論、出版、集會的自由；在國民發展個性培養人格的要求上，國民有受教育權，國家對國民有供給教育機會的責任，一切教育機關不應成爲任何宗教信仰或政治信仰的宣傳機關；無論何人，不經司法上的法定手續，不受逮捕、檢查、收押，不經法庭

〔註12〕羅隆基：《論人權‧人權論集》，轉引自歐陽哲生編《胡適文集》之五，北京大學出版社1998年，第543頁。

〔註13〕羅隆基：《論人權‧人權論集》，轉引自歐陽哲生編《胡適文集》之五，第544頁。

〔註14〕羅隆基：《人權不能留在約法裏？》，《新月》3卷7號。

判決，不受任何懲罰；國家任何高級官吏，非經人民直接或間接承認，不得
以命令產生、停止或變更法律；軍隊的責任在保護全民的權利，而非任何個
人或團體的特別權利。強迫兵役、差役，霸佔民房，勒索供應，均爲侵犯人
權。35 項人權基本上是近代西方人權的內容，此外還包括一些當時中國的現
實狀況。在羅隆基看來，這些都是中國人所缺乏的做人的必要條件，亦即中
國人必爭的人權。

　　關於人權的範圍，在人權派看來，也就是人權的時間性和空間性。所謂
時間性，就是說由於人們的生活條件隨著時代的變化而變化，人權的範圍也
要隨著時代的發展而變動而豐富。如工作權和罷工權是 17、18 世紀的歐洲「所
未曾聽到的東西」，而在 19、20 世紀則是普遍的基本人權了。所謂空間性，
一是指在不同的國家人權的內容側重點有所不同，英國偏重經濟，法國偏重
政治；二是指同樣的名詞在不同的國家也有不同的含義，如自由、平等都是
美國和法國的革命口號，而美國的「平等」強調的是種族的平等，而法國強
調的是階級的平等。

　　人權派的這種理解，無疑是對近代西方「天賦人權」概念化和抽象化的
一種超越。儘管他們還未意識到人權是社會歷史發展的產物，但這種理解和
闡釋對人權觀念的發展有很大積極意義。

　　值得注意的是，羅隆基以功用（Function）爲根據的人權觀念並不具有西
方「天賦人權」所包涵的「內在人性價值」。換言之，以功用爲標準的人權觀
念不同於西方古典自由主義的人權觀念。西方「人是目的而非手段」的個人
至高無上的尊嚴與不可化約的「內在自主價值」理念，構成了自由主義人權
憲政的「超驗價值」。而中國自由主義者並不認同西方古典自由主義人權所包
涵的人性尊嚴與價值的核心理念。這是由於自 19 世紀末自由主義從西方傳入
中國之後，古典自由主義在中國僅僅是曇花一現，很快被功利自由主義所取
代。可以說，20 世紀中國的自由主義是以功利自由主義爲特徵的。這一點從
《論人權》和《告壓迫言論自由者》文中多處引用費邊社的代表人物——拉
斯基（H.J.Laski）《政治典範》的有關論述可以發現，作爲拉斯基的學生，羅
隆基是深受功利自由主義影響的。然而由於中國近現代特殊的社會歷史條件
及其文化傳統，更主要由於中國近現代面臨著與西方不同的社會問題，西方
自由主義自傳入中國之後並沒有得以紮根和流行。

二、人權與國家

人權派堅持自由主義國家「工具」觀念，主張國家是「全體國民相互裁制彼此合作以達到某種共同目的的工具」，這種目的就是「全體國民的共同幸福」。從工具主義觀念出發，羅隆基認爲，「國家的功用，就在保障人權。就在保障國民做人上的那些必要條件。」如果國家的「功用」失掉了，那麼國家的存在理由也就同時失掉了；由於國家「功用」的失掉，導致國民做人的必要的條件沒有了保障，那麼國民對這個國家也就失去了服從的義務。〔註15〕

羅隆基依據法國《人權宣言》所說的「一切政治組織的目的在保全自然的及永不磨滅的人權」，提出國家的存在價值在於保障人權的「功用」。一旦國家「爲某私人或某家庭或某部分人集合的團體所佔據」，成爲「某個人，或某家庭，或某私人團體的國家」，蹂躪大多數國民的工具，那麼它也就失去其「功用」，「國民對這狀態有了覺悟，必定發生革命」。〔註16〕

在人權與國家的關係上，羅隆基指出，國家的權威是有限制的，國家不能產生人權，只能承認人權，人權是「先國家而存在之權」。判定一個國家的優劣，是以人權得到承認的標準爲標準的。同時人民對國家的服從是有條件的，不是絕對的，最重要的條件是保障人權。這種主張「人權至上」，保障人的個性的充分發展、個人的權利，反對以「國家利益」爲名要求無條件犧牲個人權利服從所謂「國家利益」的觀念顯然屬於西方自由主義理念。〔註17〕

在「黨在國上」、「黨權高於國權」的獨裁現狀下，如何保障人權？人權派主張實行民主政治。他們指出，所謂以黨治國、一黨獨裁，實際上是軍人治黨、黨員治國。這種以黨治國，是民主政治的倒車，文官制度的反動，中國吏治的死路。他們論證，政黨本來與民主政治交相爲用，以民主主義治黨，就不怕「黨內有派」；民主主義的功用，就在於以民主主義治國，就不怕「黨外有黨」；民主主義的功用，就在於調劑黨內的派，黨外的黨，使一切意見主張的紛爭，走上光明正大的軌道；一黨獨裁，就不免要將不同思想主張者逼上革命流血之路。

胡適說，民治制度有三大貢獻：承認多數黨當政而不抹煞少數，少數黨可以用正當方法變成多數黨；能夠漸次擴充民治的基礎，推廣民治的範圍；

〔註15〕 羅隆基：《論人權・人權論集》，《胡適文集》之五，第544頁。
〔註16〕 羅隆基：《論人權・人權論集》，《胡適文集》之五，第545～546頁。
〔註17〕 參閱徐宗勉等：《近代中國對民主的追求》，安徽人民出版社1996年，第366頁。

能用公開的方式進行不同意見的討論。林語堂說：「不管民治制度有多少流弊，我們今日沒有別的制度可以代替他，今日稍有教育的人，只能承受民治制度。」〔註18〕羅隆基在《我們要什麼樣的政治制度》中說：「二十世紀一個真正的民主政治的政府，一定要具備著兩個條件：（一）有一個人民委託的治權；（二）有專家智識的行政。用西文說，政府是要 A combination of entrusted power service。」〔註19〕

羅隆基認爲「我們的政治制度，自然要建立在平民政治的原則上」，〔註20〕羅隆基認爲，民治主義的關鍵是「人人有份的政治」。民治主義能夠實現國家的功用，而獨裁制度不是「國家所要達到的目的的方法」。因此「我們是極端反對獨裁制度的。我們極端反對一人，或一黨，或一階級的獨裁。」〔註21〕

羅隆基反對獨裁的原因在於：一是從國家保護國民權利的功用出發，認爲「國民權利安全的程度，以國民自身保護權利的機會的多少爲準」，而一人一黨或一階級的獨裁，在權利的保障上，「自然是注重在獨裁者個人或黨或階級的方面。共產黨的無產階級獨裁，他們就公開的說是保障無產階級的權利。」〔註22〕只有在兩者的權利不相衝突的時候，獨裁者才會偶然顧念到被治者的權利，否則，被治者的權利得不到任何保障。只有政權操諸國民全體，民眾可以在平等的條件下直接或間接參加政治的民主政治才能做到這一點。羅隆基不僅反對國民黨一黨獨裁，同時也反對共產黨「保障無產階級權利」的無產階級獨裁。二是在獨裁制度下，國家完全失掉了培養與發展人格方面的功用。三是獨裁制度是國家達到國民全體幸福所需要的和平、安定、秩序、公道的環境的破壞者。獨裁者的獨特地位，根本取消了政治上的平等，抹煞了公道，自然引起被治者的不平與憤怨，成爲革命的禍源。在一個循環革命的環境裏，也就不會有和平、安定和秩序。「政治及經濟的安定，社會制度的穩固，不靠法官及獄吏的本事，實賴人民的自治能力。後者是民主政治的本質及靈魂。」〔註23〕

〔註18〕《胡適日記》（手稿本）冊9，1930年2月11日，臺北遠流出版社1990年。
〔註19〕羅隆基：《我們要什麼樣的政治制度》，《新月》2卷12號。
〔註20〕羅隆基：《我們要什麼樣的政治制度》，《新月》2卷12號。
〔註21〕羅隆基：《我們要什麼樣的政治制度》，《新月》2卷12號。
〔註22〕《中國現代思想史資料簡編》第3冊，浙江人民出版社1986年，第363～364頁。
〔註23〕羅隆基《告壓迫言論自由者》，《新月》2卷6、7號合刊。

人權派堅決反對國民黨把獨裁制度作爲向平民制度過渡的訓政。胡適認爲，平民政治只是一種「常識的」、「幼稚的」政治，不是什麼高深複雜的學問，根本用不著訓練。「民治制度本身便是一種教育。人民初參政的時期，錯誤總不能免的，但我們不可因人民程度不夠便不許他們參政。人民參政並不須多大的專門知識，他們需要的是參政的經驗。民治主義的根本觀念是承認民眾的常識是根本可信任的。「三個臭皮匠，賽過一個諸葛亮」這便是民權主義的根據。……故民治制度本身便是最好的政治訓練」，「憲政之治正是唯一的「入塾讀書」」。而「訓政只是專制，決不能訓練人民走上民主的路」。〔註24〕羅隆基說：「我們並且認那種獨裁制度爲平民制度的過渡方法的主張爲不通。」〔註25〕

三、人權與法治

人權派認爲，人權是先於法律而存在的，「法律的目的在謀最大多數的最大幸福」。不是法律產生人權，而是人權產生法律。羅隆基認爲：「爭人權的人，主張法治。……法律的根本作用在保障人權。」〔註26〕要保障人權，政府的權限必須受到法律的限制。在羅隆基看來，法律分爲兩種，「一爲憲法，一爲憲法以外的普通法。憲法，是人民統治政府的法。普通法是政府統治人民的法。在一個法治的國家。政府統治人民，人民同時統治政府。所以法治真義是全國之中，沒有任何個人或團體處於超法律的地位。要達到政府統治人民，人民統治政府的地位，非有憲法不可。」〔註27〕從邏輯上講，「爭人權的人，先爭法治；爭法治的人，先爭憲法。」〔註28〕依胡適的解釋：「憲章（法）的大功用不但在於規定人民的權利，更重要的是規定政府各機關的權限。立一個根本大法，使政府各機關不得逾越他們的法定權限，使他們不得侵犯人民的權利。這才是民主政治的訓練。」〔註29〕

人權派一反常人把「法治」理解爲「用法律來統治人民的」的觀點。堅持自由主義的民主理論，認爲法治的精義在於用法律來限制權力。特別是限制政府和官員的權力。胡適說：「法治只是政府官吏的一切行爲都不得逾越法

〔註24〕 胡適：《我們什麼時候才可有憲法》，《新月》2卷4號。
〔註25〕 羅隆基：《我們要什麼樣的政治制度》，《新月》2卷12號。
〔註26〕 羅隆基：《論人權·人權論集》，《胡適文集》之五，第547頁。
〔註27〕 羅隆基：《論人權·人權論集》，《胡適文集》之五，第547頁。
〔註28〕 羅隆基：《論人權·人權論集》，《胡適文集》之五，第548頁。
〔註29〕 胡適：《我們什麼時候才可有憲法》，《新月》2卷4號。

律規定權限。法治只認得法律不認得人。」〔註30〕在人權派看來，政府是侵犯人權的最主要的危害也是最大的主體，只有用憲法或約法來規範政府的職權，才能實現人民對政府的控制，才能真正保障公民的基本權利和自由。人權派已經意識到政府和政黨的「獨裁」遠比一般的侵害人權更爲可怕：「明火打劫的強盜、執槍殺人的綁匪，雖然幹的是『以非法行爲，侵害他人身體、自由及財產』的勾當，其影響所及遠不如某個人、某家庭、或某團體霸佔了政府的地位，打著政府的招牌，同時不受任何法律的拘束的可怕」。〔註31〕因此，他們不但強烈要求有一個「規定人民權利義務與政府統治權」的約法，而且希望「不但政府權限要受約法的制裁，黨的權限也要受越發的制裁。如果黨不受約法的制裁，那就是一國之中仍有特殊階級超出法律的制裁之外」，那就不是「法治」而是「黨治」了。〔註32〕由此，人權派強烈要求以「法治」取代「黨治」，以約法限制國民黨的權限。於是人權派提出「快快制定約法以確定法治基礎！快快制定約法以保障人權！」〔註33〕的口號。

在人權與法治的關係上，人權派主張是：法律保障人權，人權產生法律。同時他們又強調「憲法亦依賴人權的保障」，二者的關係是互動的。由於「法律到底是紙上的空文，……人權可產生法律，紙上的法律不一定能夠保障人權」。〔註34〕因此要使政府能得到有效的制裁，就必須依靠人民自己的爭取和維護。當「人民所要的法律不能產生，或者產生的法律失去了效力的危險時候，人民就得運用他的革命的人權了」。所謂「革命的人權」就是「對壓迫的反抗」。因爲「一切的人權，都可以被人侵略，被人蹂躪，被人剝奪。只有革命的人權是永遠在人民手裏」，這是人權與法律關係上的最重要一點，「也是歷史上屢見不鮮的事實」。〔註35〕胡適認爲，「人權的保障與法治的確定決不是一紙模糊命令所能辦到的」。〔註36〕憲法的頒佈只是憲政的起點，「憲法是憲政的一種工具，有了這種工具，政府與人民都受憲法的限制，政府依據憲法統治國家，人民依據憲法得到保障」。然而憲法的實施，「皆須靠人民與興

〔註30〕　胡適：《人權與約法》，《新月》2卷2號。
〔註31〕　羅隆基：《論人權》，《新月》2卷5號。
〔註32〕　胡適：《人權與約法的討論》，《新月》2卷4號。
〔註33〕　胡適：《人權與約法》，《新月》2卷2號。
〔註34〕　羅隆基：《論人權》，《新月》2卷5號。
〔註35〕　羅隆基：《論人權》，《新月》2卷5號。
〔註36〕　胡適：《人權與約法》，《新月》2卷2號。

論時時留心監督，時時出力護持……偶一鬆懈，便讓有力者負之而走了。故憲法可成於一旦，而憲政永無「告成」之時。」〔註37〕

制定憲法（約法），確立法治基礎以保障人權，是人權派的理想追求。在1931年國民黨頒佈「中華民國訓政時期約法」時，羅隆基尖銳地提出批評：「這次約法，只有「主權在民」的虛文，沒有人民行使主權的實質。人民不能行使的主權，本身就無主權的價值。」〔註38〕

羅隆基指出，「憲法與約法最重要的功用是規定國家主權之所屬及其行使的方法」。約法雖然規定「主權屬於全體國民」，但僅僅是「絕無意義的虛文」。因為約法的規定是對國民黨主權的確認，而人民並沒有最後的決定權。在黨治之下，人民既然不是主權的所有者，也就失去了做國民的資格，民主的真義也就根本喪失了。約法的次要功用是規定人民的權利與義務。而約法規定的有關權利的條文，是「左手與之，右手取之」，搞了一場幻術。約法的解釋權不在人民手裏，而由國民黨行使，這就使國民黨實際上享有超越法律之外的特權，與法治的真義相違背。約法的第三個功用是規定政府的組織及其職權的範圍，而約法的規定是「詳於政府的工作，而略於政府的組織」。如果按照約法的規定，只能造成兩個結果，成為一個獨夫專制的政府，或成一個多頭專制的政府，絕對走不上民主政治的道路。〔註39〕

基於自由主義人權憲政理念，羅隆基對法治做出闡釋：「第一，法治的真義是執政者的守法。是縮小執政者的特權，提高法律的地位。是執政者與人民位於平等守法的地位，他們的一舉一動要以法律為準則。第二，法治的重要條件，不止在國家的基本大法上承認人民權利上一切的原則，而在原則施行上，要有審慎周詳的細則。法治要注重法定的手續。第三，在法治的國家，一切罪案，要法律上有詳確的定義，肯定的範圍。」〔註40〕法治的確立，僅有約法是不夠的。法治的確立，在於一種守法的精神，要使法律（憲法或約法）成為所有人——執政者與老百姓的行為準則。因此，羅隆基提出要「黨的領袖們，做個守法的榜樣！國民黨的黨員，做個守法的榜樣！」〔註41〕

〔註37〕 胡適：《人權與約法的討論》，《新月》2卷4號。
〔註38〕 羅隆基：《對訓政時期約法的批評》，《新月》3卷8號。
〔註39〕 參閱徐顯明主編：《人權研究》（第一卷），山東人民出版社2001年，第323頁。
〔註40〕 羅隆基：《什麼是法治》《新月》3卷10號。
〔註41〕 羅隆基：《對訓政時期約法的批評》，《新月》3卷8號。

　　人權與法治的相互依存是現代民主憲政制度的重要特徵。人權是法治的價值基礎之一，法治是人權的制度保障。人權只有在法律的保障下才有可能實現。在現代國家，任何個人、組織和政府都必須在法律的規定下行事，這就是所謂法治。它制約並限制著政府的權限和行為規則，以防止政府越權而侵害個人的自由權利。人權是人須與不可離之的東西，是人的價值的最終體現，而肯定人的價值的最可靠、最有力的方法就是人權價值的法律化。法律肯定人權，保障人權，唯有如此，才能最終獲得人權並實現人權。對人權的肯定或抹殺，保障或踐踏，構成法之善惡品格的分水嶺，肯定與保障人權之法為善法，抹殺與踐踏人權之法為惡法。對於一切違犯人權原則，踐踏人的尊重的法律，人人有權予以抵抗，因為否定人權就是否定作為理性存在的人，是不尊重人的自律性，是不把人作為有目的的存在來對待。只有以人權保障為宗旨的法律，才能獲得社會主體的普遍認同並加以普遍遵守，法律信仰（法治）才得以成立。

　　在現代社會，法治是一種觀念，一種意識，一種視法為最高權威的理念、文化和憲政制度。它重視個人在社會中的價值和尊嚴，但排斥個人在社會運行機制中的權威地位。法治是人權價值的體現，以保護人權為目的，如哈耶克在《法律、立法和自由》中所說，法治是具有這樣特徵的法律系統：一是法律必須具有一般性和抽象性；二是法律必須具有可預見性；三法律面前人人平等。這種法治之法包含著民主、自由、人權、平等、公平、正義等人類價值要素。有了這樣的法治，人權才會有比較好的保障。

　　在這裏，我們可以發現，人權派知識分子關於人權與法治的主張基本上可以說是自由主義的人權宣言。

四、思想言論自由

　　思想言論自由是自由主義人權的重要內涵。作為中國自由主義者，人權派自然極為重視思想言論自由。更為重要的是人權派把思想自由作為最重要的人權來呼籲，是與國民黨推行「黨化教育」，實行文化專制主義的大背景有關。針對國民黨強化獨裁，要「把已故「總理」那些通常很含糊、有時甚至是相互矛盾的觀點變成了一種思想體系，對這種體系他們要求教條式的忠誠，而不容忍任何異議」〔註42〕的專制一統行為，人權派提出了批評。

〔註42〕〔美〕格里德：《胡適與中國的文藝復興》，江蘇人民出版社1989年，第232頁。

胡適首先發難。他認為，批評國民黨的自由和批評孫中山的自由，正是思想言論自由的實例。〔註43〕國民政府訓政時期的理論基礎就是孫中山先生的「行易知難說」。而「行易知難的學說的真意義只是要使人信仰先覺，服從領袖，奉行不悖。中山先生著書的本意只是要說：『服從我，奉行我的《建國方略》』。」〔註44〕

胡適指出，孫中山的「行易知難」學說是一種很有力的革命哲學。一面要人知道「行易」，可以鼓舞人勇往進取。一面更要人知道「知難」，可以提倡多數人對於先知先覺者的信仰與服從。然而這種分別知行的結果有兩大危險：一是青年人只認得行易而不覺知難，「於是有打倒智識階級的喊聲，有輕視學問的風氣」。第二，一班當權執政的人也就借「行易知難」的招牌，「捐著『訓政』的招牌，背著『共信』的名義，箝制一切言論出版的自由，不容有絲毫異己的議論」。這種做法，對於國家，非但沒有什麼好處，只會「胡作胡為害人誤國」。〔註45〕

在《新文化運動與國民黨》一文中，胡適以「思想自由」為例，批評國民黨的獨裁。他認為，「新文化運動的一件大事業就是思想的解放。我們當日批評孔孟，彈劾程朱，反對孔教，否認上帝，為的是要打倒一尊的門戶，解放中國的思想，提倡懷疑的態度和批評的精神而已。但共產黨與國民黨合作的結果，造成了一個絕對專制的局面，思想言論完全失去了自由。上帝可以否認，而孫中山不許批評。禮拜可以不做，而總理遺囑不可不讀，紀念周不可不做。」〔註46〕因此，在思想自由這一點上，不能不說國民黨是反動。在此基礎上，胡適進一步指出國民黨的思想獨裁及可能導致的後果，「今日的國民黨到處念誦『革命尚未成功』卻全不想促進『思想之變化』！所以他們天天摧殘思想自由，壓迫言論自由，妄想做到思想統一。殊不知統一的思想只是僵化的思想，不是謀思想的變化。用一個人的言論思想來統一思想，……決不能變化思想，決不能靠此『收革命之成功』。」20年後國民黨政權的喪失應驗了胡適的預言：對思想言論的箝制，「比言論自由的危險更危險」。

〔註43〕　胡適：《人權論集・序》，《胡適文集》之五，第 523 頁。
〔註44〕　胡適：《知難，行亦不易》，《新月》2 卷 4 號。
〔註45〕　胡適：《知難，行亦不易》，《新月》2 卷 4 號。
〔註46〕　胡適：《新文化運動與國民黨》，《新月》2 卷 6、7 號合刊。

　　人權派中，理論上對思想言論自由闡釋比較有深度的是梁實秋和羅隆基。在《論思想統一》中，梁實秋認為，「思想這東西，我以為是不能統一的，也是不必統一的」。之所以不能統一，是因為「思想是獨立的；隨著潮流搖旗吶喊，那不是有思想的人，那是盲從的愚人。思想只對自己的理智負責，換言之，就是只對真理負責；所以武力可以殺害，刑法可以懲罰，金錢可以誘惑，但是卻不能掠奪一個人的思想。別種自由可以被惡勢力所剝奪盡淨，惟有思想自由是永遠光芒萬丈的。所以我說，思想是不能統一的。」之所以不必統一，在於「天下就沒有固定的絕對的真理。……人類文明所以能漸漸的進化，把迷信剷除，把人生的難題逐漸的解決，正因為是有許多有獨立思想的人敢於懷疑，敢於嘗試，能公開的研究辯難。思想若是統於一，那豈不是成為一個固定的呆滯的東西？」

　　梁實秋提出，假如一定勉強要求統一，勢必採用下列的方法：第一，是從教育機關入手。而「武斷的教育的結果」，這不是「思想統一」，這是愚民政策！這是強姦！這種教育雖然可以產生很顯著的效力，然而結果是不健全的；第二，從宣傳方法入手。用宣傳來誘惑人，雖然可以產生很明顯的效果，但結果並不能造成「思想統一」，只能造成群眾的「盲從」。第三，是利用政治的或經濟的力量來排除異己。「對於思想不同的人，設法使其不能得到相當的職業，使其非在思想上投降便不能維持生活。這樣一來，一般人為了生活問題只得在外表上做出思想統一的樣子。」〔註47〕

　　然而梁實秋又認為，此三種方法，「都不能造成真正的思想統一，只能在外表上勉強做出清一色的樣子，並且這樣的強橫高壓的手段只能維持暫時的局面，壓制久了之後，不免發生許多極端的激烈的反動的勢力，足以釀成社會上的大混亂。」〔註48〕所以思想統一不但徒勞無功，而且是有害無利。

　　梁實秋呼籲：「我們現在要求的是：容忍！我們要思想自由，發表思想的自由，我們要法律給我們以自由的保障。我們反對思想統一！我們要求思想自由！」〔註49〕

　　關於言論自由，羅隆基承襲英美「言論自由」的概念及內涵。他認為，所謂言論自由的真義，就是：「言論的本身是絕對不受法律的限制。言論自由

〔註47〕梁實秋：《論思想統一》，《新月》2卷3號。
〔註48〕梁實秋：《論思想統一》，《新月》2卷3號。
〔註49〕梁實秋：《論思想統一》，《新月》2卷3號。

的範圍是世界上無事不可言，世界上無事不可論的。只要言論者肯負言論的責任，他有什麼言，盡可出什麼言，有什麼論，盡可發什麼論。……因為有什麼言，出什麼言，有什麼論，發什麼論，這是言論自由的根本原則。至於他言論的價值與真理，那與言論自由是兩件事。」〔註50〕

羅隆基在《告壓迫言論自由者》一文認為，孫中山先生是擁護言論自由的。在中山先生全書裏找不到不許討論、不許批評的所謂先總理學說。而自稱為中山先生「忠實同志」的人，卻視「先總理的一言一字，都是不可移易的真理。敢討論總理學說的是大逆不道，敢批評總理主張的，罪不容赦」。這種做法是對言論自由的壓迫，是違背孫中山先生的教訓的。「倘若違背總理教訓的人是反動或反革命，那麼，壓迫言論自由的人，或者是反動或反革命」。〔註51〕

羅隆基指出：「真正好的主張及學說，不怕對方的攻擊，不怕批評和討論，取締他人的言論自由，適見庸人自擾。對方的攻擊，果能中的，取締他人的言論自由，是見敵而怯，適足以示弱，適足以速亡。本身真有好的主張及學說，對方攻不倒。對方真有好的主張及學說，我也壓不住。自由批評，自由討論，絕對的言論自由，固然是危險，實際上壓迫言論自由的危險，比言論自由的危險更危險。」〔註52〕羅隆基從中外歷史的角度來說明這種危險性。「在人類史上，壓迫言論自由的經驗舉不勝舉，有那次，在壓迫者的方面，沒有弄到極淒慘的結果？」〔註53〕在中外歷史上，所有壓迫言論自由者，無不以失敗而告終。

人權派把思想言論自由視為最重要的人權來呼籲和爭取，表面上看來，是由於政治現實的刺激而強調對政治批評的自由。實質上仍然是基於自由主義所蘊涵的文化價值理念的支撐。然而在武器的批判取代批判的武器的時代，人權派最終也只能由政治自由主義轉向文化自由主義，並沒有在社會和民眾中產生持久的影響。

第三節　人權追求的衰微：拋棄人權說王權

在近代中國歷史上，人權派第一次從經濟、政治、社會、文化等方面提

〔註50〕羅隆基：《告壓迫言論自由者》，《新月》2卷6、7號合刊。
〔註51〕羅隆基：《告壓迫言論自由者》，《新月》2卷6、7號合刊。
〔註52〕羅隆基：《告壓迫言論自由者》，《新月》2卷6、7號合刊。
〔註53〕羅隆基：《告壓迫言論自由者》，《新月》2卷6、7號合刊。

出、闡釋和解決人權問題，無疑有其積極的貢獻。但是，就整體而言，他們所期望達到的目標並沒有實現。所期待的約法繼續成為剝奪民眾基本人權的依據，民治非但沒有實現，專制反而愈演愈烈。共產黨方面也沒有因為其反對國民黨而引為同道，反而受到共產黨方面的激烈批評。1931 年 11 月，原中共中央領導人瞿秋白發表《中國人權派的真面目》抨擊道：「人權派的所謂人權，其最主要的用處是在消滅共產。……人權派與國民黨的分別，決不是根本的政治立場上的分別，而只是他們自己所說的策略上的分別。……這個『分別』，正是忠心耿耿的人權派，不辭勞怨，不避艱險的對於國民黨的直諫，這正是人權派努力幫助國民黨屠殺民眾的地方！」

這樣，人權派在國共兩大陣營前都大栽其面，以至黯然收場。

實質上，人權派提出的人權問題，只是在部分青年學生、中小知識分子中引起了不同程度的共鳴。他們所說的人權，特別是人身自由、思想自由、信仰自由、言論自由的權利和政治參與權利是和社會文明走向現代化聯繫在一起的。然而對於中國社會大多數民眾來說，首要的甚至可以說致命的問題是生存權和勞動權的問題。而人權派卻拋開了這些問題，實際上他們並沒有在廣大民眾中產生共鳴。人權對廣大的民眾來說，其內容顯得確實是太奢侈了。他們所關注的是迫切的溫飽問題。人權派與他們的脫節，也就注定人權派形成不了一支有影響的政治力量。因而，關於人權的呼籲只能是少數自由主義知識分子的書齋清談。人權派的願望無疑是好的，但問題是他們無法解決困擾近代民主主義者的國權與人權之間的內在緊張。當民族危機加劇，自由主義知識分子就自然而然地為「救亡圖存」，而暫時放棄人權理想和憲政信念，主張「新專制主義」。9．18 事變後，人權派在國難面前作出讓步，羅隆基公開表示，在國事危急存亡之時，內政上下一切政治主張，可以暫時擱置，一切的政治意義，可以暫時犧牲。此後人權運動逐漸走向衰微。

第四節　人權派人權觀念的價值意義

人權運動的注定失敗是不言而喻的。中國自由主義者面對的是國民黨「無法無天的政治」。這樣的政府按照現代政治學來判斷只能是一個不合格的政府，向一個不合格的政府爭自由，爭人權，談法治，無異於與虎謀皮。然而他們在中國人權思想運動中對人權的價值追求，是具有現代意義的。

一、人權：終極價值的追求

　　受西方功利自由主義思想的影響，人權派是從「功用」的角度來闡釋人權的，並不認同西方古典自由主義「天賦人權」之「超驗價值」。但是在整個運動中，人權派不僅把人權作為一種理想和奮鬥目標，而且把能否保障人權作為人民應服從法律與國家的條件，以及承認與尊重人權的充分實現為歸依。因此，在人權論戰中，人權是一種鬥爭武器，更是目的。

　　近代以來，救亡圖存，富強國家成為幾代知識分子的共同追求。他們在學習西方文明時，也不同程度地移植和接受了人權憲政觀念：戊戌維新的「民權」主張，孫中山的「民權主義」，五四知識分子提出的「科學與人權並重」。雖然民權與人權在內涵上有差異，但它們都是為民族的獨立和國家的富強而提出來的。換言之，即人權或民權被視為能夠挽救民族危亡，使國家走向富強的工具或手段。相應地忽視和掩蓋了作為個體的人的價值意義。一旦民族危機加劇時或鬥爭目的達到後，作為工具或手段的人權也就失去了意義，更談不上保障。

　　深受西方自由主義思想薰陶的人權派知識分子，對西方國家的人權憲政理論有很深的體悟和理解。在「和平」的環境裏進行的人權論戰，是以爭取人權和保障人權為唯一目的而非其它目的的手段。這是與以往重大政治鬥爭或政治變革的根本區別。人權派認為人權是「人來做人的一切必要的條件」，是作為自然的人與社會的人所不可缺少的東西。離開這些條件，人也就不成為其人。人權派以此為依據，闡釋人權與國家、人權與法治的關係，認為人權是先國家與法律而存在的，國家、法律不能產生人權，只能承認和保障人權；滿足和實現人權是國家的責任與義務。而人權是評判國家民主政治的標準。人權的本義是一種應有的、道德意義上的權利，因此，人權不能以法律為依據。「法律上有人權，人權不一定盡在法律」。〔註 54〕從這個意義上講，人權也是評判善惡之法的標準。國家和法律一旦失去保障人權的功用，人民也就只有服從國家與法律是義務。人權論戰中，人權是被作為一種高於國家和法律的社理想和奮鬥目標來爭取和保障。人權是手段，但更是目的。對人類來說，它是永恆的。任何國家、政府或國際性組織都應把尊重人、視人為目的和歸宿作為人類的共同事業和奮鬥理想。

〔註54〕羅隆基：《論人權》，《新月》2 卷 5 號。

二、法治：人權的制度保障

　　功利自由主義認爲，功利是人的本性，是人類行爲的普遍原則，是人們判斷是非、善惡的標準，也是國家立法、政府施政應遵循的原則。據此人權派認爲，人權就是一個人作爲人所應具有的權利。人權是先於國家、政府（公共權力）的，是個人相對於國家、政府（公共權力）而言的。確認和保護人權是國家、政府（公共權力）的義務和責任。因之，人權所要防範的首先是政府。自由主義的一個基本命題就是，人權的價值之一，在於它是評價公共權力的道德標準，是防止和抵抗公共權力濫用的屏障。簡言之，人權具有限制政府，約束政府的意義。爲防止和抵抗來自政府對人權的侵害，通行的做法是制定憲法，確立憲政，嚴格規定政府的權限，使政府各機關權力的行使以保障個人的權利與自由爲目的，不得逾越法定的範圍。不規定人權的憲法是無意義的憲法；不受法治（憲政）保障的人權是虛僞的，無法實現的人權。

　　法治是人權的制度保障。人權派對人權的眞義、人權與法治（憲法）關係的理解是深刻的。但是僅有一部憲法或約法（不論善惡）並不能眞正保障人權的實現。而人權派的邏輯則是：「好法律勝於惡法律，惡法律勝於無法律」，只要恪守法治原則（無論法之善惡），「黨國的領袖、國民黨的黨員」做守法的榜樣，保障人權就是有希望的。這裏人權派存在一個認識誤區。實質上，憲法與法治（憲政）是兩回事，有憲法的制度並不一定就是法治（憲政）。在專制制度下也可以有一部憲法，並爲專制服務。人權派也意識到，在政治上誰掌握了政權，誰的權利就有保障；誰失掉了政權，他的權利保障也就失掉了。在國民黨的專制統治下，主權在民只是一個虛名。這樣的約法即便能得到全國上下的遵守，所保障的也只是獨裁者的權利。僅僅期待一部憲法來保障人權，政治專制獨裁之下，只能是一條死路。

　　客觀地講，要在一個具有悠久專制主義歷史傳統的國家眞正建立人權法治制度，的確需要經過深刻的社會變革和漫長的歷史過程。而人權派卻把一場深刻的社會政治變革化約爲法律問題。而人權派所依靠的又僅僅是少數報刊的言論對政治的批評，而這種政治批評和眞正的民衆生活又沒有聯繫的通道，無法得到社會民衆的支持，也不能使這種批評轉化爲政治改革，最終只能是少數自由主義知識分子的書齋清談。

　　法治是一種價值的體現。它所暗含的一個基本前提，就是以人性爲基礎，對人的終極關懷。法治的價值就在於它對人的意義。現代法治的基本原則之

一，就是人權原則，即維護人的尊嚴，尊重人的價值和保障人的權利。法治的這一精神內涵，使之必然把人作爲政治法律制度的終極目的，把對權利的保護置於核心地位。然而法治對人權的保障，需要其前提條件的支撐。首先它不但要求一個社會的成員遵從具有普遍性特徵的法，而且還要求這種被普遍遵從的法必須是好法、良法、善法。法律的善惡決定了人們對其信仰的最基本的邏輯起點和價值基礎。只有善法——以人權保障爲宗旨的法律，才能獲得社會主體的普遍認同並加以普遍遵守，法律信仰才得以成立，法治才得以確立。否則就不存在良法，更不存在法治。其次，法治的實現還有賴於普遍的守法的精神的養成，不允許有超越法律範圍的特權存在。第三，法治以執政者的守法爲最高訴求。法治的實施需要以法律界定和制約國家權力，需要對國家權力的惡性發展與膨脹進行約束。美國有限政府和分權制衡原則的確立，就是爲保障人權所作的制度性安排。最後，法治對人權的保障的最重要前提，依賴於建立主權屬於人民自己的國家，由眞正代表人民的立法機關制定憲法，人權才有實現的可能。

今天，我們把依法治國確定爲基本的治國方略，爲人權保障創造了前提條件。十五大報告明確提出要「尊重和保障人權」，這在中國共產黨歷來的執政綱領中也尚屬首次。其重大意義在於把「依法治國，建設社會主義法治國家」同民主政治建設和人權保障有機結合起來，從而在價值層面確立了中國政治改革與發展的基本取向和根本目的。

「享有充分的人權，是長期以來人類追求的理想」，〔註 55〕也是社會主義制度應有之義。徹底實現人的解放、人的全面自由發展是社會主義實踐的核心內容，尊重和保障人權是中國社會主義民主政治和法治建設的終極價值和目的。然而要眞正確立和實施法治，保障和實現人權，還需要很長的歷史過程。

三、思想言論自由：人權觀念的價值內涵

人權論戰中，尤以思想言論自由最爲重要。從功用的角度出發，人權派認爲，思想自由是「發展個性、培養人格」之必需，是實現個人價值與尊嚴的必要條件，有思想就要允許發表；言論自由是「人群最大多數享受的最大幸福」，是人類發展與進步，國家、民族富強的原動力。人權派對思想言論自由價值的理解和闡釋是準確的。

〔註55〕《中國的人權狀況》（白皮書）國務院新聞辦公室 1991 年 11 月 1 日發表。

　　西方自由主義認爲，自由是人作爲有內在價值的存在，維護其獨立和尊嚴所必不可少的，它體現著人對自身價值、尊嚴、人格和理想的執著追求。傑斐遜提出，自由乃是人類生來就有的和不可剝奪的權利。康德則認爲，自由乃是每個人據其人性所擁有的一個唯一的和原始的權利。〔註 56〕哈耶克指出，自由賦予了文明以一種「創造力」，是它賦予了社會進步的能力。〔註 57〕自由既是法治產生的根源，又是法治最深層的關懷。

　　思想自由是「人作爲人區別於動物的人先天已存在的價值」，是不受限制、不可剝奪、不可放棄的一項人權，它是一種不受法律干涉的「絕對的自由」，〔註 58〕「世界上誰也無權命令別人信仰什麼，或剝奪別人隨心所欲思考的權力」。〔註 59〕在國家政治生活中，「政見自由」是思想自由的最高表現：允許人民有保持、接受某種政治觀點和見解而不受干涉的自由；允許政治上的反對派和持不同政見者的存在。在一個民主國家裏，對待持不同政見的寬容度，反映出人民民主權利享有的程度和對思想自由保護的深度和廣度。從這個意義上講，人權派已意識到思想自由的價值意義。

　　與思想自由不同，言論自由屬於一項政治權利與自由，它是思想自由的外在表現形式。對言論自由的限制，就有可能造成對思想自由的限制。發表一般言論或意見，只是一種公民或團體的民事權利，然而，當發表政治言論和政治見解的時候，就有可能引起國家的限制和干涉。作爲人權的言論自由主要指「批評和反對現行法律」、「批評政府和政黨」、「發表言論宣傳和支持各種政治見解、政治觀點、政治學說和政治信仰」〔註 60〕等內容。其目的是對現政府產生影響。因此，言論自由作爲一種行使的人權，國家在承認和保護它的同時，也爲它的行使劃定了一個範圍，如果超出這個範圍，言論自由就必須承擔由此而產生的義務或責任。因此，言論自由作爲政治權利，就不再是一種「絕對的自由」，而是法律內的自由。既然言論自由受法律的限制，

〔註 56〕引自博登海默：《法理學──法哲學及其方法》，華夏出版社 1987 年，第 272～273 頁。

〔註 57〕參見〔英〕哈耶克：《自由秩序原理》，生活・讀書・新知三聯書店 1997 年，第 19～41 頁。

〔註 58〕徐顯明：《人身人格權利》，《憲法比較研究》李步雲主編，法律出版社 1998 年，第 467 頁。

〔註 59〕房龍：《寬容》，三聯書店 1985 年，第 40 頁。

〔註 60〕龔忠民：《政治權利與自由》，《憲法比較研究》李步雲主編，法律出版社 1998 年，第 496～497 頁。

那麼專制政府也就往往把它作爲箝制人們言論自由的藉口，限制一切言論自由，對持不同政見者，甚至是善意地批評政府的人進行壓制、打擊和迫害。針對國民黨獨裁，國民只有信仰三民主義的自由，卻沒有主張和宣傳其它思想的言論自由，人權派感到大爲失望，進而呼喚言論自由。然而人權派的言論自由僅僅是批評國民黨的自由，其目的是希望國民黨通過自身的改良，走上一條通往法治之路。遺憾的是，在專制獨裁之下，這種希望只能是一廂情願而已，其失敗也是必然的。因爲，人權派沒有意識到，言論自由權是通過鬥爭獲得的，只有在民主國家才眞正成爲一項人權。

儘管如此，人權派主張思想言論自由還是具有現代意義的。在現代法治社會，人權派所主張的思想言論自由是一項重要的基本人權。其意義體現在國家應採取寬容的態度，只要不是主張運用暴力推翻現政權的，就應允許人們具有充分的思想言論自由，特別是批評政府的自由。因爲這是人們參政議政權利的形式，也是人民控制政府的有效途徑。

四、對人權觀念理解的現代意義

人權派從功用角度對人權理解的抽象性，對我們尊重人權保障人權具有現代意義。人權是依其自然和社會本性所應當享有的和實際享有的權利。即人權的產生是由人自身的本性或本質所決定的。人的本性體現在兩個方面：一方面，人是一種社會動物，有社會就存在人與人、人與社會、人與國家之間的關係，就會產生人權問題，人權的存在和發展必然受社會發展水平和社會關係性質狀況的重大影響；另一方面，維持生命、崇尚自由、渴望安全和追求幸福，是人的一種自然屬性，這種自然屬性表明，人權是人作爲人依據人的尊嚴和人格所理應享有的，而不是任何國家、政黨、個人或法律所賦予。人的自然屬性是人權發展的內在動力，人的社會本質則是人權發展的外部條件。儘管後者不可缺少，但相對而言，前者更帶有根本性。人的自然本性是人權的最後歸宿和目的。如果我們不正視這一點，片面地強調人權社會階級性，甚至把階級性作爲人權的本質，就會忽視對人自身的關注和研究，就有可能使尊重和保障人權迷失方向。〔註61〕

如果說人權派對人權抽象性的理解在於強調人權的普遍性，那麼關於人權的時間性和空間性的闡釋則在強調人權的特殊性。所謂時間性，就是指由

〔註61〕 參閱李步雲、張誌銘：《跨世紀的目標：依法治國，建設社會主義法治國家》，載《中國法學》1997 年第 6 期。

於人們的生活條件隨著時代的變化而變化，人權的概念也要隨著時代的發展而變動而豐富。現代人權觀念主要包括人身權利，政治權利和自由，社會經濟文化權利等等，其內容之所以這樣廣泛，是由於人權觀念不斷演進的結果。所謂空間性，是指在不同的國家人權的內容側重點有所不同，即使同一權利概念在不同的國家也有不同的含義。這就為我們承認人權普遍性的前提下，為理解人權的特殊性提供了學理依據，對我們正確理解中西方基於價值觀念的不同而產生的人權觀念的差異具有現代意義。

　　人權的普遍性與特殊性是現代人權理論與實踐中一個極為重要的問題。人權的普遍性意味著：人，作為人，不論其種族、膚色、性別、語言、宗教、政見、財產、教育等狀況如何，都應當享有他應當享有的權利。其突出的表現就是，在一個國家，不論任何歷史時期，人人都毫無例外地應當享有生命權、人身安全權、人身自由權、思想自由權、人格尊嚴權、最低生活保障權等與生俱來的最基本權利。其存在的基礎在於：首先是基於人的尊嚴和價值；其次是基於人類有共同的利益和共同的道德。所謂人權的特殊性，就是在一個國家的不同時期裏，不同的人實際能夠享有的權利在量與質上是有差別的。在當今國際社會裏，在尊重和維護人權普遍性與主權原則的前提下，不同國家在人權觀念、人權政策、人權制度上，可以採取一些符合自己國傢具體國情的立場和做法，也是人權特殊性的體現。其存在的依據在於：一是人類在利益和道德上存在差異；二是人權的實現受經濟、政治、文化等種種條件的限制，也受不同國家歷史傳統和宗教民族特點的影響。如何看待人權的普遍性與特殊性，不僅是一個學術理論問題，而且還是一個很強的實踐問題。

　　關於人權的普遍性與特殊性的關係，不同的人和不同的國家所強調的側重點是不同的。一般來講，發達國家比較重視和強調人權的普遍性，而發展中國家比較重視和強調人權的特殊性。在二者的關係上，只承認或強調任何一方面都是不正確的。正確的態度只能是既要承認人權的普遍性，也要承認人權的特殊性。當今人權發展的總趨勢是，特殊性的適用範圍在逐步縮小，普遍性的適用範圍在逐步擴大。這是人類物質文明與精神文明發展水平不斷提高的必然結果，也是人們在觀念上達成更多共識的必然產物。〔註62〕

〔註62〕參閱李步雲：《人權的普遍性與特殊性》，載《人權與21世紀》王家福等主編，中國法制出版社2000年。

　　20 世紀 20 年代末 30 年代初的這場人權運動是中國近現代上第一次真正的、完整意義上人權思想啓蒙運動。人權派對人權與法治的呼喚和高揚，可謂中國自由主義的人權宣言。他們所提出的人權思想與法治主張體現出對人的價值的尊重，在當時其進步作用的明顯的。儘管這種尊重和理性思考超越了當時中國的社會現實，其影響有限，直接效果也並不明顯，但在國民黨專制獨裁統治下，鮮明地豎起「保障人權」的旗幟，抨擊其暴政，啓迪人們的人權意識和民主意識，無疑有其積極意義，而且對我們今天保障人權和法治建設也具有現代意義。

第七章　人權與憲政

近代以來相當一段時間，「人權」在中國政治詞彙中是不存在的。誠然，我們也擁有若干所謂的「憲法」，然而真正對人的基本權利進行確認和保障的，不僅在於是否存在被公認為國家基本大法的法典，更為重要的是，憲法及其原則和精神在實際生活中的運行和體現。憲法及其原則和精神與政治實踐的統一，就是憲政。通俗地講，憲政就是通過憲法對公共權力的要求和限制，對人的基本權利的確認和保障。在本質上，憲政是解決公共權力的異化問題。即防止公共權力的濫用。公共權力是以體現全體公民意志並為公民服務作為合法性為基礎的，但在實踐中有可能異化——侵害人權。憲政的目的不僅在於限制政府的權力，阻止一切專斷的政治行為，即避免「暴政」，而且在於為人們過上美好的生活提供機會，創造條件，排除障礙——充分實現人權。

憲政的出現是基於對人的尊嚴、權利和自由的尊重，其前提是公共領域和私人領域的分離，國家與社會的分離。它在公共權力與個人權利之間劃定界限，保護個體的尊嚴和價值。因此，憲政的一個根本原則就是實現人權。

第一節　人權與憲法

尊重和保障人權是當代世界政治發展的主題，也是民主政治建設的應有之義。憲法歷來被稱為人權保障書，人權的實現和保障離不開憲法和憲政制度。無論是人權原則、人權內容、還是人權的實現途徑，都要通過憲法做出規定。另一方面，人權保障又是憲法的核心，離開了人權保障，憲法也就失去了其存在的價值。從某種意義上講，一國憲法和憲政制度的完備狀況在很大程度上決定了該國人權的發展水平。

一、人權與憲法的歷史淵源

人權思想源遠流長，但人權從思想到理論再到制度，歷經了漫長而曲折的道路，凝結了無數思想家、政治家的心血。經典的人權觀念是「天賦人權論」。這一思想通過資產階級革命的政治實踐成為各國資產階級革命勝利後制定的憲法中的人權原則。在人權制度的形成過程中，憲法的產生和發展起了決定性的作用。人權制度的基礎是憲法制度。

英國是近代憲法的發祥地。英國作為不成文法國家，其憲法主要是由一系列憲法性法律文件所構成。如 1679 年的《人身保護法》、1689 年的《權利法案》和 1701 年的《王位繼承法》。這些憲法性文件最早確認了公民的權利和自由，並通過規定人身權利的某些保障來對付王權的專橫。如《權利法案》「為確保英國人民傳統之權利與自由而制定」，這種「傳統之權利與自由」是「無可置疑」的。

最早將資產階級人權理論加以規範化、法律化，即以成文憲法形式確認人權原則的當屬美國 1776 年的《獨立宣言》和法國 1789 年《人權與公民權宣言》以及美國 1787 年憲法和法國 1791 年與 1793 年憲法。美國《獨立宣言》公開宣稱：「人人生而平等，他們都從造物主那裏被賦予了某些不可轉讓的權利，其中包括生命權、自由權和追求幸福的權利。為了保障這些權利，所以在人們中間成立政府。」尤其是 1791 年的《人權法案》（美國憲法第一個修正案）具體規定了個人的一系列自由和權利，如宗教自由、新聞自由、言論自由、集會自由；人身不受非法拘禁；保護生命、自由和財產非經法律正當程序不得剝奪；公民擁有不自證其罪和獲得公正審判的權利等。這一法案成為以後美國人權立法的基礎，並不斷得到補充和細化。正如美國人權學者亨金所說：「1791 年添加的《人權法案》，是作為給許多要求將其作為認可憲法的條件的人的允諾而制定的，現已成為美國憲法的核心。」〔註1〕

在 17、18 世紀資產階級憲法確立以後，資產階級的憲法逐步向全球擴展，資產階級憲法所確認的人權思想和人權原則也被普遍接受。在其後各國的立憲進程中，雖然各國的生產力發展水平不同、歷史文化傳統不同、經濟文化條件不同，各國憲法所確認的人權範圍也不同，但保障人權已成為各國立憲的基本價值目標。

〔註1〕〔美〕路‧亨金、J‧羅森塔爾編：《憲政與權利》，鄭戈等譯，三聯書店 1996 年版，第 2～3 頁。

　　特別是第二次世界大戰以後，伴隨世界政治民主化的浪潮，人權原則和人權精神深入人心。在人權的內容方面，不僅豐富了公民的政治權利和自由，如人格尊嚴權、知情權等，而且強調公民的經濟和社會文化權利，如勞動權、休息權、受教育權等；在人權的實現形式方面，不僅強調個人人權的實現，更強調集體人權的實現；在人權的保障方面，不僅注重人權的國內法律保障，而且將人權的國內法律保障與國際法律保障結合起來，將《聯合國憲章》和《世界人權宣言》等人權國際公約所確認的人權原則引入本國憲法，並借助國際人權保障機制（區域性和全球性）來保障人權。保障人權已成為一項世界性的憲法原則，人權的有無、多少便成為判斷法治程度高低的標誌。

二、人權與憲法的辯證邏輯

　　從人權與憲法的歷史淵源，我們可以看出，人權與憲法相伴相隨、密不可分。從憲法的產生來看，憲法既是資產階級民主政治的產物，更是人權思想的法律化。正是人權思想導致了資產階級反對封建專制的革命，產生了憲法，從而人權作為資產階級革命的最高理想構成資本主義憲法的最基本內容。可以說，人權自產生起就成為憲法的終極價值目標。所以，從深層意義上講，沒有人權思想則無憲法，而無憲法則人權得不到保障，這是因為，人權是憲法的靈魂。換句話說，憲法作為人權保障書，既是對已有人權的確認，也是人權事業進一步發展的保障。列寧指出：「憲法就是一張寫著人民權利的紙。」〔註2〕在人權的保障體系中，憲法保障是首要的、也是最富有成效的。沒有憲法保障，任何人權保障都將成為無源之水、無本之木。

（一）人權：憲法的價值核心

　　從憲法的發展來看，以不成文憲法為例，享有憲法之母的英國的一系列憲法性法律文件，如 1627 年的《權利請願書》、1679 年的《人身保護法》、1689 年的《權利法案》等都是以人權法為核心的。在成文憲法方面，基本人權原則在憲法中的體現，是從 1791 年法國憲法開始的，其後雖然各國憲法對人權原則的規定方式各不相同。〔註3〕但保障人權已成為各國憲法所宣示的普遍原則。人權原則是從社會契約論和天賦人權說出發的，是主權在民的體現。它一方面蘊涵著約束國家的權力濫用，防止國家權力對公民權利的侵犯；另一

〔註2〕《列寧全集》第 12 卷，人民出版社 1987 年版，第 50 頁。
〔註3〕參見李龍：《憲法基礎理論》，武漢大學出版社 1999 年版，第 188 頁。

方面賦予了國家在保障公民權利中的職責，當公民基本權利受到侵害時，可以請求國家的保護。二戰後，基於法西斯行爲對人權的極大侵犯與蹂躪的教訓，西方各國紛紛修憲，重視人權，強調人權，已成爲各國憲政實踐的重要特徵，社會主義國家也不例外。人權原則日益在各國憲法中佔據了實際上的核心地位。從憲法內容上來看，有關人權的內容不斷增多，有關公民的基本政治權利和社會福利權利的範圍不斷擴大。人權內容的多寡、範圍的寬窄已成爲判斷一個國家民主程度、法治水平的標誌。

（二）憲法：人權價值實現的保障書

憲法的制定和運作的目的就在於保障人權。「今天，作爲許多國家憲法一部分的「權利法案」被恰當地描述成這些國家公民的基本權利的清單。」〔註4〕人們制定憲法的目的在於保障人權，因而憲法規範本身是否含有人權方面的內容及其運作是否以保障人權爲依歸是人們崇尚憲法、認同憲法並希望別人也對憲法加以認同的首要價值目標。

一般認爲，憲法作爲國家的根本大法，其調整對象主要是國家與社會、國家與公民之間的相互關係，即國家權力與公民權利的關係。當今世界各國憲法，不論其屬性和形式如何，其基本內容都分爲兩大塊：一方面明確規定公民的基本權利與義務，另一方面則對國家的基本制度（包括政治制度、經濟制度和文化制度等）做出規定，其中，核心是國家機構的設置和相互關係以及運行規則。概括起來，即「國家權力的正確行使和公民權利的有效保障。然而，這兩大塊並非地位平行的兩部分，就它們之間的相互關係來說，公民權利的有效保障居於支配地位。」〔註5〕換言之，憲法對國家制度的設計和安排本身不是目的，其根本目的在於通過對國家職能的定位，設立不同的國家機關，合理地分配國家權力，並通過國家權力之間的相互制約以及公民權利對國家權力的制約，確保國家權力的正確行使。凡只規定國家權力或公民權利的憲法都不能實現對人權的有效保障而必遭廢棄。

從理論上進行分析，公民權利和國家權力在本質上是人權的兩種轉換形態。人權是公民權利與國家權力的淵源和本質，它實質上反映的是一種人與社會的關係並通過人與社會的互動來實現的。這種互動在政治社會中表現爲

〔註4〕〔英〕米爾恩：《人的權利與人的多樣性》〔M〕。北京：中國大百科全書出版社 1996，第 198 頁。

〔註5〕周葉中主編：《憲法》，北京大學出版社 2000 年版，第 36 頁。

公民權利與國家權力的關係。根據近代憲法產生的理論基礎（即古典自然法，特別是它的社會契約說和天賦人權說），每個人通過訂立社會契約（憲法），將他的自然權利的一部分或全部讓渡出來，建立國家、制定法律來保護人的自然權利。這樣，自然權利就轉化爲憲法上的公民權利和國家權力。這是近代憲法產生和發展的最初動機和願望。人權保障是憲法的核心，離開了人權保障，憲法也就失去了其存在的價值。憲法對人權的保障作用主要體現在：

一是確立保障人權爲憲法的基本原則。人權雖然是伴隨著資產階級革命的產物，代表著資產階級的價值觀，但它卻包含了普遍意義上的人的追求。第二次世界大戰後，人權概念不斷被補充新的內涵而逐漸成爲各國普遍接受的基本價值，並最終以國際法的形式得以確立。縱觀世界各國，保障人權已成爲各國憲法所宣示的普遍原則，各國也不同程度地將國內保障人權的活動置於國際監督之下，並作爲其共同的神聖義務。

二是憲法確認人權的範圍。從全球範圍看，人權已是人類社會共同追求的價值目標，但也是一個歷史的範疇。各國由於政治、經濟和文化發展水平的不同，其憲法對人權範圍的規定也有不同。一般講，19 世紀以前，西方各國對人權的確認大都限於生命權、自由權、平等權和財產權。「一戰」至「二戰」期間，多數西方國家傾向對財產權、自由權、人身權等個人人權的確認。而「二戰」以後，不僅個人的政治、經濟和文化方面的人權的內涵不斷豐富，社會保障權也開始在憲法中得到體現。尤其是在社會主義國家和廣大的發展中國家，生存權和發展權倍受重視。憲法對人權範圍的規定既體現了人們對人權理想的普遍追求，同時又反映出一國的人權理念、文化傳統及現實可能狀況。

三是憲法確立國家權力運行的規則體系。憲法確立國家權力運行的規則體系就是保障和實現人權以及免遭侵害。由於權力本身所具有的特點——在任何社會和國家，權力都存在著被濫用的可能性，所以資產階級憲法確立的三權分立的政治原則和政治架構，其出發點就在於通過分權與制衡實現國家權力的平衡，防止因個人或某一國家機關專權而侵犯公民權利。在現代法治國家建設中，以憲法來限制和規範國家權力，保證國家權力沿著保障公民權利的正確軌道運行，是國家權力運行規則體系建立和完善的必然的核心內容。

四是確立違憲審查制度。違憲審查是現代憲政國家保障人權不可或缺的基本制度。實施憲法監督，開展違憲審查，是維護憲法權威，實現憲法對人

權的保障功能的重要途徑。憲法對人權的規定只有在實踐中得到執行，憲法的人權保障功能才能實現，否則，不管憲法對人權規定得如何完滿和詳盡，也不過是一紙空文。在現實生活中，憲法會遇到來自於各個方面的挑戰，違反憲法、侵犯公民權利的事件也不可避免地會發生，尤其是執掌國家權力的政府，在利益的驅動下，總會存在著濫用權力、侵犯公民權利的傾向與可能。因此，建立違憲審查制度，對於保障人權十分必要。〔註6〕

第二節　憲政與憲法

　　所謂憲政，是指政府的一切政治行爲以被授予的權力爲範圍。粗略地說，指政府的權力是有限的，是被民意所限制的。其根本點在於，在政府權力之上有一套更高的法律，對政府權力進行規限，在法治下行有限政府，才構成憲政。因此，憲政制度所約束的主要對象並非一般公民，而是國家或政府等權力機構。〔註7〕一個國家制訂和頒佈了憲法，並不等於就施行了憲政。憲政的形成需要以人們對憲法的普遍認同作爲必要條件。即憲政需要存在一個作爲背景的大眾化的公共接受的限制政府權力的觀念作爲條件，需要人們相信這些限權觀念應該得到貫徹實施。

一、憲政的涵義

　　關於「憲政」一詞的涵義，兩百多年來思想界一直沒有一致的界定。西方政治思想的發展和演變形成了新舊兩種憲政理論。〔註8〕

　　舊憲政論著力於從限制國家權力出發來保障人的自由和權利。它有古典的和正統的兩種形式。古典憲政理論的「突出主題是設計一些政治制度來限制政治權力的行使」，這種憲政理論最廣泛和深入的闡述在《聯邦黨人文集》中隨處可見。正統的憲政理論中，以F‧A‧哈爾克、詹姆斯‧布坎南等爲代表，主張以法律爲主要手段制約國家權力；而以查爾斯‧E‧林德布洛姆和羅伯特‧達爾爲代表、卻主張以非正式手段即以社會制約國家權力。

〔註6〕 此部分內容參閱李步雲、鄧成明：《論憲法的人權保障功能》，《中國法學》2002年第3期。
〔註7〕 參見陳奎德：《中國的憲法與憲政》，《思想的境界》（www.cnsixiang.com）
〔註8〕 參見龔向和：《人權保障：民主與憲政理論的靈魂》，《甘肅政法學院學報》總第67期2003年4月。

　　新憲政論認為憲政不應只對政治權力行使進行限制，更重要的是「需要表明民主政府怎樣能夠既是受到制約的又是能動進取的——也就是說，既能積極促進社會福利，與此同時，又不陷入僅僅在其組織得最好的公民之間分配利益的專制之中。」〔註9〕顯然，新憲政論是從保障國家權力出發來實現對人權的保障的。新舊憲政兩種理論雖出發點不同，但其道德基礎是一致的：通過限制或保障國家權力，尊重人的尊嚴，實現人的自由、平等、追求幸福等天賦權利。

　　中國政治學界和法學界對憲政的把握和解說到目前也沒有完全一致的界定。有學者對我國學術界各種憲政觀點進行總結分析，認為有三種典型的憲政理論：〔註10〕

　　（1）憲政包含民主、法治和人權三要素，如李龍教授認為：「憲政是以憲法為前提，以民主政治為核心，以法治為基石，以保障人權為目的的政治形態或政治過程。」〔註11〕

　　（2）憲政是限制和尊重人權的立憲政體，如郭道暉教授則指出：「憲政是以實行民主政治和法治為原則，以保障人民的權力和公民的權利為目的的，創製憲法（立憲）、實施憲法（行憲）和維護憲法（護憲）、發展憲法（修憲）的政治行為的運作過程。」〔註12〕

　　（3）是強調憲政的民主政治基礎。許崇德教授概言：「憲政應是實施憲法的民主政治。」〔註13〕還有《憲法詞典》「憲政」條：「憲政，以憲法為中心的民主政治。即民主和法制的結合，構成政權的組織形式。」〔註14〕張慶福教授則闡明道：「憲政就是民主政治，立憲政治或者說憲法政治。它的基本特徵就是用憲法這種根本大法的形式把已爭得的民主事實確定下來，以便鞏固這種民主事實，發展這種民主事實。」〔註15〕

〔註9〕〔美〕斯蒂芬·L·埃爾金、卡羅爾·愛德華·索烏坦：新憲政論——為美好的社會設計政治制度，周葉謙譯，北京：生活·讀書·新知三聯書店，1997。

〔註10〕參見文正邦：《憲政——人類法治文明的最高結晶》，《現代法學》2002年10月第24卷第5期。

〔註11〕李龍：《憲法基礎理論》，武漢：武漢大學出版社1999年，第144頁。

〔註12〕郭道暉：《法的時代精神》，長沙：湖南出版社1997年，第377頁。

〔註13〕許崇德：《學而言憲》，北京：法律出版社2000年，第333頁。

〔註14〕《憲法詞典》，長春：吉林人民出版社1988年，第351頁。

〔註15〕張慶福：《憲法學基本理論》（上冊），北京：社會科學文獻出版社1999年，第56頁。

這些觀點除了重申憲政的表現形式即限制政治權力外，還明確揭示了憲政的內在價值——人權。所以，無論是西方還是中國的憲政理論，都以體現和保障人的權利為最終歸宿。只不過西方學者國外學者力求從形式意義或側重於從制度建構上來界定憲政。如《社會學國際百科全書》中「憲法與憲政」詞條謂：「憲政是對政府最高權威加以約束的各種規則的發展。」〔註16〕美國政治學教授丹·萊夫認為：「憲政意指法律化的政治秩序，即限制和鉗制政治權力的公共規則和制度。憲政的出現與約束國家及其官員相關。」〔註17〕而我國學者力求從實質意義或側重於從價值上來界定憲政。

綜上所述，特別是依據學者對憲政的理解，如果要用一句話來概括憲政，憲政的涵義可以這樣表達：憲政是以人權和人的自由為本位的一種制度安排。換言之，憲政是憲法規範及其原則和精神與政治實踐的統一，是憲法及其原則和精神在實際生活中的運行和體現，是民主與法治的結合與統一。〔註18〕

二、憲政的基本原則

「憲政是一切現代國家的根本大法，實施憲政是所有現代國家的必由之路」，〔註19〕正在成為愈來愈多的人們的共識。憲政的內涵意蘊著以下基本原則：〔註20〕

第一，以憲法和法律為最高權威。以憲法和法律為最高權威是憲政的第一原則。這一原則的實質是確立憲法和法律至高無上的地位，奉行法治。現代的憲政是以法治的精神為基礎的，因而特別強調憲法和法律的權威性與至上性。

根據法治原則，現代國家無不將憲法置於最高的法律地位，主張任何其它法律、國家機關和個人的行為都必須符合憲法，以此實現憲法和法律的最高權威，以有效地保護人的權利、人的自由和人的尊嚴，促進人的全面發展；只有真正確立憲法和法律的最高權威，才能有效地限制惡政、壞政、專制、

〔註16〕轉引自李龍：《憲法基礎理論》，武漢：武漢大學出版社 1999 年，第 143 頁。
〔註17〕張文顯、信春鷹：《民主+憲政=理想的政制》，《比較法研究》1990（1）。
〔註18〕參見文正邦：《憲政——人類法治文明的最高結晶》2002 年 10 月第 24 卷第 5 期《現代法學》。
〔註19〕引自三聯書店「憲政譯叢」出版說明（1996）。
〔註20〕參見張祖樺：《憲政主義的基本原則》，憲政文本網頁。

腐敗的滋長，促進社會的良性發展；只有眞正確立憲法和法律的最高權威，才能建立和維護市場經濟的正當秩序，使公民的財產權利得到保障，使公民的生活水平和生活質量得以不斷提高。在不尊重憲法和法律的權威、權力大於法律的社會裏，即使有成文憲法，有各種名目的法律條文，也只能是形同虛設、有名無實的奢侈品，不可能確立眞正的憲政。

第二，如前所述，憲政是以人權和人的自由爲本位的一種制度安排。「任何政治結合的目的都在於保存人的自然和不可動搖的權利。這些權利就是自由、財產、安全和反抗壓迫。」〔註 21〕如果說這種主張還屬於資產階級早期的思想，那麼二戰後爭取和維護人權則成爲世界文明的主流，尊重和捍衛人權和人的自由，已是全人類共同的最高價值，也是憲政最基本最核心的內涵。1948 年 12 月聯合國大會通過的《世界人權宣言》中明確昭示：「一個人人享有議論自由和信仰自由並免於恐懼和匱乏的世界的來臨，已被宣佈爲普通人民的最高願望。」「人人有權享有生命、自由和人身安全。」〔註 22〕1977 年聯合國大會通過的《關於人權新概念的決議案》再次申明：「認識到聯合國和所有會員國均有責任實行國際合作，以謀解決屬於經濟、社會、文化或人道主義性質的國際問題，以及增進和鼓勵不分種族、性別、語言或宗教，尊重人權和全體人類的基本自由。」〔註 23〕

根據憲政民主理論，（公共的）權力來源於公民們爲了維護和增進自身的權利所訂立的社會契約；因此，公共權力（在現代社會，主要表現爲國家和政府的權力）的基本職能也可以說是唯一的職能，就是通過提供公共服務和公共物品來維護和增進公民的權利 。「尊重人的主體性和個體性，以人的權利爲出發點和歸宿，是近現代憲法的眞諦。」〔註 24〕憲政最根本的原則就是以人權和人的自由爲本位，以人的權利爲出發點和歸宿，以人爲目的。是否以人權和人的自由爲本位，是區分眞假憲政的試金石。

第三，以憲法和法制約束權力爲重心。基於保護人權和人的自由的基本立場，防止和制止濫用權力損害權利，「憲法對當今政府的主要限制，就是政

〔註 21〕見董雲虎編著：《人權基本文獻要覽》，遼寧人民出版社 1994 年，第 41 頁。
〔註 22〕見董雲虎、劉武萍編著：《世界人權約法總覽》，四川人民出版社 1991 年版，第 953 頁。
〔註 23〕見董雲虎、劉武萍編著：《世界人權約法總覽》，四川人民出版社 1991 年版第 953 頁。
〔註 24〕參見戚淵：《論憲法關係》，載 1996 年第 2 期《中國社會科學》。

府必須尊重個人權利。當下，憲政事實上已成為保護個人權利的同義語，而且保護個人權利業已成為我們憲法法理學中的最為主要的部分。」〔註25〕孫中山說的更為簡明扼要：「憲法者，國家之構成法，亦即人民權利之保障書也」。世界立憲史向人們說明，立憲政體就是控權政體，自由的政體；憲法不僅是一種權利，而且是一種對政府加以控制的法律。

為什麼要對權力進行約束或限制？因為權力既可以成就善舉，給人們帶來福利和福音；也可以造就惡政，給人們帶來損害和災難。而不受約束的權力必然導致腐敗，絕對的權力必然造成絕對的腐敗。對待權力，不能心存任何天真爛漫的幻想，而必須建立一種能有效制約權力的制度安排，建立一道阻止權力濫用、權力腐敗、權力侵犯公民權利的堅固屏障。這種制度安排和屏障就是憲政的主張，以憲法和法制約束權力，以憲政來限政。

無數歷史事實告訴我們，僅僅依靠統治者的聰明智識和道德自律是不可能保障政治清明和社會公正的。非憲政的方法要麼是「人在政存，人亡政息」；要麼是「善始者眾，克終者寡」；要麼是「仁政其名，暴虐其實」；總之，是靠不住的。文明社會的經驗表明：只有在憲政民主的體制構架中，在全社會確立憲法與法制的權威，施行法治，對權力的使用做出明確的規範，對掌握權力的人進行制度化、法制化的監督與制約的條件下，才能有效地防止權力異化，切實地保障人權和人的自由。

憲政的理論淵源之一就是對人性的預設：人性是不完善的，有自私和濫用權力的傾向。在漢密爾頓的名著《聯邦黨人文集》中寫道：「如果人都是天使，就不需要任何政府了。如果是天使統治人，就不需要對政府有任何外來的或內在的控制了。……毫無疑問，依靠人民是對政府的主要控制；但是經驗教導人們，必須有輔助性的預防措施。」〔註26〕憲政就是基於對人性弱點的認識，通過法律化的政治程序，來限定和鉗制政治權力的公共規則和制度。它要使全體公民明白：政府（包括立法機關、行政機關、司法機關）的權力是有限的（即「有限政府」），政府的權力只限於憲法和法律明確賦予的範圍，憲法和法律無明確規定的權力，政府絕對不可以行使。否則就是越權、違法、違憲。

〔註25〕 〔美〕路易斯・亨金：《憲政・民主・對外事務》，三聯書店 1996 年版第 136 頁。

〔註26〕 〔美〕漢密爾頓等著：《聯邦黨人文集》，商務印書館 1989 年版第 264 頁。

第四，以司法審查爲保障。這一原則由於它在維護憲法方面所具有的特別重要的功能和地位，因而具有特殊的意義。當代美國憲法學家路易斯‧亨金指出：「隨著時間的流逝，司法審查成了憲政制度的一項既定特徵」。〔註27〕司法審查又稱違憲審查，它是指由特定的司法機關（如憲法法院、最高法院、憲法委員會）履行對一切法律文件與政府、社團、公民個人的行爲是否合乎憲法進行權威性的審查。它的基本內容有兩個方面：第一，審查法律及法律性文件的合憲性。如果普通法背離了憲法的原則精神，而又讓它發生法律效力，就會損害憲法的權威，妨礙憲法的貫徹施行。第二，審查全體公民、一切國家機關、社會團體、企業事業單位以及各政黨組織的行爲的合憲。由於憲法規範具有最高的法律效力，是全體公民和一切社會組織的基本的行爲準則。如果在立憲國家中發生了背離這個準則的行爲，不論這種行爲出自個人還是出自政府、社會組織，都會損害憲法的權威、妨礙憲法的貫徹施行。

三、憲政與憲法的關係

僅就二者的關係而言，首先，憲法是憲政的必要前提，憲政是活的憲法或在現實生活中有效的憲法，是憲法中國家權力和公民權利的動態平衡。所以，沒有憲法固然談不上憲政，而離開了憲政，憲法則成了一紙空文。其二，憲法是憲政的法律形式和依據，或者說是憲政的形式要件，憲政乃是憲法的實際內容及其實施實現，是憲法的生命。這是憲政與憲法關係問題的一個方面，如果從另一角度來講，擁有憲法不一定能有眞正的憲政，但實行憲政必須具備一個體現憲政精神的憲法。

從哲學上說，憲法是一套規則、規範，是國家意志的根本法表現；而憲政是制度化的政治動態過程，是憲法的實施和實現。從功能上說，憲法的基本功能在於對公民權利與國家權力的合理配置，憲政的基本功能在於維護公民權利與國家權力的動態平衡，從而既切實地保障公民權利以實現人權，又有效地制約國家權力並使之合法化。所以有了憲法，即或是良好的憲法也不等於就有了憲政，憲法只是憲政的必要條件，民主政治、法治和人權保障才是憲政的充分條件。〔註28〕

〔註27〕〔美〕路易斯‧亨金：《憲政‧民主‧對外事務》，三聯書店1996年版第115頁。

〔註28〕參見文正邦：《憲政──人類法治文明的最高結晶》，《現代法學》2002年10月第24卷第5期。

從憲政的產生和發展來看，憲政不僅僅是制度安排的集成，而且還以一整套政治哲學、政治理念、政治文化作爲制度的背景和基礎。美國學術團體聯合會主席凱茨博士是從三個層面來闡釋憲政：「（1）憲法是由一組用於制定規則的自足或自覺的規則構成的，即憲法是「法之法」；（2）憲政是由意識形態和文化決定的一系列特殊道德觀點，如尊重人的尊嚴，承認人生而平等、自由並享有幸福的權利；（3）任何有意義的憲政概念必須考慮到「合法性」（國家權力、公共政策和法律的合法性）和「同意」（人民對政府及其行爲的承認和贊同）。」〔註29〕

因此，除了一組規則構成之外，憲政的形成還需要以人們對憲法的普遍認同作爲必要條件。即憲政需要存在一個作爲背景的大眾化的公共接受的限制政府權力的觀念作爲條件，需要人們相信這些限權觀念應該得到貫徹實施。Fred Schauer（原肯尼迪政府學院院長）在《憲政主義的背景》中認爲，英國憲法的事實告訴我們，憲政不是一部成文憲法，理解憲政的更恰當的方式是將憲法視爲一整套牢固的慣例，（understanding）理解這一整套慣例的最好方法是將這些憲法慣例看作是對第一等級序列（first-order）的政治決策進行限制的第二等級序列（second-order）中的一系列限制性規範。「對憲政文化來說，一部單獨的成文憲法是不必要的，即使有這樣的成文憲法也是不夠的。」「對憲政文化的存在來說，還需要更多的要素。只要當公眾廣泛地相信政府必須按照法院所說去作爲或不作爲的時候，整個憲政文化結構才算存在。」〔註30〕

第三節　有限政府與人權保障

「憲政即有限政府」，其核心和宗旨是限制政府權力，以保障公民權利。所以，建立有限政府是憲政的基本精神，樹立憲法的最高權威是憲政的基本要求，保障公民權利和實現人權是憲政的落腳點和歸結點。因此，限制政府權力是手段，保障公民權利才是目的。對國家權力的制約，歸根到底是爲了保障公民權利和人民利益的實現。憲政凝聚了憲法的基本矛盾即公民權利與國家權力的關係的深刻涵義，其實質就是國家權力與國家權力源的關係。因此憲政的實施就是處理好公民權利與國家權力的關係這一根本問題。

〔註29〕張文顯、信春鷹：《民主+憲政=理想的政制》，《比較法研究》1990（1）。
〔註30〕www.libertas2000.net/憲政文本・憲政理論。

一、公民權利與國家權力

　　所謂公民權利，就是指具有一國國籍的自然人所享有的在自己意志支配之下，以實現某種利益並受法律保護的一種行為自由。這種公民權利，其實是將人的價值法制化。所謂國家權力是指公民通過特定的方式而組建起來的國家機關或組織憑藉和利用對國家資源的控制，為實現國家職能而具有的國家主權與立法權、行政權、司法權的總稱。國家權力對內來講，具有至上性，即國家獨自決定和處理其領域內的一切重大事務，不允許任何其它平行的制約力量的存在。國家權力對外來講，具有獨立性，即內政不受外國勢力干擾，不從屬於其它任何權力。

　　公民權利與國家權力的關係，作為憲法的基本問題包括以下兩層涵義：

　　第一，國家權力對公民權利進行確認和保障。公民權利的最終落實依然要靠立法機關將公民權利意願上升為國家意志——法律，再由行政機關將法律執行到現實中，而賦予公民權利以生命力，否則，公民權利是不穩定、不確定的，甚至是虛幻的。而當公民權利遭到侵犯或發生爭議之時，除少數場合採取的自救行為外，一般都是通過國家機關的強制力予以保護。而司法機關則為其提供最終的救濟手段。

　　第二，公民權利是國家權力的來源，公民權利制約國家權力。國家權力並非與生俱有，而是來源於公民權利的讓渡。就國家權力的實質和根源而言，它本質上屬於人民的權力並來自人民的權力。國家權力不過是公民權利的集中化、權威化以及公共化而已。而國家產生和運行的最終目的就在於保障人民權利和自由的充分實現，人民通過行使各種權利對國家權力實施監督。權利，尤其是憲法權利，具有評價國家權力的合法性、對抗國家權力非法干預的意義和價值。因此，權力制約原則已在世界各國人民中達到共識，並將其奉為憲法基本原則。

　　沒有對權力的有效制約就沒有人權保障。這是由權力的本質屬性所決定的。「一切有權力的人都容易濫用權力，這是萬古不易的一條經驗。有權力的人們使用權力一直到遇有界限的地方才休止。」〔註31〕「權力具有一種侵犯性質」，〔註32〕不受制約的權力無疑會走向它的反面，成為它所應維護的價值的毀滅者。權力制約原則包括兩個層面，其中之一就是權利對權

〔註31〕　〔法〕孟德斯鳩：《論法的精神》，商務印書館1961年版，第156頁。
〔註32〕　〔美〕漢密爾頓等：《聯邦黨人文集》，商務印書館1990年版，第252頁。

力的制約，即用權利對抗權力，權利監督權力。公民權利制約國家權力的現實表現在：首先公民權利是國家權力的來源，憲法宣佈一切權力屬於人民，並規定了人民行使權力的方式與途徑。其次，國家機關對公民權利的保護，有直接和間接兩種方式，前者是國家機關通過主動行使權力來保護公民權利，後者是為公民權利行使創造條件。但不管採用何種方式，都必須受到公民權利要求的制約。再次，國家機關及其公職人員侵犯公民權利，必須承擔相應的法律責任。第四，人民行使選舉權選出代表組成的國家機關，制定憲法和法律，對國家權力的範圍以及國家行使權力的原則做出了規定，國家機關及其公職人員只能在憲法和法律規定的範圍內行使權力，否則是濫用權力，是對公民權利的侵犯。公民權利制約國家權力的現實表明，在政治實踐中，一切公共權力的合法性都根植於憲法之中：公共權力是人民通過憲法授予的，政府不得行使憲法沒有授予的和禁止行使的權力；公共權力不得侵犯憲法所規定和維護的公民權利，而且有義務和責任採取有效措施保障公民權利的實現。

然而，單純的以權利制約權力並不能實現充分的人權保障。因為權利對權力制約的在本質上只能是一種道德力量的控制，而且權利無法直接對抗權力，對權利的救濟還必須依靠權力。因此，權利對權力的控制只能是對權力的行使進行道德上的約束。而這種約束並不能避免權力的濫用導致對公民權利的侵犯。那麼國家權力怎樣才能有效地保障和實現公民權利？只有以權力制約權力。也就是權力制約原則中的第二層面：權力之間的制衡，通過權力之間的分立與制衡以形成「有限政府」。

二、有限政府：實現人權保障的必然要求和途徑

憲政作為「有限政府」的一種政治理念和制度安排，就是要從限制政府權力入手，徹底否定「輕視人、蔑視人，使人不成其為人」〔註33〕的社會制度，使人權得到充分的實現。它是通過限制政府權力來實現的：

「有限政府」首先關注的應是控制權力，而不僅僅是人權。權力來源於權利，政府的全部目的就是為了保障和促進人權。然而由於「權力具有一種侵犯性質」。因此必須在政府權力和人民權利之間劃出明確的界限，政府只能在自己的權力範圍內行事，不能干預公民的保留權利。從這個意義上說，人

〔註33〕《馬克思恩格斯選集》第 1 卷，第 411 頁。

權是超越於國家權力之上的「絕對權利」，它的存在本身就表明了一種對國家權力的約束與控制。作爲「有限政府」，「政府只享有人民同意授予它的權力，並只是爲了人民同意的目的」。〔註34〕有些事情是政府也無權干預的，它們屬於人民自治的範圍。

第二，用法律的權威取代人的權威從而實現對政府權力的控制。「劃分法治與人治的最根本的標誌，應該是法律與個人意志（或者少數執政者的意志）發生矛盾衝突的時候，是法律權威高於個人意志？還是個人意志凌駕於法律之上？凡是法律權威高於任何個人意志的治國方式都是法治，凡是法律權威屈從於個人意志的治國方式都是人治。」〔註35〕憲政的根本點在於，在政府權力之上有一套更高的法律，對政府權力進行規範和限制，政府是法治原則下的有限政府。因此，憲政制度所約束的對象並非一般民衆，而是國家或政府等權力機構。

除了「以權利制約權力」、「以法制（約）權（力）」之外，憲政對國家（政府）權力控制的第三種方法就是分權與制衡。〔註36〕分權制衡學說是西方民主憲政國家在權力制約問題上的主導學說。

分權制衡乃是憲政的要義所在。分權與制衡的思想，可以追朔到古希臘和古羅馬時代。亞里士多德在他的著作《政治學》中最先提出國家政體的職能應分爲議事職能、行政職能和審判職能。〔註37〕到了十七、十八世紀，分權與制衡的思想被洛克、孟德斯鳩等人發展爲「三權分立」和權力制衡的理論。這一理論的內在邏輯在於：權力必然腐敗，絕對的權力導致絕對的腐敗，要防止濫用權力，就必須以權力制約權力。「分權學說顯然信奉的是這樣一種政治自由觀，這種自由觀的關鍵是限制政府權力，而這種限制可以最好通過在政府內進行劃分，防止權力集中於一群人手中來取得」。〔註38〕同時，分權學說還以「人性惡」爲其道德、倫理前提，是一種「防惡」的學說，「它是以對國家權力及行使權力的人，持懷疑的、不信任的、猜疑的態度爲出發點的」。

〔註34〕〔美〕路易斯‧享金：《憲政‧民主‧對外事務》，鄧正來譯，生活‧讀書‧新知三聯書店1997年版，第11頁。

〔註35〕何華輝等：《實行法治就要摒棄人治》，載《法治與人治問題討論集》，群衆出版社1980年版，第53～54頁。

〔註36〕陳端洪：《憲政初論》，載龔祥瑞主編：《憲政的理想與現實——憲法與憲政研究文集》，中國人事出版社1995年版第7頁。

〔註37〕見〔古希臘〕亞里士多德：《政治學》，商務印書館1981年版，第215頁。

〔註38〕〔英〕維爾：《憲政與分權》，蘇力譯，三聯書店1997年版，第14頁。

〔註 39〕只有用分權這種制度形式才能夠將人性的這一弱點壓制到最低。洛克針對英國革命後形成的國王、議會與法院的關係的現實，闡述近代分權學說：「在一切情況和條件下，對於濫用職權的真正糾正辦法，就是用強力對付強力。」〔註 40〕孟德斯鳩更是從英國的政治制度中找到了一種防止政治權力濫用，保障人民自由民主的最可靠的機制。他說：「從事物的性質來說，要防止濫用權力，就必須以權力制約權力。」〔註 41〕就必須建立分權的政體。美國直接接受並發展了孟德斯鳩的分權制衡理論，在革命勝利後，建立了完全的「三權分立」政體。在法國大革命中，「沒有分權就沒有憲法」成為革命者的共識。隨著資產階級革命的勝利，各資本主義國家憲法均以不同形式確立了三權分立和權力限制原則。當前，分權與制衡的原則在現代憲政民主國家仍受到普遍的信奉與遵循，發揮著其難以替代的有效功能。

從憲法的內容來看，憲政對國家權力的制約既包括通過規範國家制度、國家機構及其相互間權力的合理配置、行使、運行來以法制（約）權（力）並以權力制約權力；又包括通過對公民權利的規定、賦予、調節和保障來以權利制約權力。即「前者規定了國家統治機構的組織、權限和作用，這當然是對國家權力執行者的一種制約和限制；後者也應看作是對國家權力的一種制約，因為憲法規定的基本權利保障，意味著保護公民免受國家和地方政權機關等公共權力的侵犯。」〔註 42〕

從憲政的實施來看，公民積極通過行使各種政治權利，進而保護所有其它權利，充分發揮人的潛能，促進人性的自我表現和自我發展，從而體現和保障人權。然而對人權的保護僅僅從公民積極行使政治權利的方面進行是不夠的，還須從限制、規範和控制國家權力的方面進行，使被轉讓的人權不至於反過來侵犯人權。必須有某種抗衡措施，將權力置於憲法及道德的控制之下，以更充分地保障人的權利。這就是憲政。

〔註39〕〔日〕佐藤功：《比較政治制度》，劉慶林，張光博譯，法律出版社 1984 年版，第 14 頁。

〔註40〕〔英〕）洛克：《政府論》（下），商務印書館 1981 年版，第 95 頁。

〔註41〕見〔法〕孟德斯鳩 ：《論法的精神》（上冊），商務印書館 1982 年版第 154 頁。

〔註42〕吳擷英：《歐美國家關於憲法約束力的理論研究及司法實踐》，《法學論文集》（續集），北京：光明日報出版社，1985 年，第 158 頁。

第四節　憲政與人權的關係

　　憲政制度的宗旨和目的就是保障和實現人權，使人們盡可能享受幸福的人生。憲政以人權為出發點和歸宿，人權以憲政為保障和實現的手段。在立憲政體下，公共權力和公民一樣，都必須服從憲法和法律，政府的權力是有限的，政府的一切行為是以被授予的權力和被許可的程序為範圍和依據的，是被公民權利和意志所限制的。從深層的意義上講，憲政不僅僅是一種約束公共權力、建立有限政府的制度安排，更重要的是，它還蘊涵著「讓每一個人成其為人」的理念和精神。

一、人權：憲政的核心價值

　　憲政通過憲法形式確定人權這種價值，並將實現和保障人權這種價值具體化。人權及理念產生、演進和發展經過了漫長的歷史過程。只是到了近代產生了憲政，人權的價值追求才得以全面具體化和現實化。人權的具體化和現實化就是憲法規定的公民權利。憲政正是通過保障公民權利來實現人權的價值追求的。

　　人權是公民權構成的基礎和源泉，公民權是由人權所派生，是它的重要的政治法律表現，公民權的初始形態和萌芽階段便是人權。近代以來，憲法不僅宣告人權原則，而且對人權特別是基本人權的內容和範圍的具體確認和規定，逐漸趨向於對本國之內具有本國國籍的全體成員即公民「基本權利」的確認和規定。隨著社會主義國家及其憲法的出現，不僅公民的人身權利以及政治權利及自由不斷增加，而且公民的社會、經濟及文化教育權利也不斷擴大和充實。這些都作為公民的基本權利由憲法所規定，同時也是人權保障的基本範圍和內容，而且現代意義的人權的內涵和外延還從個人人權擴展到了集體人權，加之日益增多的有關人權的國際公約也積極影響和促進著各國的人權立法，從而使人權的法律保障和憲法保障不斷向深度和廣度發展。由此可見，人權和公民權，既有區別，又緊密連接並總是互相交叉和重疊。公民權不過是一種更加政治化、法律化的人權而已，不過是人權的一部分、一個層次，一種特定的存在形式和表現方式。而相對於公民權，人權更根本、更穩定、更深層，在一定的社會歷史條件下，人權是「常量」，公民權是「變量」，公民權的不斷擴大、增加和充實，就是以人權的客觀狀況和實際要求為基礎，並源源不斷地從它那兒吸取養料的。憲法對公民基本權利的規定也就

是對人權的一種選擇確認。憲法的發展和進步過程，就是這種選擇確認的範圍不斷擴大，層次不斷加深的過程。公民權利的最基本、最普遍、最一般、最廣泛的存在形態就是人權。憲政不僅規範公民的憲法權利以促進人權，而且構築權利保障體系——主要通過法治，以確保其所構築的公民權利得以現實化和免遭侵害。〔註43〕

二、憲政：讓每一個人成其爲人

憲政不僅僅是一種「有限政府」的制度安排，更重要的是，它還蘊涵著「讓每一個人成其爲人」的內在價值和精神氣質。「一部憲法的政治意義既不是它被單獨編纂在一份文件或法典中，也不在於它規定了政府的組織形式」，憲法和憲政的眞正本質必然表現於其特殊的政治功用，即憲法的核心目標是「保護身爲政治人的政治社會中的每個成員，保護他們享有的眞正的自治。憲法旨在維護具有尊嚴和價值的自我，因爲自我被視爲首要的價值。」〔註44〕眞正的憲政並不是取決於種種形式上的相似，而在於一種特定的精神上的追求，一種尊重與維護每個個體人的存在和發展價值的目的論。〔註45〕

因此憲政的精神和文化並不是僅僅依賴於莊嚴公佈一個像《人權宣言》那樣的憲法性文件就可以奠定的。憲政作爲一種制度安排，不是由外力強加於人類社會的，是在社會內部自然成長的，而且是在人文精神的滋養和薰陶下生長起來的。它在精神領域給我們確立這樣一個主張：讓每一個人成其爲人。正如康德所說：「每一個人都應被作爲一種目的來對待，而決不應僅僅被作爲一種手段」。憲政所蘊涵的內在價值，從根本上說也就是使人「成爲一個人，並尊敬他人爲人。」〔註46〕

在憲政秩序中，憲政通過確立人的權利的形式，使個體的人成其爲人。公民的主體地位的確立得到保障，主體意識和自治精神能夠逐步養成。正是在這種主體意識和自治精神的滋養下，公民眞正成爲憲政的主人。更進一步說，這種主體意識和自治精神不但使人成其爲人，而且尊重他人爲人。因爲，人權不僅僅是一種獨立的權利而且是在人民相互關係中所體現出來的一種權

〔註43〕 參見文正邦：《憲政——人類法治文明的最高結晶》，《現代法學》2002 年 10 月第 24 卷第 5 期。

〔註44〕 〔美〕卡爾・J・弗里德里希：《超驗正義》，周勇等譯，北京：三聯書店 1997，第 14～15 頁。

〔註45〕 沈歸：《讓每一個人成其爲人：中國憲政的精神出路》，〔北大法律信息網〕

〔註46〕 黑格爾：《法哲學原理》，北京商務出版社 1982 年，第 46 頁。

利，這就要求人們不僅要保障自己的權利，而且要把尊重他人的人權以及公共利益的實現作爲行使和保護自己人權的義務，這就意味著人權的行使需要正確認識自己和正確對待自己的同時，也必須正確認識他人和正確對待他人。忽視自己尊嚴的人肯定是不顧及他人的人，不顧及他人尊嚴的人其自身尊嚴也必然會受到損害。

第五節　人權與中國憲政之路

對於中國傳統政治文化來講，絕對意義上的人權是不存在的。雖然中國歷史悠久、文化博大精深，但從古自今，相當一段時期的中國社會都是在強調犧牲個人的權利，利益和生命的基礎上追求社會的秩序與和諧。人權觀念是以外來的和革命性地輸入的方式進入近代中國的。但由於國際和國內的複雜原因，都未能在近代中國得以實施。

誠然，我們擁有若干「憲法」，也擁有按照這部憲法設計出來且處於穩定運作狀態的一系列制度，然而，憲政的歷史發展及其憲政文化的精神內蘊又提示我們，「一部憲法的政治意義既不是它被單獨編纂在一份文件或法典中，也不在於它規定了政府的組織形式」（因爲眞正的憲政並不是取決於種種形式上的相似），而在於一種特定的精神上的追求，一種尊重與維護每個個體人的存在和發展的價值。

一、中國百年憲政追求的反思

中國人對憲政的追求從清末民初就已開始，但是在跌宕起伏的歷史進程中，我們與憲政一次次擦肩而過。1906 年清朝正式宣佈預備立憲。然而立憲不久之後辛亥革命就爆發了。1936 年是第二次立憲，當完成了憲法草案，馬上就要步入憲政的門檻時，由於日本軍國主義勢力在外部干擾，憲政進程中斷了。

就清末民初和民國期間的憲政歷程來看，有學者認爲，〔註 47〕失敗的原因主要有幾個方面：一是認爲行憲政只是爲了強國。二是憲政主張只是一部分學者和官員的主張，當時的主體政治力量並未認可，或者雖有認可，也是爲己所用。三缺乏立憲思維的傳統是其最根本的原因。中國的政治文化傳統是人治的，缺乏法治傳統。宗教感淡薄的中國文化中「超越性」因素很弱，「世俗性」特徵佔據了壓倒性的優勢。法律的神聖性和至高性從未進入社會文化

───────────────

〔註47〕參見《憲政之路：從尊重憲法開始》，南方周末，2003-03-13。

心理，它歷來只是掌權者手中的工具之一。四是缺乏相關的內部條件，同時也缺乏社會資本、政治資本和政治的人力資本，如公民、專家和有見識有實力的政治家。五是忠孝這一傳統政治合法性來源為專制政治和軍閥統治提供了條件。

憲政需要的是個人自由、每個人的權利和合法性的權力。合法性來自理性，而不是傳統關係的合法性和純粹的魅力（傳統意義上的「民本」是依靠君與民的關係，而不是依靠競爭性的制度程序）。

國內學術界普遍認為，中國歷次憲政的失敗除客觀原因外，其最深層的主觀原因在於：僅僅把憲政看成是改變國家落後的工具。近代中國人對憲政思想的追求，延續了整整三代人。王韜、鄭觀應是第一代，康有為、梁啟超是第二代，第三代就是五四時期的胡適、陳獨秀等一批人。從觀念上看，這三代知識分子的追求是一致的。他們發現西方富強的奧秘是因為有議會、憲政，並且認為憲政是救中國於危亡的惟一手段，只有憲政才能使中國走向富強。那麼，憲政是否能夠導致國家富強呢？富強的國家是否就一定是憲政的國家呢？ 事實上，西方在設計憲政制度之初，並不是把憲政作為國家富強的工具，而是在尋找一種被認為是最好的治理國家的手段，當推行憲政制度後，國家富強起來了，但二者實際上沒有必然聯繫。正是知識分子是把西方的憲政思想作為一種實用工具介紹到中國的，誤讀了憲政的本原內涵，才使得我們在憲政制度的設計上走入誤區。

二、憲政存在的條件

文化滋養一種制度，反過來，制度又促進文化的發展。中國的先知先覺們理解到，文化比制度更重要。因為，一種文化才是一種穩定的生活方式。一種新的制度的建立往往會遇到兩種困難，第一就是思維慣性，第二個障礙是文化的障礙，新制度產生以後並不會隨之帶來一種新的文化，沒有新的文化，制度就生存不了，所以，一種制度一定是生存在一種文化當中。與憲政相適應的文化的建立，是憲法能夠存續下去的基礎。在設計憲政制度時，肯定需要對文化的改造，其核心就是把義務、服從本位改造為權利本位，大力弘揚權利文化。

西方憲政的實現有它的政治條件、文化條件和宗教條件，而中國並不具備。由於憲政的精神追求並不是僅僅依賴於莊嚴公佈一個像《人權宣言》那

樣的憲法性文件就可以奠定的。如何才能使得一個長久以來自我封閉存在、不得已接觸西方文化的民族和國度，逐步從形式上的模仿接近實質上同樣或類似的憲政精神呢？這涉及到憲政的根本價值觀的問題。的確，來自於不同文明或文化的價值觀和信仰是有其局限性的，將生長於特定情境內的價值觀和信仰移植到其它有著某種不同悠久傳統的民族或國度內，可能會帶來「南橘北枳」的效果，因而需要謹慎地對待。但是「謹慎對待」並不意味著「抵制或放棄」，如果對所有西方本源的價值觀、信仰皆持懷疑甚至拒斥的相對主義立場，將會阻礙了真正憲政所需的精神氛圍的形成。

三、憲政本質

憲政的實質意義是限制國家權力，保障個人權利。從政治哲學和法理學上說，憲法是統治者和民眾之間的一個社會契約，有至高無上的威力，其它法依此制定，使法制有統一性，這是它的一個很重要的功能。第二點，憲法是通過限制國家權力來保護個人權利。如果憲法在現實中不能發揮最高規範的效力，或者如果憲法僅僅在維護法制統一方面發揮作用，而在維護個人權利、限制國家權力方面不能起到作用，那麼這個時候儘管有憲法但還是沒有憲政，所以，最核心的是看是否真正限制了國家權力。

憲政是統治者的權力得到人民真實的授予，老百姓的權利和自由在憲法中得到承認並且在實踐中得到保障，政府的權力受到限制。從這個意義上看，我們追求憲政是為了人的尊嚴和每個人的平等權利和自由。一方面是要保障公民權利；另一方面是要制約公共權力，包括執政黨權力、立法、司法、行政權力都應受到制約，通過自由立憲實現一個「有限政府」：一個在某些領域永遠無權做出決定的政府；一個像普通公民一樣守法和負責任的政府；一個內部有分權和制衡機制的政府。因此，政府的職能和權力是有限的，而現代憲政的制度設計正是要確保這種「有限性」及其「有限權力」的正當運用。

與憲政制度的「人權保障」和「有限政府」的特徵相反，如果主張政府的權力是無限的，這就是「無限政府」。「無限政府」否認存在一個獨立的私人自治領域，政府的行為可以深入到社會生活的所有領域。現代憲政的一個根本原則是「一切權力都是有限的，權利原則上是絕對的無限的」。

四、市場經濟：對憲政的客觀要求

市場經濟深刻地改變了中國，中國面臨一個歷史性的憲政機會。經濟改

革的結果，使經濟體制發生了變化，政府必須與市場經濟相適應，所以實施憲政是中國政治制度的必然選擇。經濟改革產生了不同的利益集團，價值觀和要求都不一樣，這就需要協調和磨合的機制，就必然導致政治的多元化、民主化，這都與憲政有關。要達到這個目的，就要對國家權力進行限制。從這一點來看，中國出現了一個歷史性的機會。

第一，當今中國市場經濟的發展已經進入了這樣一個階段，需要有適當的外部條件，即政府的職能必須是有限的，政府的行為必須是法治化的，政府的權力必須是分散的、以自主治理為基礎的，政務信息一定是制度化公開的，政府的合法性是以選舉為基礎的，或者是以法律為基礎的。只有這樣的政府，才能確保市場經濟得到充分發展。

第二，憲政呼聲日漸高漲的最根本原因是新的經濟方式發展到這個階段，社會形態發生了變化，市場經濟逐漸佔了主流地位，市民階層已經興起。市場經濟和憲政有密切關係，在沒有市場經濟的地方是找不到憲政的，所以市場經濟的出現是中國憲政最強大、最堅實的社會基礎，這是一方面。另外一方面是人們權利意識的覺醒，尤其是對財產權和參政權的關注。這兩個東西是最關鍵的。對憲政的呼籲也反襯出憲法中提到的中國公民的一些基本的權利和自由尚未得到充分保障，有限政府的形成沒有得到落實，所以對憲政追求的衝動就不會泯滅。當然還有一方面，中國不再是傳統意義上的權力國家，也使得憲政成為焦點。

五、憲政：人類政治智慧的結晶

憲政，人類政治智慧的結晶，浩浩蕩蕩的世界潮流。美國法學家弗里德里希認為：「立憲政府的理論和實踐被認為是西方世界所取得的最大的政治成就之一。這一成就既不是一個世紀也不是一個民族所造就的……（它）可能成為全人類永久遺產。」〔註48〕

中國社會已經出現了中國憲政的自生秩序：市場經濟已經不可逆轉，社會關係的契約化進程的速度超出了我們的想像，個體自由、平等、人權的觀念已經深入人心，而中國民眾參與民主、推進憲政的熱情和認知水平足以成為中國憲政建設的動力源泉。

〔註48〕　〔美〕卡爾‧J‧弗里德里希：《憲政的宗教之維》，《超驗正義》〔M〕。周勇等譯，北京三聯書店 1997。

　　自從 1840 年鴉片戰爭之後，中國人開始了向西方學習的歷程。先是學習西方的技術，接著是學習西方的憲政政府，然後是學習西方的科學與民主。今天，在「改革開放」的時候，我們也僅僅是在學習西方的「市場」和「法治」。我們經歷 160 多年的時間來學習西方，但一直沒有學習到西方文化中的精華。真正保證西方社會穩定的既不僅僅是科學與民主，也不僅僅是市場與法治，而是憲政。西方憲政的目的不是要建立一個「人間天堂」或「理想世界」，而是對人性不足的一種補救。它通過對所有自然人和法人的社會行為的普遍限制，在極大程度上抑制了人性中的邪惡的一面，使社會能夠形成較為公正的秩序。在這種秩序之下，個人獲得了最大程度的自由。由於憲政能夠保證人的最大自由，在憲政社會中，人民的創造力也得到極大的發揮，使得社會的知識和財富的生產不斷增長。人類歷史的經驗已經說明，人是有限的，人不可能創造一個沒有任何邪惡的「人間天堂」。只有憲政，才能把人類的邪惡之心壓制在最低程度。只有在憲政社會中，人們才有可能獲得最大的自由。只有憲政，才能給人以最大的自由。自由是一切創造的前提條件。有了自由，自然就會有科學和民主，有了自由，自然就會有市場和法治。沒有憲政，就沒有自由，沒有自由，就沒有一切。

　　其實，實施憲政的目的不是要建立「人間天堂」，而是對人性不足的補救。如果把憲政想像為一種「人人平等」的「理想世界」，憲政不可能產生這樣的結果。〔註49〕

〔註49〕馬克義：《為什麼憲制在中國難以實現？》，來自『國事論壇』討論區。

第八章　人權與主權

　　當今世界，人權問題已經不再純屬一個國家的內政而成為時代進步的潮流和標誌。因為人權的實現和保護已經超越一國「內政」的範圍而日漸國際化或全球化。人權問題的國際化或全球化，不可避免地給國際政治領域和人權研究領域帶來一個複雜而敏感的問題。這就是人權與國家主權的關係問題。對於這個問題應該有國內和國際兩方面的區別。從國內角度看，人們成立國家是為了保護自己的利益，「國家的一切權力屬於人民」。因此，在一國之內，國家的任何活動都只應該是本國公民人權的體現；離開了人權，任何國家權力根本就沒有存在的理由。所以，任何與維護和發展本國公民基本人權相悖的活動，都是與國家主權（人民主權）的根本宗旨背道而馳的。在國內人權與主權關係上應該是人權高於主權。這一原則意味著：保證公民基本人權不受侵犯，發展和豐富公民基本人權的內容，為公民基本人權的實現創造更好的條件，是現代國家存在的唯一目的，不允許任何出於非保護公民人權的目的運用國家權力。由於一國應有的人權內容和人權狀態從根本上來說應該是本國人民自由選擇的結果，所以，任何違背他國人民的意願，強迫他國接受本國人權觀念的做法，都是不尊重他國人民最基本人權的表現。從國際「人道主義干涉」的實踐來看，到目前為止的國際「人道主義干涉」，特別是「武裝干涉」，在絕大多數情況下都造成了對被干涉國人權更大的侵害。

　　當人權已成為人類社會追求的共同目標，人權的國際性保護日益成為一種世界潮流的背景下，特別是 1999 年北約借科索沃的「人權問題」向南斯拉夫發動戰爭等事件後，主權和人權的關係問題愈加變得複雜而微妙。其複雜而微妙在於：是一種價值理性——真正以「人道主義」的目的而關注和保護

人權，還是一種工具理性——借「人道主義」之名行實現國家利益及全球戰略之實，是正確解讀二者關係的道德底線。

第一節　人權和主權的思想淵源

一、近代西方的人權和主權思想

　　「人權」和「主權」同是西方近代史的思想產物，其發展的歷史軌跡是互相聯繫、互相影響的。現代意義上的「人權」和「主權」概念則只有三四百年歷史，而「主權」這個用語的正式採用是先於「人權」的。〔註1〕

　　關於「主權」概念的較為完整和系統的論述，一般都追溯至法人博丹（Jean Bodin）的著作，尤其是於 1577 年出版的《論共和國》（Six livres de la Republique）一書。博丹主權論的目的或作用，是為王權的鞏固和擴張提供思想上的依據。主權論指出，為了維持社會秩序、為了避免困擾民生的武裝衝突，必須有一個強大的、至高無上的權威，這便是主權。所以博丹說，主權是君主「不受法律限制的對臣民的最高權力」，「是在一國家中進行指揮的絕對的和永久的權力」，主權是永久的、非授權的、不可拋棄的。

　　這種主權概念可分為對內和對外兩方面。對內來說，主權者（最初是君主）在某範圍的土地內，對其中的人民和事務享有最高的、獨有的管轄權，主權者與其子民之間有直接的命令和服從關係，這個概念取代了封建時代的互相重疊交錯的多層級的管轄論。對外來說，每個主權者獨立於其它地方的主權者，毋須聽命於任何他人，也不受他人的支配，他可獨立自主地決定其國家事務。這樣，歐洲便形成了主權國家分立、互相抗衡的國際性秩序。這也是近現代國際法的起點，因為國際法的主體是主權國家，國際法便是調整各主權國家之間關係的法律規範。

　　至於人權觀念，其精髓可以追溯至古希臘羅馬時代和中世紀的「自然法」思想，但由於古希臘文和古拉丁文中並沒有一個明確地表述現代「權利」觀念的文字，所以「人權」這個概念的出現，只能說是近現代的事情。〔註2〕從英國十七世紀思想家洛克（John Locke）的著作裏，已可以看到現代人權思想

〔註 1〕參見陳弘毅：《主權和人權的歷史和法理學反思》，《二十一世紀》一九九九年十月號第五十五期。
〔註 2〕參閱本書第一章導論部分。

的核心內容。洛克主張王權應受到合理制衡，以保障人民的生命、自由、財產等個人權利，因爲在他看來，人們組成國家、設立政府的目的，正是謀求這些權利的更有效保障。洛克爲現代人權理論奠下基礎，而且催動了主權概念的轉化，即從「主權在君」到「主權在民」的過渡。

二、現代西方的人權和主權思想

　　現代人權思想形成於十八世紀西歐的「啓蒙時代」。盧梭的政治思想對於西方人權和主權思想的發展，具有劃時代的意義。盧梭提出「主權在民」概念，即國家的主權不屬於國王，也不屬於某個統治集團或統治階級，而屬於全體國民。他同時指出，自由和平等是所有人與生俱來的權利。在國家中，人的自由只能受作爲人民「公意」的體現的法律的限制，而「公意」則是在民主參與的過程中形成的，代表著社會的整體利益。在盧梭的思想裏，我們既可以看到一個嶄新的主權概念，又可以找到自由、人權、民主和法治這些現代核心價值的思想資源。

　　由於十八世紀人權思想認爲人權是上天賦予的、與生俱來的，這種具有「自然法」色彩的想法與十九世紀興起的實證主義格格不入，所以人權思潮在十九世紀的西方是相對衰落了。在十九世紀，起源於英、美、法革命的憲政主義在歐洲廣泛傳播，各國相繼制訂了成文憲法，規劃政府的立法、行政和司法架構，並確立公民的權利。因此十八世紀的人權便轉化爲由國家憲法和法律所保護的公民權利。

　　而在十八、十九世紀，主權思想在國際關係（即西方國家之間的關係）中得到進一步提升，變成了國際法的基本原則。主權國家是國際法的主體，每個主權國家就其領土內的事務有絕對的管轄權，他國不容干預。各主權國是平等的，他們互相尊重對方的主權。十九世紀英國國際法學者奧本海姆（Oppenheim）便說：「主權是最高權威，即一個獨立於世界上任何其它權威之外的權威。」這種「主權至上」思潮在當時佔了主導地位，所以有人把十八世紀中期至第一次世界大戰這段期間形容爲「絕對」主權概念的時代。

　　第一次大戰後，國際聯盟成立，其主要目的是促進世界和平。雖然 1919年的《國際聯盟盟約》裏沒有使用「人權」的概念，更沒有以人權原則來規限主權的行使，但與此盟約相關的關於在某些國家保障少數民族權利的條約的特別安排，可被視爲二次大戰後的國際人權保障的先驅。

三、當代國際關係領域的人權思想與主權思想

二戰以前，人權在國際法上並不佔有很重要的地位。國際法學者奧本海姆認為，「個人不被認為具有國際的合法權利，他們被說成是國際法的客體，而不是主體。國家充其量對個人具有某些國際法律義務。而個人則被認為對他們的國籍所屬國家負有義務。」〔註3〕

由於二戰對人權的極大侵犯與蹂躪，使人們充分認識到，1919 年《國際聯盟盟約》規定締約國有不從事戰爭的義務是不足夠的，必須確立各國均須尊重人權、人的尊嚴、人的價值這個重要道德原則。當時的美國總統羅斯福（Franklin Roosevelt）在 1941 年便提出，戰後的新世界必須尊重四種自由：言論和表達的自由、敬拜上帝的自由、免於匱乏的自由和免於恐懼的自由。

1942 年，二十六個國家（包括美、蘇、英、中）共同發表《聯合國宣言》，其中提到，他們「深信戰勝他們的敵國對於保衛生命自由和宗教自由並對於保全其本國和其它各國的人權和正義非常重要」。人權思想由此復興。

1945 年，聯合國成立，《聯合國憲章》把國際法和國際關係帶進了新的紀元。它不單包涵原有的主權原則，還加上了新的人權原則和自決原則。在這個體系裏，主權和人權的關係逐漸出現了新的格局。

在新的世界秩序裏，主權國家仍是基本的單位、國際社會的成員和國際法的適用對象，原有的主權平等、各國互相承認和尊重對方的主權、不干涉對方的內政等原則都得到確認以至強化，並與各國和平共處、互不侵犯的原則聯繫在一起。《聯合國憲章》在序言中強調「大小各國」的「平等權利」。根據《憲章》第 2 條，會員國須遵行「各會員國主權平等之原則」；第 2 條第 7 款規定，「本憲章不得認為授權聯合國干涉在本質上屬於任何國家國內管轄之事件」（以下稱為「國內管轄」原則）。

《聯合國憲章》有相當完整的一套原則處理對別國動武的問題，基本上是設立全球性的集體安全體系，堅持和平原則，否定戰爭的合法性和正當性，並把在國際關係中使用武力局限於兩種例外情況。《憲章》的第一個宗旨便是「維持國際和平及安全」（第 1 條第 1 款），「各會員國應以和平方法解決其國際爭端」（第 2 條第 3 款），其中最重要的是第 2 條第 4 款：「各會員國在其國際關係上不得使用威脅或武力，或以與聯合國宗旨不符之任何其它方法，侵害任何會員國或國家之領土完整或政治獨立。」

〔註 3〕奧本海：《國際法：專論》，1912 年第一卷，第 362 頁。

　　《聯合國憲章》還肯定了人權和自決權作為世界性的道德、法律和文明準則，這可說是人類歷史上的一大突破。《憲章》裏七次提及「人權」，它在序言中強調「基本人權、人格尊嚴與價值」，第 1 條在規定聯合國的宗旨時，提到「人民平等權利及自決原則」，「不分種族、性別、語言或宗教，增進並激勵對於全體人類之人權及基本自由之尊重」。

　　根據《憲章》第 55 條，聯合國應促進「全體人類之人權及基本自由之普遍尊重與遵守，不分種族、性別、語言或宗教」。更重要的是第 56 條，它規定「各會員國擔允採取共同及個別行動與本組織合作，以達成第 55 條所載之宗旨」。這條文後來被理解為各國遵守基本人權標準的法律義務的基礎。

　　雖然《聯合國憲章》採用了「人權」這個概念，但對於人權的具體內容則未有做出規定。這種規定後來見於 1948 年聯大通過的《世界人權宣言》。這個宣言被喻為「全人類的《大憲章》」，對當代世界的政治、法律和道德思想產生了深遠的影響。它大大擴展了十八世紀具有資產階級色彩的人權觀，使人權的範圍不限於傳統的公民和政治權利（所謂「第一代」或「第一世界」的人權），它包涵了社會主義國家所重視的經濟和社會權利（所謂「第二代」或「第二世界」的人權）。《世界人權宣言》的最大成就，在於為世界各國政府就其怎樣對待其人民訂下了「普遍性」的道德標準：只有當有關政府符合這個標準時，它才算是文明的、具有道德上的正當性的。

　　《世界人權宣言》通過時，各國並不認為它是具有正式法律約束力的文件，所以《宣言》通過之後，多份供各國締結參加的、具有法律約束力的國際人權公約相繼起草而成，其中最著名的是兩個涵蓋面最廣的國際人權公約，即 1966 年制訂《公民權利和政治權利國際公約》和《經濟、社會、文化權利國際公約》，這兩個公約對《世界人權宣言》提出的人權做出了更具體的規定，並設立了監督其實施的機制。兩公約都肯定了人民的自決權，這是《世界人權宣言》裏還未有的。公約在承認個人人權的基礎上，突出強調了民族自決權、國家獨立權、發展權等集體人權。人權的內容和範圍從開始的個人權利發展到集體權利，再發展到第三代人權即環境權、和平權、共同擁有和繼承財產權、交流權等。人權概念不斷被補充新的內涵而逐漸完善，形成各國普遍接受的觀念，並最終以國際法的形式得以確立。

第二節　當代世界人權的國際保護與國家主權原則

　　在國際法和國際關係領域，人權的國際保護與國家主權原則之間的關係一直是個爭議頗大的問題，至今仍未形成一致的看法。而且，往往還滲透著不同社會制度、不同發展程度國家之間的鬥爭。

一、人權的國內保護到國際保護

　　一般認為，人權是人類追求合理的社會以及最基本的正義的要求。人權的概念的提出首先要歸功於 17、18 世紀資產階級反對封建神權、王權和特權的鬥爭。隨著資產階級革命的成功，根源於人的尊嚴和價值的「天賦人權」開始上升為法定人權。如英國的《權利請願書》（1628 年）和《權利法案》（1689 年）是迄今發現是最早載有人權規定的法律文件，也是西方國家人權立法的初步形態。它確立了以法律保障個人自由權利的制度。〔註 4〕美國的《獨立宣言》（1776 年）在人類歷史上第一次以政治綱領的形式確定了「天賦人權」、「人民主權」的原則。法國的《人權和公民權宣言》（1789 年）作為法國第一部憲法的序言，在世界歷史上第一次以根本大法的形式肯定了人權概念、內容及原則，被稱為「第一部人權法典」。

　　20 世紀之前，人權基本上屬於國內法調整的對象。資本主義國家的憲法和相關法律都有不同程度地規定。一戰後由於國際上出現了一系列嚴重違反人權的情形，人權問題引起世界各國的關注，關於人權保護的規定和條約開始出現，人權問題開始從國內法領域進入國際法領域。但是人權概念還沒有完全被國際法所承認。

　　二戰後，人權的國際性和人權國際保護得到迅速發展。人權原則成為國際社會的準則，人權的國際保護也成為國際社會面臨的重要任務。具體體現在國際公約對人權概念的確立及其內容的豐富和充實上。1945 年，《聯合國憲章》第一次將「人權」固定在一個普遍性的國際組織文件中，並將尊重全體人類之人權及基本自由作為聯合國的一項宗旨，從此，第一次將人權納入國際法的範疇，使之成為國際法的一項原則。1948 年聯大通過的《世界人權宣言》，第一次在國際範圍內系統地提出人權的基本內容和共同奮鬥目標。1966 年在聯合國主持下，各國簽署了《公民權利和政治權利國際公約》和《經濟、社會、文化權利國際公約》及其《任意議定書》三個法律文件，構成了《國

〔註 4〕見董雲虎編著：《人權基本文獻要覽》，遼寧人民出版社 1994 年，第 2 頁。

際人權公約》，表明國際人權法的初步形成，具有劃時代的意義。而《國際人權公約》與《世界人權宣言》一起構成的《國際人權憲章》是現代國際人權法的基本文件。

此後，聯合國、與人權問題有關的聯合國專門機構以及各主要區域性國際組織還制訂、通過了許多有關人權的宣言、建議、公約和決議等國際文件。其內容不僅涉及政治領域，也涉及社會、經濟、文化等領域；既涉及少數民族和有色人種的權利，也涉及婦女、兒童、難民、殘疾者的權利；既涉及個人人權，又涉及集體人權，從而形成了比較完整的國際人權法體系。

二、人權的國際保護與國家主權原則

如前所述，人權的國際保護是針對兩次世界大戰造成對人權的大規模踐踏而提出來的。所謂人權的國際保護，是指國家按照公認的國際法原則、規則和制度，通過國際條約，對實現人權做出保證和進行國際合作，並對侵犯人權的行為加以防止和懲治。〔註5〕它包含有兩個層面的內涵：一是國際社會通過簽訂國際條約或根據公認的國際法基本原則，使國家在人權問題上承擔某種普遍或特定的國際義務；二是在諸義務不被履行時，國際社會有權對違約國採取防止或預防措施，以保證義務被履行。

國家主權原則是國際法的基本原則，它具體體現為國家對內的最高權和對外的獨立權：在對內方面，國家對自己領域的人和物以及本國領土外的本國人享有屬地優越權和屬人優越權。在對外方面，每個國家都是平等的國際人格者，有權獨立自主地處理本國的對內對外事務，並排除任何外來的侵略和干涉。

一般情況下，人權問題屬於國家內部事務，人權的國際保護應尊重國家主權，遵守不干涉內政原則。國家主權問題的實質就是民族的自決權和對外獨立權。每個國家有權決定自己的對內對外事務，以它自己認為適當的方式處理其內政，制定相應的人權規則和制度，對外獨立決定其有關人權的國際保護方面的國際事務，參加國際會議，加入國際組織，締結和簽署什麼國際條約等。如果國家的主權受到踐踏，國家沒有了基本的自決權和獨立權，人權的保護只能是一句空話。人權的實現最終主要還是由主權國家內部來解決。人權的國際保護實現的方式和途徑需要主權國家的配合才能實現。另一

〔註 5〕周洪鈞主編：《國際法》，中國政法大學出版社，第 391 頁。

方面，在人權的保護上，國家在行使主權權力時，也要受到國際條約的限制，不能違反國際義務。如果國家任意踐踏人權，同樣也要受到國際社會的譴責。

具體來講，從人權國際保護的發展過程及人權內容的變化，可以看出人權的國際保護與國家主權原則有著密切的關係。

第一，尊重人權保護人權是國家應負的國際義務。經過二百多年的發展，人權的內容已經十分廣泛。按照聯合國人權與和平司幹事卡雷爾‧瓦薩克的觀點，人權被劃分為三代，第一代人權即 18 世紀形成的人權觀，以法國《人權宣言》和美國憲法為代表，主要包括平等權、言論自由權、出版自由權、財產權神聖不可侵犯等。第二代人權主要包括就業權、同工同酬權、社會保障權等為代表。第三代人權出現於二戰後反殖民化運動中，其內容包括民族自決權、發展權、和平權、繼承人類共同遺產權等，主要表現在《聯合國憲章》、《公民政治權利和文化權利公約》、《經濟社會文化權利公約》以及其它一系列公約中。

在對待個人人權和集體人權的態度上，西方國家片面強調個人人權，反對集體人權。而廣大發展中國家則堅決認為集體人權是個人人權實現的前提和保障，國家不獨立，不發展，何談保護基本人權。個人人權和集體人權共同構成了人權保護的基本內容，二者不可分割。人權的發展經歷了一個漫長的過程，從國內法保護逐步發展為國際保護，人權共同標準是存在的，存在於人類的共同屬性，存在於人類共同生存和發展的需要中。所以，「各國……都承認人權的普遍性，在人權問題上有共同遵守的國際準則」。〔註6〕

第二、尊重人權、維護主權。主權是一個國家獨立自主地處理其對內對外事務的最高權力，任何國家都必須尊重他國主權。國家主權平等原則作為國際關係的基本準則，人權保護作為一項國際義務，二者並不必然地互相對立。「《聯合國憲章》宗旨和原則賦予二者同等地位，那就是要促進和保護人權，也必須尊重國家主權，而尊重國家主權是人權得以存在和發展的前提。」〔註7〕

首先，國家有保護人權的義務，人權的保護必須依靠國家。〔註8〕人權的國內保護和人權的國際保護共同構成了人權保護的內容，二者緊密相連，不

〔註 6〕錢其琛在面向 21 世紀的世界人權研討會上的講話，引自《人民日報》1998 年 10 月 21 日。

〔註 7〕中國常駐聯合國副代表沈國放在聯大社會、人道和文化委員會的發言，引自《新民晚報》1999 年 11 月 10 日。

〔註 8〕亞圖‧考夫曼：《法律哲學》，劉幸義等譯，臺灣五南圖書出版公司 2000 年第 1 版，第 183 頁。

可分割。相比而言，人權的國內保護更重要。因為人權保護的焦點不在個人，而在國家。人權的國際保護並不能直接作用於個人，必須通過國家來完成。在人權的國內保護方面表現為主權國家在國內行使主權權力，採取適當的措施，積極地保護公民的個人權利，雖然各國保護人權的具體措施有所不同，但各國對人權的保護無一不是結合該國國情，通過行使該國國家主權實現的。「按國際約法規定，人權國際保護有三種情況：第一，各國應根據有關國際法適當調整國內法。第二，國際法授權國際組織或國際機構執行人權的國際保護。第三，聯合國授權各國實行單獨的或集體的人權強制保護。」〔註9〕無論是哪一種情況，都是由國家完成的。

其次，國家主權不是絕對的，還要受到人權保護機制的限制。人權保護機制對主權的限製表現在：1、國家必須履行其簽定的國際公約或其它的雙邊條約，按照條約的規定，採取適當的措施，在國內給人權以充分的保護；2、國家還應積極支持和參與人權領域的活動；3、國家還有義務執行聯合國授權的個別或集體的措施，對嚴重侵犯人權的國家給予制裁。上述這些義務都是國際法賦予國家的必須履行的義務，任何國家都不得違反，否則要承擔國際責任。

第三節　當代國家主權面臨的衝擊與挑戰

國家主權這個概念自提出以後就一直處在不斷的發展變化之中，在不同的時期有不同的表現形態。從「主權者」的角度看，主權的發展大致經歷了「君土主權」——「議會主權」——「人民主權」三個階段。從 16 到 19 世紀的主權理論，強調的都是絕對主權說，認為主權是國家的最高權威，不可分割、不可讓與。但是從 20 世紀初開始，隨著帝國主義、殖民主義和霸權主義者的擴張，削弱、貶低、甚至否定主權的學說不斷出現，最著名的是「國家主權過時論」。但是另一方面，隨著戰後一系列社會主義國家的成立和民族國家的獨立，國家主權原則也得到了前所未有的強化。對廣大發展中國家來說，捍衛、維護國家主權成為主權發展的另一種潮流。20 世紀這兩種潮流的對立與鬥爭成為國際政治鬥爭的縮影。

〔註 9〕房廣順：《人權國際保護幾個問題的探討》，引自《人大複印報刊資料·國際法學》1996 年第 2 期。

冷戰後這兩種潮流的對立與鬥爭再度激化，國家主權面臨嚴重衝擊：一方面，科技革命、全球化使傳統意義上的國家主權不斷受到侵蝕，國家通過國際條約、協定自願限制自己的主權並向有關國際組織讓渡部分國家權力的現象已非常普遍。另一方面，以美國為首的西方國家試圖以武力推行「人權高於主權」的「新原則」，使主權原則的根基受到極大撼動。〔註10〕

一、國家主權面臨嚴重衝擊

第一，主權的基石作用也受到越來越大的擠壓。從主權概念發展變化的過程來看，主權從一開始出現就存在著種種制約和限制，絕對的國家主權是不存在的，因此對主權原則不能絕對化。例如布丹認為君主主權要受到神法、自然法的約束；此外，「主權者無權侵犯私有財產和公民的自由，不得公民的同意，主權者無權隨意徵收捐稅」。〔註11〕盧梭也認為人民主權要受到「公共意志」的限制。

冷戰結束後，國際社會國與國之間的聯繫和往來都發展到一個前所未有的程度，幾乎沒有一個國家能夠自我封閉，置身局外，必須要承擔一定的國際義務，承擔義務勢必就要放棄某種權力，一定程度上就是允許國際組織介入了本國內政。隨著世界經濟區域化、全球化的發展，國家間相互依存關係日益加深，使國家主權受到越來越大的衝擊，例如跨國公司的活動在不斷削弱國家主權，當今世界的一些全球性問題，例如販毒、走私、恐怖活動等遠非一國力量所能解決，需要世界各國的密切合作。此外，冷戰後以聯合國名義進行的干預越來越多，不僅包括國際衝突的解決，也包括對成員國內政的干預。二戰後確立的國家內政不容干涉的原則實際上已被突破。

從理論上來講，國家主權是至高無上的，不容他國染指，但由於世界各國共同生活在這個星球上，無數個這樣的「主權」不可避免地互相碰撞，其結果就是誰也不能肆無忌憚為所欲為，而必須有所節制，在享有權利的同時，還要承擔某種義務，一國在要求他國尊重自己主權的同時也應尊重他國的主權。而且，國際社會發展到了今天，任何主權國行使權力時都不能無視人類的共同利益或世界各國的共同意志。在這個意義上，主權是可以受到限制的，而且也應該受到限制。

〔註10〕 此部分內容請參閱譚宏慶：《當前國家主權發展的幾個特點》2001 年 10 月第 3 卷第 5 期《國際論壇》。
〔註11〕 徐大同：《西方政治思想史》，天津人民出版社，1985 年版，第 149 頁。

冷戰結束後美國再次贏得「輝煌」，獲得了比世界其它任何國家都要巨大得多的優勢。「美國霸權」或「美國主導下的霸權」已不再是不可想像的事，可以預見，美式「自由、民主、人權」原則恐怕將繼續擠壓「主權」原則基石作用的空間。從目前國際社會的現實來看，國家主權已不能完全保證國家避免外來干涉的情況表明，主權所應有的基石作用也已受到嚴重擠壓。

第二，對主權的合法性要求越來越高。現階段人民主權學說認為主權屬於人民，因此人民才是真正的「主權者」。但一般而言，國家主權表現為國家權力，而這種權力通常由政府來行使。從理論上講，在實行三權分立的國家，議會掌握國家最高權力，但在權力體系的運作中，往往都是行政權力佔據主導地位。政府實際上在充當「主權者」的角色。從全球化的趨勢看，現代社會對政府的合法性要求越來越高。這種合法性一般包括兩個條件：其一，國家政權必須獲得人民的支持，能夠代表人民行使國家權力。其二，國家政權需獲得國際承認。一個國家政權如果得不到人民的擁護，必然會產生合法性危機，「主權在民」的現代民主精神也無從體現；同樣一個國家政權如果得不到國際承認將難以融入國際社會，甚至還有可能引起國際干預。

第三，主權的使用範圍不斷充實深化。現代社會，國家政治生活的內容日趨豐富，國家管理的領域、職能日漸複雜，相應地派生出來的國家權力也越來越多。就主權的使用範圍來說，「正像航海和航空技術賦予國家領海、領空主權一樣，空間技術和海洋技術的發展把國家主權推展到新的領域，而信息技術革命則賦予主權國家一道難以捍衛的『信息邊疆』。新技術革命的進程改變著國家主權行使的範圍與空間。」〔註12〕

第四，主權與人權的關係由對立走向統一。在國家主權學說發展的早期，主權還只是由君主或政府掌握的最高統治權，人民是「主權的奴僕」、「最高統治權統治的對象」。而到了主權發展的第三階段，國家主權已經屬於人民，是人民意志的體現。人民已經成為「主權的主人」，是主權的行使者。隨著人權的內涵擴展，個人人權和集體人權共同構成了人權保護的基本內容，因此，從這個意義上講，主權也是一種人權，是各國人民自我管理、維護國家獨立統一、促進社會進步的權利。主權發展的過程實際上就是人民逐漸當家作主、人民的集體與個人人權不斷得以體現並加以實現的過程。因此從理論上講，

〔註12〕趙旭東：《新技術革命對國家主權的影響》，載資中筠主編《國際政治理論探索在中國》，上海人民出版社，1998年版，第284頁。

主權、人權已經實現了辯證的統一。不僅如此，國家還必須將保障、促進人權作爲國家主權要實現的重要目標之一。

「從最基本的意義上說，國家主權正在被全球化和國際合作的力量重新界定。現在的普遍理解是，國家是爲人民服務的，而不是相反。個人的主權已被人人有權控制自身命運這種新意識所強化。」〔註13〕如果一個國家能夠充分實現和保障法律賦予公民的各項權利，人民的意志能夠得到充分體現，那麼不僅對外能夠防止國際干預，對內也能得到人民的擁護，實際上是鞏固和加強了國家主權的地位。因此，主權與人權可以相輔相成，互相促進。

二、國家主權面臨的挑戰

20 世紀後半期新的科技革命、全球性民主化進程、科索沃戰爭、伊拉克戰爭等都對主權的發展變化產生了重大影響。

第一，來自西方國家「人權高於主權」的挑戰。近幾年來，西方國家大肆鼓吹「人權」高於「主權」，認爲尊重「主權」本身並不是終極價值目標，主權的道德價值在於它爲保護人權和自決權提供了一個地域和領域。也就是說，主權是手段性的善，而自身並不是目的。科索沃成了這種理論的試驗場。雖然「人權高於主權」並沒有形成正式的國際法原則，但以美國爲首的西方國家並沒有放棄這個口號。人權問題已經成爲某些西方國家實現其政治目的和戰略意圖的工具。

無可否認的是，在當今國際政治的現實中，促進人權已成爲國家主權要實現的主要目標之一，但這並不能表明人權一定就高於主權。主權是國家生存和發展的必然條件，而人權則是公民、民族生存和發展的前提。但人權的實現有賴於國家主權。目前人權的實現和保護包括國內與國際兩個方面：國內方面主要是指各國憲法和其它法律規定的本國公民所享有的各項政治、經濟、社會、文化權利和自由，國際方面是指主權國家通過參加國際公約特別是人權公約來確認人權國際習慣法規則所承擔的國際義務。但從根本上講，人權的實現、實現的程度取決於各國的國內因素，主要是靠各國自己採取措施來解決。從歷史上看，維護主權從來就是保護人權的前提。沒有哪一個國家的國民在主權淪喪的情況下卻享有前所未有的人權。

〔註13〕摘自安南 1999 年關於聯合國工作的報告。轉引自金克勝《國際法發展動向與「人道主義干涉」，載《世界經濟與政治》，2000 年第 4 期。

第二，民主法治建設的挑戰。現代主權學說主張主權來源於人民，歸屬於人民，因此主權與人權在理論上應該是一致的。但在政治運作過程中，二者也經常出現衝突。這主要表現在國家權力與公民權利的關係上。因為主權畢竟是以國家權力的形式表現出來的，雖然理論上國家主權來源於人民、歸屬於人民，但在人民意志表現為國家權力這一環節，以及國家權力在運作過程中體現人民意志並保護促進人權這一環節中有可能出現種種偏差，在實際中仍將會存在國家權力侵犯個人權利的情形。而相對於國家權力來說，個人是弱小的。現在各國憲法和其它法律都明文規定了公民的各項權利，國家在行使屬人主權時，有權要求國民遵守國家法律、履行法定義務，懲治罪犯，但無權隨意剝奪法律賦予公民的各項權利，不能侵犯、踐踏公民權利。也就是說國家行使主權必須在法律許可的範圍之內。

第四節　「人權高於主權」與「主權高於人權」

有關人權的國際保護與國家主權原則之間關係的問題，一直存在著如「人權無國界」、「人權高於主權」、「人道主義的干涉」等各種各樣的主張。在實踐中，也常有違反人權保護的事件發生。西方國家一些學者大都主張人權原則不僅僅是國際法的基本原則，而且是基本原則體系中最重要的原則，因為人權原則的施行就是為了限制國家主權或對違反人權原則的主權國家進行「人道主義干涉」。由此，國家主權原則和不干涉內政原則就從屬於人權原則。〔註14〕然而，還有一些非西方學者認為，人權問題雖然有其國際性的一面，但本質上屬於一國內部管轄的事項，國際公約有關人權的規定主要通過國內法才能實現，保護人權的責任主要在於主權國家。尊重國家主權和不干涉內政等公認的國際法原則同樣適用於人權的國際保護。維護國家主權是實現人權的根本保證。

一、「人權高於主權」論

20使90年代以來，一些西方國家一再主張「人權高於主權」的理論。認為：「今天，任何國家都無法躲在國家主權的盾牌後面推卸人權方面的責任。尊重人權和基本自由成為現代國家的重要特徵。」「在人類利益面臨威脅的時

〔註14〕參見李龍、萬鄂湘：《人權理論與國際人權》，武漢大學出版社1992年，第123頁。

候，有必要犧牲自己的主權。」〔註15〕這種觀點宣稱，人權原則與國家主權原則之間是很難統一的。在二者產生矛盾時，就必須放棄後者而服從前者。英國學者勞特派特就認為：「如果不放棄人們往往認為是在國際範圍內國家主權的主要屬性的那些東西，那麼國際組織的主要任何目的就都不可能實現。」〔註16〕所謂的「國際組織的主要任何目的」就是指《聯合國憲章》關於基本人權和自由。依此推論，要實現基本人權和自由，國家就要放棄主權。這種觀點被某些國家推導為「人權至上論」。

必須指出的是，在現實的國際關係和國際政治領域，人權問題本質上是屬於主權國家內部管轄的事情。尊重國家主權原則同樣適用於處理國家之間、國際組織與國家之間的人權問題糾紛。任何主張「人權高於主權」的觀點都是與《聯合國憲章》的基本精神相違背的。《聯合國憲章》第2條第7款規定，「本憲章不得認為授權聯合國干涉在本質上屬於任何國家國內管轄之事件。」因此，西方一些國家力主取消《聯合國憲章》第2條第7款關於國家主權的規定，實際上就是主張將人權的國際保護絕對化，是對國家主權原則的挑戰。

有學者認為，關於人權高於主權的正確觀點應該是：在憲章宗旨之精神的指導下，在不違反憲章原則的前提下，去增進並激勵對於全體人類之人權及其基本自由的尊重。國家不得以「維護國家主權」為由，對其違反國際法，大規模、嚴重侵犯本國人或外國人的基本權利和自由的行經進行辯解；國家也不得打著「人權國際保護」的旗號，去干涉本質上屬於別國國內管轄之事項。既要尊重、保護人權和基本自由，又要尊重國家主權獨立、主權平等原則。「人權高於主權」理論的實質就是否定人權是一國內部管轄事項，目的在於將人權問題政治化，意識形態化，利用人權來推行霸權主義，強權政治。

在當前的國際社會中，一國的最高利益仍然是指導一國活動的根本準則，一個國家在進行國際活動時，不管打的是什麼旗號，都不可能不以本國利益為基本出發點。在當前人權保護領域，某些西方國家藉口所謂人權，對廣大發展中國家和社會主義國家的國內事務進行干涉，其實質是本國的政治利益以及其全球戰略目標，而非人權本身。因此，在現實的國際政治鬥爭領域，在「人權」與「主權」關係上的兩種極端化傾向是我們必須反對的。

〔註15〕 參見曹建明：《中國人權觀及其西方人權觀的鬥爭》，載《改革與法制》，天津社會科學出版社1995年版，第657～658頁。
〔註16〕 《奧本海國際法》上卷，第1分冊，商務印書館1981年，第276頁。

　　第一，藉口人權的國際保護侵犯主權。美國一直是人權保護的積極支持者和實施者，實際上他們打著維護人權的旗號，侵犯別國內政，踐踏人權。從 1998 年開始，以美國為首的北約開始對南聯盟的內政「科索沃」問題，以南聯盟「踐踏人權」為由進行指責和干涉。1999 年 3 月又悍然發動空襲對南聯盟進行武力打擊，以迫使其屈服。嚴重侵犯了南聯盟人民的自決權、生存權、發展權，是對南聯盟人民人權的嚴重踐踏，也是對南聯盟國家主權的嚴重侵犯。除此之外，美國還經常在國際會議等場合上指責其它國家的人權問題，每年提出近 200 多個國家和地區的人權問題報告，充當「人權衛士」。

　　美國對中國的人權問題橫加指責的根本原因是不願意堅持獨立自主和社會主義道路的強大中國的出現。人權進入國際保護領域，並不意味著人權問題可以擺脫國家主權原則和不干涉內政原則。國際社會為了避免在人權領域出現干涉別國內政的現象，曾經一再以宣言和法律形式強調國家主權原則的重要地位，並對藉口人權國際保護干涉別國內政的行為予以譴責。1965 年聯大通過的《關於各國內政不容干涉及其獨立與主權保護宣言》規定：任何國家，不論任何理由，均無權直接或間接干涉任何國家之內政、外交，故武裝干涉及其它任何方式之干預或對於一國人格或其政治、經濟及文化事宜之威脅企圖，均在譴責之列。因此，主權原則是前提，人權要服從主權，不能藉口人權干涉別國內政，踐踏國家主權。

　　第二，藉口主權原則違反國際義務侵犯人權。在南非，白人政權從本世紀初開始先後制定了二百多種種族主義法律，建立了世界上最野蠻的種族隔離制度，從政治、經濟社會生活各個方面對當地非洲人進行迫害。南非黑人被剝奪了一切政治權利，他們中的大部分人被驅趕到貧瘠狹小的「保留地」，而南非最富饒的土地都由少數白人種族主義者霸佔。在國際社會的不懈努力下，特別是實施強制措施全面制裁後，上述問題在九十年代才有所解決。從以上論述中可以看出，國家如果不重視人權，蔑視人權，實施暴政，不僅本國人民受害，最終也必將禍及世界人民。因此，人權的保護必然要求增加國際社會的共同安排。如果一個國家有對本國人民實施殘暴迫害的罪行，以致否定他們的人權，這種行為就不再是純屬國內管轄的事務。大規模嚴重侵犯人權的行為是違反國際法上強行法規則的，構成國際犯罪，從而超出一個國家國內管轄的範圍，成為國際社會關注並應解決的問題。

人權是一國內政，並不意味著一國可以以人權是內政爲由，逃避保護人權的國際義務，肆意地在本國侵犯人權。保護人權是每一個國家都應承擔的國際義務，如果國家不履行其承擔的義務，就應該承擔國際責任，國際社會也可以依據國際法，對嚴重侵犯人權的國家給予制裁，迫使其履行國際義務。

二、人權與不干涉內政原則

在現代國際關係中，不干涉內政作爲指導國際關係的基本準則之一，意味著任何國家不得以任何藉口干涉本質上屬於另一個國家內部的事務。但是，一些西方國家拋出的「人權高於主權」理論卻認爲，人權不再是一國內政，「在人權和基本自由由於具有法律義務的性質而成爲憲章的一個經常特色時，它們已經不是在本質上屬於各國內部管轄事項」，〔註17〕「不干涉內政原則在人權領域應被重新解釋，這樣，國家就不能援引此原則作爲國際社會對國內人權事件的國際關注的障礙。」〔註18〕一些西方國家打著人權的旗號，對他國的內政進行大規模地干涉。

人權問題是否適用不干涉內政原則，關鍵在於人權本質上是否屬於一國國內管轄事項。法國的盧梭、奧地利的菲德羅斯、英國的瓦爾多克等認爲保護人權本質上仍然屬於國內管轄事項。Malcolm N.Shaw 也認爲「人權並不是由國際法直接規定的，個人也不是國際法的主體。實際上，人權是由國家賦予的，人權事項本質上是屬於一國內政。」「國際人權條款的確切含義是由一國的社會經濟制度決定的。」〔註19〕正如厄克馬拉指出的「爲促進政治、公民、經濟、社會及文化等方面的人權而進行立法，已不再是本質上屬於國內管轄的事項，這一點是顯而易見的。然而，實施人權的措施則缺乏規範性的規定，這也是明顯的。因此，保護人權仍然本質上屬於國家的管轄事項，即使國家按照嚴格秩序參加有關公約。」〔註20〕

1981 年 12 月 9 日聯合國通過的《不容干涉和干預別國內政宣言》明確指出：「各國有義務避免利用和歪曲人權問題，以此作爲對其它國家施加壓力或在其它國家集團內部或彼此之間製造猜疑和混亂的手段。」由於各國國情不

〔註17〕《奧本海國際法》（第九版）第 1 卷第 2 分冊，中國大百科全書出版社，第 383 頁。
〔註18〕《International Law》by Malcolm N.Shaw, Cambridge University Press, p.202.
〔註19〕《International Law》by Malcolm N.Shaw, Cambridge University Press, p.199.
〔註20〕沈宗靈、董森主編：《西方人權學說》（下），四川人民出版社 1994 年版，第 479～497 頁，轉引自《外國法譯評》1997 年第 3 期。

同，發展程度不同，在人權的保護範圍、保護程度上也會有所不同，因此，任何國家都無權以人權爲名行干涉主義之實，否則，就違反了不干涉內政原則，違反了國際法。

需要注意的是，由於國際人權的發展，人權問題確實已不純屬內政事務，如違反國際法準則，剝奪最基本人權的行爲顯然已超過一國「內政」的範圍。國內學者一般認爲，最基本的人權應包括三個方面：一是個人的生命權和集體的生存權；二是基本人格、人身自由權；三是平等權。非法剝奪這些權利的行爲不僅已被國際公約宣佈爲國際犯罪，而且也是聯合國從 60 年代以來一直呼籲以斷絕外交、貿易禁運等措施進行制裁的重點。因此，對這些基本權利的保護已經成爲普遍性的國際義務。不干涉內政原則在這一範圍內沒有施行的餘地。〔註 21〕任何國家亦不能主張一切人權問題都是內政事務而濫用不干涉內政原則以逃避國際強行義務。

與人權與不干涉內政原則的關係密切相關的一個問題就是「人道主義干涉」問題。所謂「人道主義干涉」，《奧本海國際法》中認爲：「如果一個國家有對本國人民施行殘暴或迫害的罪行，以至否定他們的基本人權並且震駭人類的良知，那麼，爲人道而進行的干涉是法律所允許的。」〔註 22〕

對於「人道主義干涉」的問題，目前學者也有兩種不同的看法。一種觀點認爲，現代國際法已經否定了「人道主義干涉論」，因此從國際法講，「人道主義干涉」在現代已屬違犯國際法的行爲。〔註 23〕另一種觀點認爲，人道主義的干涉確實曾經被某些國家濫用，藉以到達某些自私的目的，並且還存在著繼續被濫用的可能性，然而我們不應把濫用的歷史視爲「人道主義干涉」本身。在某種特定的情況下，「人道主義干涉」可能是唯一的選擇。〔註 24〕在現代國際關係領域，「人道主義干涉」並沒有完全被否定，在一定程度上還爲聯合國所運用。1992 年聯合國出兵索馬里的決議就是「人道主義干涉」，並得到了國際社會的支持。

〔註21〕 參見李龍、萬鄂湘：《人權理論與國際人權》，武漢大學出版社 1992 年，第 132 ～133 頁。
〔註22〕 勞特派特：《奧本海國際法》上卷第 1 分冊，商務印書館 1981 年，第 235 頁。
〔註23〕 孫紀成：《人權初論》云南人民出版社 1993 年版，第 197 頁。
〔註24〕 萬鄂湘、郭克強：《國際人權法》，武漢人民出版社 1994 年，第 81 頁。

第五節　人權與主權關係的學理反思

　　如上所述，人權與主權的關係是人權領域爭議紛雜的問題。因為這一問題不僅涉及到不同社會政治制度、意識形態的分歧，更為重要的是基於當前國際政治鬥爭的需要。當前的國際社會中，決定一國活動的根本準則的仍然是本國的最高利益，一個國家在進行國際活動時，不管打的是什麼旗號，都不可能不以本國利益為基本出發點。因此在人權與主權關係的問題出現如此紛雜混亂的觀點也就不足為怪了。如果我們不僅僅局限於國際上有關人權的外交鬥爭，而從人類發展和全球化的角度和視野來進行學理的闡釋和反思這一問題，也許更具意義和價值。

一、普遍人權與國家主權關係

　　在人權與主權的關係上，與「人權高於主權」相反的觀點就是「主權高於人權」。這種的觀點認為，主權與人權相比，主權高於人權。因為人權不是抽象的，而是具體的。人的權利，都是由主權國家根據本國的具體情況，通過立法來規定並保障實現的。沒有國家主權，就沒有人權，即使有人權，這種人權也無法實現。

　　學者呂世倫先生認為，這種觀點是在傳播一種早已被馬克思、恩格斯和列寧所反對的國家主義精神和新「國家迷信」。在階級社會中，傳統的國家僅僅作為社會中一小部分人的統治階級實現其自身狹隘的人權，排斥廣大被統治階級人權的手段，而不是實現全體人權的「中介」。在整個人類歷史發展過程中，國家從來是普遍人權的對立物和障礙物。要實現普遍的、真實的人權，恰恰要消滅階級、從而消滅國家。那種「以為國家就能保障人權的實現」是不符合實際，也是馬克思主義者所反對的。人權，就普遍人權的實現來說，它是超越國家之上的，在這種意義上，它是無國界的。我們所講的普遍人權理論和作為西方國家的侵略與擴張主義口實的「人權無國界」與「人權國際化」論，有嚴格的本質性的區別。我們不能因為西方國家講「人權無國界」，我們就一定要講「人權有國界」；也不能因為西方國家講人權國際化，我們就一定要講人權國內化。普遍人權理論與西方國家所講的人權無國界論的區別在於：

　　第一，立場不同。我們講人權國際化，是站在全人類的立場上，而西方國家則是站在少數發達國家的資產階級立場上來談人權問題。

第二，目的不同，我們講人權，其目標是要解放全人類，實現普遍的人權，而西方國家則將人權國際化的理論作為推行大國政策，干涉別國內政的工具。

第三，手段不同。我們實現普遍人權的手段，是通過社會和經濟的發展，最終實現大同。而西方國家則通過高壓政策、經濟制裁等手段來追求自身稱霸世界的目的。

「需要聲明的是，批評人權理論研究中的國家主義傾向及實用主義思維方法，絕對不等於排除國家在特定歷史階段上所可能產生的，對人權的正面影響。相反，必須承認，在階級社會中，人權問題的確是無法擺脫國家的干涉和影響；尤其人的政治權利和法律權利本身就是由國家規定和認可的權利。」〔註 25〕其次，批評國家主義傾向也絕不意味著對西方國家「人權攻勢」坐視不理。主權與人權也有緊密聯繫，一個國家如果失去民族的獨立和主權完整，勢必為外國侵略者的肆意踐踏洞開大門，給被奴役國家的人民帶來更大的災難，那裏的人權也會因此而消滅殆盡。〔註 26〕

對於「人權與主權」問題的理解，捷克總統哈維爾為我們提供了另一個視角。哈維爾認為，人比某一國家更為重要。「事實上存在著一種高於國家的價值。這種價值就是人。眾所週知，國家要為人民服務的而不是與此相反。公民服務於自己國家的唯一理由，是因為對於國家為所有公民提供良好服務而言，公民的服務非常必要。人權高於國家權利。人類自由是一種高於國家主權的價值。就國際法而言，保護單個人的國際法律優先於保護國家的國際法律。」〔註 27〕

現代民主國家的特徵，通常包括尊重人權和自由、公民平等、法治和公民社會，作為人類未來目標的這種生存方式，或者人類為自己的生存而應該朝著它前進的生存方式，也許可以被界定為一種以世界性或全球性的尊重人權、世界性的公民平等、世界性的法治和全球性的公民社會為基礎的生存方式。在當今世界，如果我們各自的命運已融合成單一的一種命運，如果任何人都應對全人類的未來負責，那麼，任何人、任何國家，都不應擁有限制人民履行自己職責的權利。因為人權、人的自由和人的尊嚴深深地植根於地球

〔註 25〕 呂世倫：《人權研究的新進展》，《蘭州學刊》1994 年第 5 期。

〔註 26〕 此內容請參閱呂世倫、仕中：《人權研究中的一場風波——建國以來法學界重大事件研究（十二）》，《法學》1998 年第 5 期。

〔註 27〕 捷克總統——哈維爾 1999 年 4 月 29 日在加拿大國會的演說。

人類文明之中。對於國家及其在未來可能扮演的角色，結論只能是：國家是人的產物，而人是「上帝」的產物。〔註28〕

二、人權對主權的制約

現代世界的主體是國家，國家主權是國際關係中決定性的概念，保證主權完整是國際社會的一個基本準則，然而在這個原則的背後，還有或者說應該有一個更高級的、更根本的原則：那就是國家乃是為保障其公民的自由、權利和尊嚴而建立和維持的。這是國家及其政府的合法性之所在。人民並不為國家而生存的，而是國家是為人民而存在的。公民的自由、權利和尊嚴優先於國家的權力。

可以說，主權只是一種「工具」，而公民的自由、權利才是主權所要保障的基本價值。主權本身不具有價值的意義。現代民主國家的一切主權都屬於人民，由人民授予政府在國際社會保護和運用這一權力，從這一點說，政府是國家主權的維護者，也可以說是人民自由和權利的維護者。然而另一方面，正因為政府壟斷了強制的權力，因而對公民自由和權利的最嚴重的侵犯者往往也正是國家。現代自由民主制度的種種制度設計就是為了制約政府的這種權力。

然而，在不少國家，由於缺乏這種強有力的制約，政府或是出於維護自己獨裁統治的需要，或是出於民族主義的動機，或是為了某些小集團的利益，肆無忌憚地侵犯大部分公民的生命、人身和財產權利，有組織地動用國家強制力量限制、踐踏甚至完全取締公民的各種自由，這樣的國家，已經背棄了它與人民的契約，從法理上已經失去了合法性。

同時，人的自由和權利作為一種自然權利，具有普遍性，就是說世界上每一個人都天然地有權享有這種自由和權利，這種權利不因種族、膚色、文化和政治制度差異而不同。因此，國際社會對於一國政府侵犯本國公民的自由、權利的干預乃是正當的。因為那個政府本身已經喪失合法性在先。

其實，除非處在完全的封閉狀態下，任何一個國家的主權都不是絕對的。國際條約、貿易協定、國際法院以及跨國組織，都或多或少地剝離出部分國家主權，使一國政府只能行使不完整的主權。而日益被廣泛接受的自由民主的價值，可以說是對政府主權的最大的制約。這種制約力量不僅來自國內，

〔註28〕 參閱捷克總統——哈維爾 1999 年 4 月 29 日在加拿大國會的演說。

也來自國外，包括外國政府、跨國機構、及國外民間組織和公民個人。任何一個現代政府都不可能不考慮這種來自外部的力量。它這反映的是一種道德的力量，一種永恆價值的力量，一種合乎自然的力量。假如你用自由民主來說事，最起碼說明你沒有無視自由民主對於人類的基本價值。

人民需要國家的主權，僅僅因爲這是目前所能找到的維護自身自由、權利的較好用的工具，目前，對於自由、權利這些價值大部分是通過國內的民主制度、憲政和法治來獲得保障的。但是如果隨著全球一體化，隨著自由民主的價值被世界普遍接受，未來對公民自由、權利的保障很可能超越國家的界限。

三、人權保障與主權原則的衝突

在一個理想的世界裏，各國政府都根據《世界人權宣言》第 21 條的規定，由民主選舉產生，體現主權在民的原則，政府尊重人權，人民熱愛和平。在這種情況下，主權、人權與和平三原則是互相協調、相得益彰、融成一體的。但如果國際社會或個別國家爲了保障有關國家的人民的人權，對有關國家提出譴責、實施經濟制裁甚或進行軍事介入，這便涉及人權保障與主權原則的衝突的問題。

對於這個問題，須首先做出兩種區分：一是區分對侵害人權的國家採取行動者是聯合國還是未經聯合國授權的個別國家；二是區分藉以挽救人權的有關行動是否涉及武力或威脅使用武力。

第一種情況是聯合國做出的針對人權問題的非軍事性行爲。聯合國不認爲這些行動有違《聯合國憲章》中的「國內管轄」原則。在聯合國的實踐中，一國政府怎樣對待其人民，已不再像聯合國成立以前，純屬本國的內政，他人不能過問。

第二種情況是，個別國家在其外交政策中引入人權考慮，在與某些國家發展經貿或其它關係或對其提供經濟援助時，設立人權方面的條件，藉此向該國施加壓力，謀求其改善國內人權狀況。此外，對於被認爲嚴重違反人權的國家，別國也可自行（毋須聯合國的同意）實施經濟制裁或其它外交措施。

以上兩類維護人權的行動，其正當性應是難以置疑的。國內學者大都反對「人權無國界」、「人權高於主權」、「不干涉內政原則不適用於人權問題」等盛行於西方的觀點，他們一般強調的是，喪失了主權的國家民族，其人民

是沒有可能享受人權的。但是必須承認，一國人民的人權保障雖然有賴於該國政府充分行使主權，並為該國人民服務，而不是為外國勢力服務；但歷史經驗證明，政府既是人權的最大守護者，也常是人權的最大侵害者。以人權來制衡國家主權，在某種意義上，也有其合理性。

至於採用武力捍衛人權的問題，亦即「人道主義干預」問題，則更為複雜，因為這不但涉及人權原則與主權原則的矛盾，更涉及人權原則與和平原則的矛盾。在這裏也分別考慮兩種情況：一是聯合國授權動武的情況，二是個別國家未經聯合國的授權而對他國進行「人道主義干預」。

關於第一種情況，根據《聯合國憲章》第 7 章的規定，聯合國安理會在國際和平及安全受到威脅或破壞或出現侵略行為的情況，如使用武力以外的辦法不足以解決問題時，可採取軍事行動以執行安理會的有關決議。如在 1990 年伊拉克侵略科威特的情況。在人權受到嚴重侵犯的情況下，例如種族滅絕或其它大屠殺，因內戰或種族衝突而發生大規模的暴行、饑荒、瘟疫等災難，大量難民湧入他國，這種情況也可理解為對國際和平及安全的威脅。如正是基於這樣的理解，安理會 1992 年授權美軍到飽受內戰和饑荒蹂躪的索馬利亞救助饑民。

根據現行的《聯合國憲章》，安理會只能以國際和平及安全為理由，而不能直接以人權受到嚴重侵害為理由，對某國的國內事務進行軍事介入。在現行國際法秩序裏，和平原則和主權原則最終來說仍是優先於人權原則的。

後一種情況，就是在聯合國架構以外的、由個別國家或國家聯盟作出的「人道主義干預」的軍事行為，如 1999 年北約在南斯拉夫的戰事。在《聯合國憲章》成立之前，人道主義干預在（正如奧本海在 1905 年所說的）「一國對其國民或部分國民的殘忍程度令人類震驚」的情況下可算是合法的。但是，也正如《聯合國憲章》第 2 條第 4 款已清楚表明，會員國有國際法上的義務不對他國用武，而《憲章》只容許兩種例外情況：一是自衛，二是安理會授權的執行行動。雖然安理會曾就南斯拉夫對科索沃問題的處理通過決議，但未有決議授權北約採取軍事行動。所以部分西方權威學者承認，這次北約的行動在技術上是違法的。

當然在現代國際關係中，人道主義干預原則被濫用為強國入侵別國的藉口屢見不鮮。因此，人道主義干預問題未必能簡化地一概而論。如果有些國家基於人道主義的考慮，在別無選擇、迫不得已並在聯合國絕大部分成員國

默許的情況下，就涉及大批人生命安危的災難性人權狀況，採取不超越「相稱」原則的、有效的軍事干預行動，應該是無可厚非的。但是，採取不超越「相稱」原則的、有效的軍事干預行動的條件，每一項都是關鍵性的考慮。例如，是否眞的別無選擇？是否能通過談判解決問題？談判時干預方提出的條件是否合理？干預行動的殺傷力是否與其針對的行爲相稱？干預是否很有可能奏效，還是因以暴易暴造成更大和更長遠的惡果？諸如此類的問題，涉及很多實踐的、事實的判斷，而不是空泛地談大原則便可以解決的。

概括來說，在過去數個世紀發展出來的主權概念、人權概念和兩者之間的關係正在迅速地重新建構。主權原則曾是而且在可見的將來仍將會是世界各國和平共存的基礎，而人權原則把我們引向一個更合理、更正義和更仁愛的世界，因爲它是理想的呼喚。

結束語

　　從觀念與制度的互動關係上來看，觀念的變化是社會轉型的先聲，是制度創新的先導。然而人權觀念作爲人類知識和智慧的結晶，一代代人類思想家的文化積纍的結果，在近代中國的發軔、發展有自己特殊的邏輯。這一特殊邏輯造成的結果是：君權式微，人權卻未勃興；人治被批判，法治卻並未建立；權威觀念不斷消解，權利意識卻並未增長；全能政治被唾棄，有限政府卻少有發展。〔註1〕近代中國現實救亡與思想啓蒙之間的內在緊張，淹沒了人權的價值意義，也導致對人權觀念的追求始終只存在於少數知識分子的口中和筆下。而對於大多數民眾而言，並沒有引起眞正的人權人權意識的覺醒。

一、工具理性代替價值理性

　　借助韋伯的兩種「理性行爲」的劃分，我們可以發現，中國近代知識分子對西方人權觀念的接納和介紹是一種「工具理性行爲」。在中國知識分子的政治思維中，人權觀念是爲達成一種合理的目的——救國圖存和富強——的工具和手段加以使用。爲這一合理目的的實現，他們不惜將西方人權觀念的內涵加以改造和變形，以適應中國問題的解決。

　　這一工具理性思維貫穿於整個中國近代政治文化的變遷。從魏源的「師夷之長技以制夷」思想的提出開始，在後來的歷史發展中，雖然「技」的內涵屢變，但這一思想原則卻一直被後來的思想家承續著。從鴉片戰爭的船堅炮利、洋務運動的汽機兵械，到戊戌時期的西方學術與政制，再到五四的文

〔註 1〕劉世軍：《近代中國政治文明轉型研究》，上海復旦大學出版社 2000 年版，第3 頁。

化啓蒙，民族國家利益至上始終是近代中國知識分子政治思維的出發點和落腳點。儘管戊戌時期嚴復已接觸和認識到西方人權觀念的價值內涵——「自由」理念，但在學習西方政治文化的動機和所要達到的目的上，嚴復與其它人並無根本區別。爲追求富強而學習西方是近代中國人普遍的態度，這種學習西方的工具理性行爲，與其歸於思想家們的個人思想動機，毋寧說是近代中國特殊的社會歷史條件使然。中西方社會歷史環境和條件的不同決定了對待人權觀念的基本態度上的差異。

對於西方來講，人權不僅僅是少數思想家的呼籲和吶喊，也是一般公眾的基本信仰和價值理想。在西方，人權觀念與其整個思想傳統，尤其是宗教文化有著天然的聯繫，它不只是一種工具理性行爲，而且具有價值合理性。這種價值合理性的取得，在於它是西方歷史上文藝復興、宗教改革的自然演進並同社會的倫理規範、習俗和宗教信仰密切的聯繫在一起。因此，西方人權觀念的產生和發展是基於一種「信念倫理」（價值理性）。「信念倫理」更多地是受歷史人文因素的影響和制約，與之相應的行爲與其說是理性思考的結果，不如說主要是由根深蒂固的習俗和信仰等「非理性」因素所決定。

而在近代中國，人權觀念不過是參與型知識分子要求參政和改革社會的副產品。中國從西方引進和移植人權思想觀念是爲了一種明確的目的，這一目的就是出於一種工具理性的要求。如此，中國知識分子對西方人權觀念的追求，與其說注重它的內涵價值，不如說是重視它的實用理性。這種對西方人權觀念的接受和吸收的實用理性，則是基於一種「責任倫理」（工具理性）。責任倫理與信念倫理的區別在於：前者以追求工具合理性爲目標，注重思想理論的實際運用，理論與實際如何結合；而後者以價值合理性爲鵠的，注重思想理論的內在價值，重視思想理論與歷史文化的傳承。基於「責任倫理」，使人權觀念在傳播到中國後，就發生了重大變形。

人權觀念在近代中國的變形，一方面能使其在某種程度上適應中國近現代的歷史條件下得以傳播和發展，但另一方面卻造成了工具理性和價值理性的內在緊張。如前所述，人權是西方社會歷史長期演進的產物，是一種價值理性與工具理性的結合。西方社會對人權的追求雖然也其外在的目的和效用，但主要是一種價值理性行爲。而在近代中國人權卻主要被作爲救亡的工具和手段加以使用。客觀來講，近代中國並非沒有人把人權觀念作爲信念和理想執著地追求，但是當他們把人權觀念視爲一種信念執著地追求時，卻又

無法跨越擺脫日益嚴重民族危機和追求國家獨立富強這一社會現實目標和主題。結果只能是，爲追求社會現實目標而放棄人權理念的價值意義，或者使人權從屬於社會現實目標並爲其服務。追求人權的價值理性行爲與追求社會現實目標的工具理性行爲，在中國近代歷史條件下實難做到兼顧。近代知識分子把人權作爲一種工具理性，追求的是理論與實踐的結合。對他們來說，人權不只是一種思想觀念，更多意義上體現爲社會制度的變革，而這種變革又是以思想觀念爲指導的。如言論自由的基本權利，嚴格意義上講，它屬於一種「個人享有的自由」，它的價值就在它本身，而不基於其它功利的要求。但在近代知識分子看來，思想言論自由之可貴，就在於它具有極爲重要的工具價值。這種工具價值體現在爲社會變革提供一種社會輿論，通過演講、文章，製造觀念和輿論來影響社會政治進程和變革。然而當社會變革過後，人權觀念並沒有在人民的心理留下深刻的痕跡。因爲近代中國缺乏西方人權觀念賴於成長、發育的氣候和土壤。J‧格里德曾說過：「自由主義之所以失敗，是因爲中國那時正處在混亂之中，而自由主義所需要的是秩序。自由主義的失敗是因爲，自由主義所假定應當存在的共同價值標準在中國並不存在，而自由主義又不能提供任何可以產生這類價值準則的手段。它的失敗是因爲中國人的生活是由武力來塑造的，而自由主義的要求是，人應靠理性來生活。簡言之，自由主義之所以在中國失敗，乃因爲中國人的生活是淹沒在暴力與革命之中，而自由主義則不能爲暴力與革命的重大問題提供什麼答案。」〔註2〕這一看法對近代人權觀念同樣適用。

二、近代人權觀念並沒有成爲一種價值信仰，被公衆所普遍接受

近代中國人權觀念是對西方人權觀念的接納與移植，並試圖將其上升爲終極價值，但是它在中國缺少西方的社會背景和思想資源。當工具理性與價值理性發生衝突時，常常會放棄或懸置其價值意義。「西學的某些內容，如倫理道德、宗教信仰、價值觀念，儘管一再灌輸，中國並沒有全盤接受，有的基本沒有接受。傳統的君爲臣綱、父爲子綱、夫爲婦綱，雖已受到一定的衝擊，但仍占主導地位；自由、平等、民主思想，雖爲一部分人接受，但並未爲整個社會所認同。」〔註3〕

〔註2〕〔美〕格里德：《胡適與中國的文藝復興》，江蘇人民出版社1996年版，第378頁。
〔註3〕熊月之：《西學東漸與晚清社會》，上海人民出版社1994年版，第732頁。

在近代中國，民族獨立與人權都是中國人的現實追求，並且二者幾乎是同時起步的。從理論上說，國家民族的獨立與個人的自由平等人權是相互加強而並行不悖的關係。在整個民族生存受到威脅的緊急狀態下，個人必須服從國家，這是一般的常識。從整個近代社會的時空背景看，反帝反封、建立獨立統一的主權國家是歷史發展的必然趨勢，也是中國現代化發展的根本條件。問題是，近代中國特殊的歷史境遇所激發的民族主義的集體意識淹沒了人權的價值意義，進而導致人權觀念始終只存在於少數知識分子的口中和筆下，而未能形成一種持續性的顯性思潮被公眾所普遍接受。

近代中國面臨的首要問題是民族解放問題，爭取國家獨立是社會的基本主題。因此，中國對西方人權觀念的接受首先是為了禦侮救國，而並非內部醞釀成熟的結果。

鴉片戰爭之前，中國社會內部已孕育著危機，但並未做好轉入近代社會的準備。在這「三千年未有之大變局」面前，中國的先進知識分子對西方文化接受和學習，往往不取決於西方政治文化的內容，而要進行實用主義（或實用理性）的取捨、加工和改造。只有立竿見影的制度、思想觀念才能被注意和採用，這種實用理性一方面是傳統政治文化的慣性，另一方面是由中國近代的政治危機和國家衰弱所決定的。用實用理性對待西方政治文化中的人權價值理念，不可避免地使原有的內涵發生不同程度的改變。人權不是被視為人民的基本權利，而只視之為一種實現國家富強的手段，是為民族主義服務的。「民主建國」不是基於自由、平等的價值原則出發，而是從發揮群體潛力以達到政治統一的角度來考慮。人權的價值是強調個人自由和個性解放，而近代中國知識分子對人權的移植和接受並非為個人自由和平等而戰，更多強調的是把自由當作打擊封建專制的武器，很少涉及個人權利不可侵犯的觀念內涵，或者是從擺脫民族危機的立場，強調為群體（組織、國家）的自由而革命。

近代中國，擺脫外來侵略壓迫以及追求國家的富強是時代面臨的基本主題。這一主題對一般公眾來說，其實就是其生存權利和基本溫飽問題。而以自由平等為價值內涵的西方人權觀念的實現是以此為前提條件的，這一前提不解決，則很難成為激勵社會各階層，尤其的基本群眾爭取自身解放的思想旗幟，而終究只能在部分知識分子中流行。

人權觀念並沒有深入人心，被公眾所普遍接受。其原因有：

傳統政治文化的阻礙。在中國幾千年中始終佔據上層建築和意識形態至尊地位，並滲透到社會生活的各個方面以及各階層人們的觀念、心理、情感之中的傳統政治文化，成爲近代人權觀念傳播和紮根難以逾越的文化心理障礙。美國學者列文森曾指出，中國人雖然在理智上接受了西方文化，但在感情上卻不能心悅誠服地學習外來的精神文化。〔註4〕已經內化爲穩定的心理結構和思維定勢的傳統政治文化，使「每一制度、新學術、新名詞傳入中國，便如落在黑色染缸，立刻烏黑一團，化爲濟私助焰之具。」〔註5〕導致了「民權」成爲人權概念在近代中國的最初表現形式。

中國傳統政治文化的根深蒂固，使以民權、自由、平等爲核心內涵的新型政治文化觀念僅僅在知識界具有轟動效應，卻難以動搖和改變中國人固有的政治心理與政治思維模式。在這種傳統政治文化的支配下，很難使人權觀念在中國生根、開花、結果。

人權觀念賴於生根的社會文化土壤的缺失。任何一種新興的思想、學說，無論以何種姿態出現，都能從社會生活的變遷和思維邏輯的衍展中發現它與產生它的社會結構和文化傳統的歷史和邏輯的聯繫。然而，對於中國近代人權思想觀念來說，那種歷史與邏輯的聯繫並不存在。近代人權觀念主要是從西方移植而來，不是來自中國社會結構和歷史過程演進的產物，因此它始終「懸浮」在人們所處的實際生活狀態之上的，可能引起人們的震動，卻難以成爲全社會持續關注的問題。

人權觀念難以在中國紮根的根本原因在於它與中國社會的背離，沒有與之相適應的經濟結構的支撐和政治體系的保護。任何政治文化觀念一旦脫離了於之相適應的經濟結構和政治體系，是很難在一個社會存續長久的。近代知識分子對人權觀念的宣傳和弘揚，只是在表面上的思想激蕩，對社會底層卻顯示出一種無力的態勢。其根本原因就在於沒有強大的經濟力量和政治力量的嫁接。這樣，西方人權觀念就只能「懸浮」在社會之上，而不能在中國的政治經濟結構的土壤紮根和成長。

從文化心理資源來講，如果將中西人權觀念對比，將會發現，中國傳統文化心理中缺少必要的「根系」，使人權觀念呈現漂浮之狀。西方人權觀念以「自然狀態」和「自然法」爲基本預設：作爲上帝的創造物和工具，每個人

〔註4〕〔美〕列文森：《文化：中國與世界》第二輯，三聯出版社1987年，第108頁。
〔註5〕魯迅：《花邊文化偶感》，《魯迅全集》第5卷，第389頁。

都享有生命、自由、財產等天然權利，這一理念在基督教的教義中找到充分的根據，並且深入人心——宗教實踐在其操作過程中將此理念內化爲一種共同的文化心理。正是在這種似乎不證自明的宗教前提下，西方人權觀念成爲一種價值信仰。此後又經過數世紀的發展歷程，以至於上帝死後，這種價值信仰已經勿需宗教外衣也足以自存了，或者說它本身就構成了終極關懷。而在中國，人們看不到類似的宗教背景。人權觀念只是西方的移植，總顯得浮游無據，缺少根基。當工具理性與價值理性發生衝突時，他們常常輕易地放棄或懸置其價值。所以它主要是一種觀念的傳輸，始終只是知識分子的思想運動。

近代知識分子自身的原因。首先在對待中西文化價值觀念方面，中國近代知識分子對始終缺乏一個正確的認識，同時對西方文化觀念也缺乏深入細緻的學理分析和探討。由此深刻影響了近代人權觀念的演進：一方面，民族危機迫使他們不斷地懷疑和抨擊傳統文化觀念，接受西方的價值觀念；另一方面，對西方國家侵略的戒備與憎恨心理，又影響了他們對人權觀念的正確估價和傳播程度。諸方面因素的影響，使中國近代知識分子對人權觀念處於一種模糊、依違的狀態之中。

其次，近代中國的政治、社會和文化始終處於一種危機的狀態之中，舊的政治、社會和文化結構與觀念被打破，而新的結構與觀念一直沒有建立起來。這種危機狀態給予近代知識分子以深刻的危機意識。這種危機意識與現實的政治危機、民族危機的結合，其結果是：危機意識使近代中國知識分子強烈地感受到拯救民族危亡的使命感和緊迫感，促使他們投身於政治活動之中，政治意識極度高漲，造成了近代知識分子對人權價值觀念的一種「非理性」選擇。傳統政治文化的積澱、現實政治危機的緊迫感催生出近代知識分子拯救現實危機的急迫心理，這種心理致使他們對西方人權觀念的移植和接受，是一種急功近利的「理性」選擇。這種「理性」（實用理性）的思維方式是以經驗爲基礎，進行直觀思維，並且融事實判斷、價值判斷和道德判斷爲一體，對主客觀事物的認識，不是用清晰的邏輯來把握，而是借助體悟的認知方式，並以比喻和象徵來表達所認知的主客觀事物的特徵。這種思維方式具有強烈的實用主義傾向，在政治危機嚴重的條件下極易得到人民的認同，同時也使近代中國知識分子沒有成爲一種成熟的、理性的社會政治力量，未能擁有深刻的社會基礎。

　　再次，近代知識分子對西方人權觀念理解和接受的集體主義視角。一是民族主義視角。轉型時期之前，已經有少數官吏和士大夫認爲，西方的富強之道在於議會。轉型時代初期，許多人開始從民族主義的立場來接受和肯定人權。梁啓超和嚴復都曾在他們的言論和著作中，強調民主是民族獨立、國家富強所不可缺少的條件。辛亥以前的革命派也是從這一視角來理解民主的。鄒容於 1903 年在《革命軍》中強調西方的民主思想是中國「起死回生之靈藥」。五四時期，人權內涵的位移，更說明這一傾向。二是傳統道德的社群取向。與西方一開始就抽象地高揚個人權利與價值不同，中國人對人權的理解是以群體即國家、民族的生存、發展爲起點和歸宿的，「皮之不存，毛將焉附」？這種信念來自悠久的傳統，卻在近代中國的苦難際遇中的得到強化，也因此淡化了對人權的價值意義。集體主義傾向在轉型初期就已出現。張灝曾指出，自 1895 年以來產生的很多思想有一個共同的方面，即「這些思潮都帶有濃厚的群體意識，期望把中國自此一危機中解放出來，他們嚮往著一個未來的中國，並追求通向那目標的途徑」，而這種意識表現一個三重結構（tripartite structure），即危機意識、矚望目標和實現途徑。〔註 6〕康和譚的思想裏都有很強烈的趨勢，他們分別以儒家「仁」的理想爲基礎，來吸收人權思想，都張揚個人獨立自主的理想，但這些理想主要是針對傳統的束縛而發。當個人從傳統的束縛中解放出來後，必須進一步融化於一個親密無間、和諧的理想社會。辛亥以前，革命派的理想就含有這種傾向。他們認爲，革命成功，建立共和政體後，中國可以「起死回生」（鄒容）。陳天華也預言，「民主革命的結果是宣佈自由，設立共和，其幸福較之未革命前，增進萬倍。」這種集體主義傾向在五四曾產生巨大影響。五四初期，英美式自由傳統與法國自由傳統交相融彙。但在後期，人權的民主涵義取代自由涵義，激進民主思想大盛，成爲一種不可抗拒的歷史潮流。誠如李大釗所指出，一方面是解放的過程，各種類型的人分別從傳統的制度和思想枷鎖中解放出來，即「現在的時代是解放的時代，現代的文明是解放的文明。……現代政治或社會裏面所起的運動，都是解放的運動」；另一方面，這一解放「斷斷不是單爲求一個分裂就算了事，乃是爲完成一切個性脫離舊絆鎖，重新改造一個普遍廣大的新組織，一方面是個性解放，一方面是大同團結。這個解放

〔註 6〕張灝：《再論中國共產主義思想的起源》，載《中國歷史轉型時期的知識分子》，聯經出版事業公司 1992 年，第 55～62 頁。

運動，同時伴著一個大同團結的運動。」這種人權觀念以自由解放爲起點，卻以集體意識爲歸宿。〔註7〕

　　在西方屬於價值理性範疇的人權觀念在近代中國則被視爲追求現實目標的一種工具和手段。而當人權被視爲一種工具和手段時，其價值內涵就很容易融化於社會改造或革命實踐中而被忽略甚至被捨棄，這也是「人權觀念」始終沒有成爲近代思想史上一個「價值範疇」的原因所在。

三、人權：現代法治國家的價值基礎

　　人權觀念來源於人的尊嚴和價值。在人權問題上無論由於習慣、文化傳統、國情的差異而產生多麼大的分歧和不同，但在肯定人權是人類社會的價值追求和理想方面，都具有一致的普遍性。

　　作爲一種社會價值理想，人權將逐漸成爲凝聚社會全體成員和建設現代法治國家的價值基礎之一。然而要真正實現人權從工具意義到價值範疇的轉換，還需要相當長的時間。其根本原因在於：

　　沒有真正意義上實現人權價值的制度——憲政。所謂憲政就是確立與維持對政治行爲和政府活動的有效控制，旨在保障人的權利與自由。憲政涉及到兩種關係：（一）政府和公民之間的關係，換言之，即權力與權利的關係；（二）政府各部門之間的關係，或者說政府各不同性質的權力及其運用。前一種關係是一對主要矛盾，對它的不同理解構成不同國家觀和憲法觀的基礎。後一對矛盾是對前一種關係的有效控制手段。兩對矛盾的對抗和平衡是憲法不朽的主題。憲政意味著在政府和公民的關係中對政府進行法律限制，在被治者的權利和政府的有效運作間謀求微妙的平衡。

　　從憲政的產生和發展來看，憲政不僅僅是一套控制政府行爲的制度安排，而且還以一整套政治哲學、政治理念、政治文化作爲制度的背景和基礎。作爲一種人文制度，它背後隱藏著深厚的人文精神。〔註8〕

　　人文主義一詞產生於公元前約 150 年的羅馬，與野蠻與野性相對立，表示教化的理性。文藝復興使人文主義獲得了廣泛的含義：人被確立爲一切政治制度與行爲的主體和目的。只有當人性復蘇，人學會了客觀觀察世界，內省自己，確立了獨立人格之後，憲政與人權才可能成爲現實的主張。

〔註7〕參見張灝：《中國近代轉型時期的民主觀念》，載許紀霖主編《二十世紀中國思想史論》，東方出版中心2000年。

〔註8〕參見陳端洪：《憲政初論》，憲政文本·憲政理論。

憲政假定人的價值與尊嚴的至高性，即人的神聖性。康德把人的神聖性解釋爲源於人的理性與自主性，人的合理選擇能力成了後來憲法在世界遍地開花的共同信仰基礎。古典憲政主義者都肯定人的價值。美國《獨立宣言》及法國《人權宣言》一致確認人的尊嚴和主動精神的價值都帶有希臘哲學和歐洲基督教思想的烙印。他們靠訴諸自然法思想獲得支持以反對絕對專制，認爲在實在法之上存在一種更高的道德法的理念就如狄驥所說的，「人時常需要看不見的東西來說明看得見的東西……用作他們所證明的現象的支柱和動因」。美國《獨立宣言》所宣稱的「人生而平等，造物主賦予人某些不可剝奪的權利」就是這種思潮的產物。

在強調人的價值和尊嚴，人類理性的神聖性的同時，人文主義也隱含著人的弱點。憲政對行使權力的人施加制度制約，就是爲了防止人性弱的一面。讓我們重溫麥迪遜的教誨：「政府本身不是對人性最大的反照又是什麼呢？如果人都是天使，任何政府都沒有必要了。如果是天使統治人，就不需要對政府有任何外來的或內在的控制了。」天國裏的居民是不知憲法爲何物的。正是因爲人民是有美德的，人是有理性的，憲法和憲政方有可能，也正因爲人是人，是有弱點的可能迷誤，因此，才需要憲法和憲政。憲政的實施，是人的解放，要眞正實行憲政還須先解放人自身。

近代中國立憲缺乏憲政的文化傳統與道德基礎，因此，必然出現制度與精神理念的脫節。「儒者三綱之說，爲吾倫理政治之大原」，綱常維繫的中國社會裏，人只是意識到自己是一個種族、家族或階層的成員，並沒有把自己與社會角色分離開來。義務本位與集體本位扼殺了個人獨立性和主體意識。「這腐舊思想布滿國中，所以我們要誠心鞏固共和國體，非將這班反對共和的倫理文學等等舊思想，完全洗刷得乾乾淨淨不可。否則不但共和政治不能進行，就是這塊共和招牌也是掛不住的。」「倫理的覺悟爲吾人最後覺悟之最後覺悟。」獨秀先生此論發人深省。

如何才能使得一個長久以來自我封閉存在、不得已接觸西方文化的民族和國度，逐步從形式上的模仿到實質上接受同樣或類似的憲政精神？需要對傳統文化的改造，其核心就是把義務、服從本位改造爲權利本位，大力弘揚權利文化。而傳統文化的改造並非一蹴而就。

儘管目前人權向價值範疇的轉換還受到主客觀方面諸多因素的制約，但是市場經濟的發展和人們權利意識的覺醒預示著這種轉換的可能和必然。經

濟社會市場化取向的改革給人們的觀念意識帶來了顛覆性的影響。個體的獨立意味著與政府處在平等的位置進行政治參與，因此，保障人權，有限政府等就成為公眾一種強烈的社會訴求。

後　記

　　本書爲我的博士論文《從工具理性到價值理性：近代中國人權觀念的發展邏輯》修改而成。承蒙導師寶成關教授的推薦，花木蘭文化出版社的青睞，由衷地感謝出版拙作。

　　自二十世紀 90 年代以來，人權問題成爲影響中國社會一個敏感而現實的問題。伴隨著中西方（特別是中美）在人權問題上從對抗走向對話，學術界對人權的討論和研究也從激情轉向了理性。拋開政治制度等因素，客觀地看待人權問題上的中西差異或分歧以及對中西差異或分歧的歷史和文化傳統的根源進行一個完整的分析和梳理，一直是近十年來揮之不去的情結和願望。99 年，我回到我的導師——寶成關教授身邊攻讀博士學位。在導師的具體指導下開始對這一領域的問題探索和研究。從論文的選題、寫作以及修改過程，三年時間寶成關教授的悉心指導起到關鍵性的作用。同時李書源教授也對我進行了悉心的指導和熱情鼓勵。此外，李文良、馮英、顏德如、葉興藝等諸位學仁對論文的寫作和完成提供了不可或缺的幫助。在此，我表示眞誠地感謝。

　　人權已經是人類社會追求的共同目標和理想，然而由於人權觀念的差異或分歧，使人權問題呈現出更多的複雜性，它不僅涉及到政治制度、意識形態和現實的利益方面等諸多因素，還根源於人權觀念產生和演變的歷史文化背景。當今世界，人權問題不僅是一個純粹的學術問題，更是一個現實的敏感問題；人權問題也已不再僅僅是一個現代民主國家所思考的問題，而且已經超越國家成爲國際社會關注的主題之一。因此，對近現代中國人權觀念的產生、演變以及現實人權進行分析和思考應該說是人權問題研究領域的一個

嘗試和探索。當然，書中的觀點和所引用的資料並非沒有可商榷之處，然而如果能起到拋磚引玉的作用，也是本書的成功之點。

馬振超

2015 年 8 月

參考文獻

論　著：

1. 王惠岩著《當代政治學基本理論》，天津人民出版社 1998 年 3 月。
2. 陳振明主編《政治學》，中國社會科學出版社 1999 年 8 月。
3. 〔美〕萊斯利·里普森著，劉曉等譯《政治學的重大問題》，華夏出版社 2001 年 8 月。
4. 馬嘯原著《西方政治思想史綱》，高等教育出版社 1997 年 9 月。
5. 曹德本主編《中國政治思想史》，高等教育出版社 1999 年。
6. 劉澤華主編《中國政治思想史》，浙江人民出版社 1996 年。
7. 蕭公權著《中國政治思想史》，遼寧教育出版社 1998 年。
8. 徐大同主編《西方政治思想史辭典》，天津人民出版社 1997 年。
9. 徐大同主編《西方政治思想史》，天津教育出版社 2000 年。
10. 王彩波主編《西方政治思想史》，吉林大學出版社 1997 年。
11. 國務院新聞辦公室〔發佈〕《2000 年中國人權事業的進展》，新星出版社 2001 年。
12. 中國人權研究會編《論人權與主權》，當代世界出版社 2001 年。
13. 應克復等著《西方民主史》，中國社會科學出版社 1997 年 2 月。
14. 〔美〕李普塞特著《政治人——政治的社會基礎》，上海人民出版社 1997 年 9 月。
15. 馬克斯·韋伯著《新教倫理與資本主義精神》，北京三聯書店 1987 年 12 月。
16. 谷德春、鄭杭生主編《人權：從世界到中國》，黨建讀物出版社 1999 年 9 月。

17. 鄭杭生、谷德春主編《人權史話》，北京出版社，1994 年 4 月。

18. 許紀霖編《二十世紀中國思想史論》（上下卷），東方出版中心 2000 年 7 月。

19. 徐宗勉、張亦工等著《近代中國對民主的追求》，安徽人民出版社 1996 年 11 月。

20. 徐顯明主編《人權研究》（第一卷），山東人民出版社 2001 年 8 月。

21. 王家福、劉海年、李林等主編《人權與 21 世紀》，中國法制出版社 2000 年 9 月

22. 王家福等主編《中國人權百科全書》，中國大百科全書出版社 1998 年。

23. 劉楠來等編《人權的普遍性和特殊性》，社會科學文獻出版社 1996 年。

24. 沈宗靈主編《西方人權學說》，四川人民出版社 1994 年。

25. 劉昇平等主編《人權與世界》，人民法院出版社 1996 年。

26. 李卓然主編《論馬克思主義人權觀》，江蘇教育出版社 1995 年。

27. 陳春龍著《民主政治與法治人權》，社會科學文獻出版社 1993 年。

28. 晉榮東著《李大釗哲學研究》，華東師範大學出版社 2000 年 6 月。

29. 劉永平等著《20 世紀中國的人權思想》，經濟科學出版社 2000 年 11 月。

30. 劉傑著《國際人權體制——歷史的邏輯與比較》，上海社會科學出版社 2000 年 1 月。

31. 中華人民共和國國務院新聞辦公室〔編〕《中國人權發展五十年》，新星出版社 2000 年。

32. 國務院新聞辦公室《中國的人權狀況》，中央文獻出版社 1991 年版。

33. 朱鋒著《人權與國際關係》，北京大學出版社 2000 年 10 月。

34. 羅玉中、萬其剛著《人權與法制》，北京大學出版社 2001 年 5 月。

35. 中國人權研究會編著《人權百題》，五洲傳播出版社 1998 年 3 月。

36. 〔瑞士〕托馬斯·弗萊納著，謝鵬程譯《人權是什麼？》，中國社會科學出版社 2000 年 1 月。

37. 李雲龍著《人權問題概論》，四川人民出版社 1999 年 7 月。

38. 叢日雲著《西方政治文化傳統》，大連出版社 1996 年 2 月。

39. 夏勇著《人權概念起源》，中國政法大學出版社 1992 年 6 月。

40. 〔英〕R.J.文森特著《人權與國際關係》，知識出版社 1998 年 3 月。

41. 〔英〕A.J.M 米爾恩著，夏勇等譯《人權哲學》，中國大百科全書出版社 1995 年。

42. 楊成緒主編《新挑戰：國際關係中的「人道主義干預」》，中國青年出版社 2001 年。

43. 夏曉明著《鄧小平人權思想研究》，紅旗出版社 1996 年。

44. 國務院新聞辦公室〔編〕《維護人權還是干涉內政？》，五洲傳播出版社 1996 年。

45. 李洙泗主編《馬克思主義人權理論》，四川人民出版社 1994 年

46. 李林主編《當代人權理論與實踐》，吉林大學出版社 1996 年。

47. 中共中央宣傳部研究室選編《馬克思、恩格斯、列寧、斯大林、毛澤東論人權》，中共中央黨校出版社 1992 年 7 月。

48. 《中美兩國人權比較》，五洲傳播出版社，1996 年。

49. 林佳著《人權百題問答》，世界知識出版社 1992 年 2 月。

50. 王先明著《中國近代社會文化史論》，人民出版社 2000 年 11 月。

51. 熊月之著《中國近代民主思想史》，上海人民出版社 1986 年 6 月。

52. 王人博著《憲政文化與近代中國》，法律出版社 1997 年 10 月。

53. 陳聞桐主編《近現代西方政治哲學引論》，安徽大學出版社 1997 年 6 月。

54. 胡適著，歐陽哲生編《胡適文集‧人權論集》之五，北京大學出版社 1998 年。

55. 丁守和主編《中國近代啓蒙思潮》（上中下），社會科學文獻出版社 1999 年 11 月。

56. 顧準著《顧準文集》，貴州人民出版社 1995 年 9 月。

57. 〔美〕石約翰著，王國良譯《中國革命的歷史透視》，東方出版中心 1998 年 6 月。

58. 李澤厚著《中國近代思想論》，安徽文藝出版社 1994 年 1 月。

59. 李澤厚著《中國現代思想論》，安徽文藝出版社 1994 年 1 月。

60. 李澤厚著《走我自己的路》，安徽文藝出版社 1994 年 1 月。

61. 蕭家保、劉英琪著《中國人權百年史》，遼寧人民出版社 1994 年 12 月。

62. 董雲虎編著《人權基本文獻要覽》，遼寧人民出版社 1994 年 12 月。

63. 佟唯眞編《中國人權白皮書總覽》，新華出版社 1998 年 10 月。

64. 李雲龍著《中美關係中的人權問題》，新華出版社 1998 年 10 月。

65. 富學哲著《從國際法看人權》，新華出版社 1998 年 10 月。

66. 羅豔華著《東方人看人權——東亞國家人權觀透視》，新華出版社 1998 年 10 月。

67. 〔美〕格里德著《胡適與中國文藝復興》，江蘇人民出版社 1996 年 3 月。

68. 〔美〕史華茲著《尋求富強：嚴復與西方》，江蘇人民出版社 1996 年 4 月。

69. 〔美〕余英時著《中國思想傳統的現代詮釋》，江蘇人民出版社 1996 年 3 月。

70. 〔美〕墨子刻著《擺脫困境——新儒家與中國政治文化的演進》，江蘇人民出版社 1996 年 3 月。

71. 〔美〕費正清、賴肖爾著《中國：傳統與變革》，江蘇人民出版社 1996 年 3 月。

72. 〔美〕張灝著《梁啓超與中國思想的過渡（1890～1907）》，江蘇人民出版社 1993 年 8 月。

73. 〔美〕柯文著《在傳統與現代性之間——王韜與晚清改革》，江蘇人民出版社 1998 年 2 月。

74. 〔美〕詹姆斯・R・湯森、布蘭特利・沃馬克著《中國政治》，江蘇人民出版社 1996 年 4 月。

75. 〔美〕周策縱著，周子平等譯《五四運動：現代中國的思想革命》，江蘇人民出版社 1996 年 12 月。

76. 〔美〕蕭公權著《近代中國與新世界：康有爲變法與大同思想研究》，江蘇人民出版社 1997 年 4 月。

77. 宋仁編著《梁啓超政治法律思想研究》，學苑出版社 1990 年 6 月。

78. 戴逸主編《梁啓超學術思想評傳》，北京圖書館出版社 1999 年 5 月。

79. 劉桂生、林啓彥、王憲明編《嚴復思想新論》，清華大學出版社 1999 年 10 月。

80. 戴逸主編《二十世紀中華學案》哲學卷（1～4），北京圖書館出版社 2001 年。

81. 陳來著《人文主義的視界》，廣西教育出版社 1997 年。

82. 張華金主編《自由論》，上海人民出版社 1990 年 11 月。

83. 沈曉陽著《自由層次論》，安徽大學出版社 1999 年 10 月。

84. 蘇國勳著《理性化及其限制——韋伯思想引論》，上海人民出版社 1988 年 3 月。

85. 徐俊忠著《道德理想的解構與重建》，廣東人民出版社 1996 年 10 月。

86. 高力克著《求索現代性》，浙江大學出版社 1999 年 10 月。

87. 張桂林著《西方政治哲學——從古希臘到當代》，中國政法大學出版社 1999 年 4 月。

88. 〔美〕弗里德里希・沃特金斯著，黃輝、楊建譯《西方政治傳統》，吉林人民出版社 2001 年 8 月。

89. 許紀霖、陳達凱主編《中國現代化史》（第一卷），上海三聯書店 1995 年 5 月。

90. 劉軍寧等編《市場邏輯與國家觀念》，北京三聯書店 1995 年 11 月。

91. 王炎等編《自由主義與當代世界》，北京三聯書店 2000 年 9 月。

92. 劉軍寧著《共和・民主・憲政——自由主義思想研究》，上海三聯書店1998年12月。

93. 李天祐著《古代希臘史》，蘭州大學出版社1991年4月。

94. 〔美〕亨廷頓著，劉軍寧譯《第三波——二十世紀末的民主化浪潮》，上海三聯書店1998年10月。

95. 李澤厚著《探尋語碎》，上海文藝出版社2000年1月。

96. 林毓生著《熱烈與冷靜》，上海文藝出版社2000年1月。

97. 劉述先著《理一分殊》，上海文藝出版社2000年1月。

98. 杜維明著《一陽來復》，上海文藝出版社1997年12月。

99. 蔣先福著《契約文明：法治文明的源與流》，上海人民出版社1999年3月。

100. 黃之英著《中國法治之路》，北京大學出版社2000年7月。

101. 陳弘毅著《法治、啟蒙與現代法的精神》，中國政法大學出版社1998年6月。

102. 〔英〕戴維・赫爾德著，燕繼榮等譯《民主的模式》，中央編譯出版社1998年2月。

103. 〔美〕羅伯特・達爾著，李柏光等譯《論民主》，商務印書館1999年11月。

104. 〔英〕約翰・鄧恩（John Dunn）編，林猛等譯《民主的歷程》，吉林人民出版社1999年。

105. 〔法〕托克維爾著，董果良譯《論美國的民主》，商務印書館1996年。

106. 〔美〕詹姆斯・W・西瑟著，竺乾威譯《自由民主與政治學》，上海人民出版社1998年。

107. 朱志敏著《五四民主觀念研究》，北京師範大學出版社1996年。

108. 〔意〕薩爾沃・馬泰羅內著，黃華光譯《歐洲民主史》，社會科學文獻出版社1998年。

109. 鄧小軍著《儒家思想與民主思想的邏輯結合》，四川人民出版社1995年。

110. 李洪鈞等主編《民主自由人權文獻資料選編》，遼寧大學出版社，1994年。

111. 張斌峰、王中江編《西方現代自由與中國古典傳統》，湖北人民出版社2000年4月。

112. 馮友蘭著《中國哲學史新編》（1～6冊），人民出版社1982年1月。

113. 馮友蘭著《中國現代哲學史》，中華書局（香港）有限公司1996年1月再版。

114. 〔英〕雅賽著，陳茅等譯《重申自由主義》，中國社會科學出版社1997年7月。

115. 哈耶克著，楊玉生等譯《自由憲章》，中國社會科學出版社 1999 年 2 月。

116. 張文顯主編《政治與法治》，吉林大學出版社 1994 年 7 月。

117. 〔美〕費正清著《美國與中國》，世界知識出版社 1999 年 9 月。

118. 蕭功秦著《危機中的變革》，上海三聯書店 1999 年 1 月。

119. 〔美〕亨金著，信春鷹等譯《權利的時代》，北京知識出版社 1997 年 12 月。

120. 石元康著《當代西方自由主義理論》，上海三聯書店 2000 年 7 月。

121. 俞可平著《權利政治與公益政治：當代西方政治哲學評析》，社會科學文獻出版社 2000 年 1 月。

122. 殷嘯虎著《近代中國憲政史》，上海人民出版社 1997 年 11 月。

123. 楊國強著《百年嬗蛻：中國近代的士與社會》，上海三聯書店 1997 年 12 月。

124. 劉軍寧等編《市場社會與公共秩序》，北京三聯書店 1996 年 10 月。

125. 張斌峰，張曉光編《殷海光學術思想研究》，遼寧大學出版社 2000 年 5 月。

126. 費正清著，章建剛等譯《劍橋中華民國史》（上、下），上海人民出版社 1991 年 11 月。

127. 〔美〕費正清、劉廣京編《劍橋中國晚清史》，中國社會科學院歷史研究所編譯室譯，中國社會科學出版社，1985 年 2 月（1993 年 9 月重印）

128. 劉世軍著《近代中國政治文明轉型研究》，上海復旦大學出版社 2000 年版。

129. 〔美〕列奧·施特勞斯、約瑟夫·克羅波西著《政治學說史》，河北人民出版社 1993 年 11 月。

130. 張汝倫著《思考與批判》，上海三聯出版社 1999 年 9 月。

131. 〔英〕洛克著《政府論》，商務印書館 1964 年 2 月。

132. 〔法〕盧梭著，何兆武譯《社會契約論》，商務印書館 1980 年 2 月修訂第 2 版。

133. 〔法〕盧梭著，李常山譯《論人類不平等的起源和基礎》，商務印書館 1962 年 12 月。

134. 〔英〕霍布豪斯著《自由主義》，商務印書館 1996 年 9 月。

135. 〔英〕密爾著《論自由》，商務印書館 1959 年 3 月。

136. 〔英〕J.S.密爾著《代議制政府》，商務印書館 1982 年 6 月。

137. 〔英〕邊沁著《政府片論》，商務印書館 1995 年 4 月。

138. 劉偉、饒東輝著《中國近代政體發展史》，華中師大出版社 1998 年 1 月。

139. 王長華著《春秋戰國士人與政治》，上海人民出版社 1997 年 1 月。

140. 〔日〕三石善吉著，余項科譯《傳統中國的內發性發展》，中央編譯出版社 1999 年 4 月。

141. 王繼平著《轉換與創造：中國近代文化引論》，湖南人民出版社 1999 年 2 月。

142. 陳獨秀等著，王中江、苑淑婭選編《新青年》，中州古籍出版社 1999 年 1 月。

143. 王韜著，楚流選著《弢園文錄外編》，遼寧人民出版社 1994 年。

144. 康有爲著，鄺柏林選注《大同書》，遼寧人民出版社 1994 年。

145. 梁啓超著，宋志明選注《新民説》，遼寧人民出版社 1994 年。

146. 孫中山著，牧之選注《建國方略》，遼寧人民出版社 1994 年。

147. 何啓、胡禮垣著，鄭大華點校《新政眞詮》，遼寧人民出版社 1994 年。

148. 嚴復著，王栻主編《嚴復集》，中華書局 1986 年。

149. 湯志鈞編《康有爲政論集》，中華書局 1981 年。

150. 梁啓超著《飲冰室合集》～12 冊，中華書局 1989 年 3 月。

151. 譚嗣同著，蔡尚思、方行編《譚嗣同全集》，中華書局 1981 年。

152. 王忍之編《辛亥革命前十年間時論選集》，三聯書店 1977 年。

153. 華中師範大學中國近代史研究所編《辛亥革命與 20 世紀中國》，湖北人民出版社 2001 年。

154. 中華書局編輯部編《辛亥革命與近代中國》，中華書局 1994 年。

155. 陳獨秀著，胡明編選《陳獨秀選集》，天津人民出版社 1990 年 6 月。

156. 陳獨秀著《獨秀文存》，安徽人民出版社 1987 年。

論 文：

1. 叢日雲《論古典自由主義的個人主義精神》，新浪，《政治文化研究網》。

2. 叢日雲《消極國家觀：從基督教到古典自由主義》，新浪，《政治文化研究網》。

3. 叢日雲《西方政治法律傳統與人權學説》，新浪，《政治文化研究網》。

4. 叢日雲《近代人權學説的思想來源》，載《遼寧師範大學學報》（社科版）2000.1。

5. 曾行偉《論西方近代政治自由思想》，載《理論學習月刊》1996.10。

6. 李瑜青《試論近代西方社會契約理論及其意義》，載《社會科學》1999.2。

7. 劉沁秋《激進與保守——評洛克的人權思想》，《唯實》2000.2。

8. 王哲、杜要忠《自由在法律中的地位——洛克自由理論與近代西方法治》，《吉林師院學報》1996.3。

9. 李安澤《密爾自由觀評析》，載《廣東社會科學》1999.3。

10. 王中樞《資產階級啓蒙思想家人權觀的價值》，《唯實》1999.3。

11. 萬斌、倪東《馬克思自由論體系中的政治自由思想》，載《浙江社會科學》1999.4。

12. 徐俊忠《世界人權之爭因由探析》，載《嶺南學刊》1996.6。

13. 徐顯明《人權理論研究中的幾個普遍性問題》，載《文史哲》1996.2。

14. 唐士其《中國現代化過程中的文化選擇現象》，載《國際政治研究》1998.2。

15. 〔香港〕陳弘毅《中國文化傳統與現代人權觀念》，載《法學》1999.5。

16. 劉懷光《人權與近現代社會》，載《河南師範大學學報》（社科版）1997.1。

17. 陳廷湘《中國近代「人」的觀念的演變》，載《社會科學研究》（成都）1994.6。

18. 高海燕《近代中國民權思想演進軌跡探因》，載《南京大學學報》（社科版）1998.2。

19. 久玉林《近代中國民權思想演進的歷史考察》，載《學術月刊》1998.4。

20. 高瑞泉《近代思潮與社會變遷》，載《天津社會科學》1995.6。

21. 劉君劍《西學東漸與中國近代政治文化變遷》，載《天津社會科學》1996.4。

22. 王繼平《論晚清知識分子的文化轉型》，載中國人民大學複印資料《中國近代史》2001.1。

23. 徐紹清《論洋務運動時期中國新式知識分子群的形成》，載《社會科學戰線》1996.6。

24. 俞可平《遊魂何處歸——中國現代化進程中的知識分子》，載《天津社會科學》1996.5。

25. 陳蘊茜《論社會心理對近代中國知識分子群體轉型的影響》，載《南京大學學報》（社科版）1997.3。

26. 崔運武《晚清洋務派對政治現代化的認識及其表達》，載《河北學刊》1996.6。

27. 姜義華《論近代以來中國的國家意識與中外關係意識》，載《復旦學報》1997.3。

28. 徐錦賢《中西現代化啓動時期人權思想啓蒙比較》，載《江海學刊》2000.6。

29. 薛麗蓉《中西傳統民主觀比較》，載《探索與爭鳴》1999.1。

30. 陳永森《民本與民主辨析》，載《廣東社會科學》1996.4。

31. 謝放《戊戌前後國人對「民權」、「民主」的認知》，載香港《二十一世紀》雜誌（資料來源：小雅思想網 http://www.sixiangzhe.net）

32. 王人博《論民權與人權在近代的轉換》，載《現代法學》1996.3。

33. 王先明《論「民權即紳權」》，載《社會科學研究》（成都）1995.6。

34. 徐懷東、張茂澤《評維新派的「民權」說》，載《北京大學學報》（哲社版）2000.1。

35. 寶成關、顏德如《嚴復對「自繇」思想的解讀》，《紀念辛亥革命九十週年國際學術研討會》論文。

36. 寶成關、顏德如《譚嗣同民權觀新探》，載《史學集刊》2000.2。

37. 吳乃華《試析戊戌維新思想家的新民觀》，載《人文雜誌》1997.3。

38. 陳絳《英美學者筆下的嚴復》，載《江海學刊》1998.3。

39. 鄭家建《寂寞的先聲：開端與回響》，載《福建論壇》（人文版）2001.2。

40. 鄭師渠《嚴復與盧梭的〈民約論〉》，載《福建論壇》（人文版）1995.2。

41. 寶成關、潘曉斌《嚴復與西方自由主義》，載《社會科學戰線》1999.1。

42. 寶成關《梁啓超的民權觀與盧梭主權在民說》，載《歷史研究》1994.3。

43. 李興華《論嚴復的國家學說》，載《復旦學報》（社科版），1998.1。

44. 黃漢青《維新派近代民權學說的歷史演進》，載《清史研究》2001.3。

45. 俞榮根《民權：從民本到民主的接轉》，載《學習與探索》1999.1。

46. 王憲明、舒文《關於戊戌時期嚴復傳播「社會契約論」和「天賦人權」問題的再探討》，載《河北學刊》1997.1。

47. 寶成關《論「西學」在康有爲思想體系中的地位與作用》，載《長白學刊》1994.5。

48. 趙明《康有爲與中國法文化的近代化》，載《現代法學》1996.5。

49. 徐光壽、陸濤《陳獨秀與梁啓超文化思想的異同》，載《安徽教育學院學報》（社科版）1996.2。

50. 張衍前《論梁啓超的近代國家觀》，載《理論學刊》1996.2。

51. 張寶明《國民性：沉鬱的世紀關懷》，載《鄭州大學學報》（社科版）2000.2。

52. 馬洪林《近二十年來維新研究述評》，載《文史知識》1998.6。

53. 葛兆光《1895 年的中國：思想史上的象徵意義》，載《開放時代》（廣州）2001.1。

54. 湯志鈞《戊戌辛亥間文化思想與政治》，載《史林》1998.2。

55. 張海林《論本世紀初青年知識分子對封建傳統的批判》，載《揚州師院學報》（社科版）1996.2

56. 何一民，胡偉希編《論辛亥革命前近代知識分子人權意識的覺醒》，載《辛亥革命與中國近代思想文化》，中國人民大學出版社 1991 年 9 月版。

57. 徐梁伯《被疏忽的研究課題：〈民權初步〉》，載《江海學刊》1997.2。

58. 劉保剛《精英主義與直接民主——孫中山直接民權思想透視》，載《浙江學刊》2000.6。

59. 羅耀九《孫中山的自由平等觀》，載《商丘師院學報》2000.6。

60. 李永倫《論孫中山的民權觀》，載《雲南社會科學》2000.1。

61. 王逍《孫中山自由觀述評》，載《浙江師大學報》（社科版）1996.4。

62. 王鈞林《孫中山民權主義與儒家民本主義》，載《文史哲》2001.1。

63. 楊義銀《評孫中山的民權主義》，載《現代法學》1996.3。

64. 王思睿《人權與國權的覺悟》，載《戰略與管理》1999.3。

65. 杜鋼建《李大釗的人權思想》，2001 年 4 月 3 日 14：51，新浪網《人權法治・憲政文本》

66. 吳乃華《試論五四時期思想家的民主觀》，載《人文雜誌》1995.5。

67. 朱志敏《五四時期進步知識分子民主觀新探》，載《北京黨史研究》1998.1。

68. 歐陽哲生《胡適與陳獨秀思想之比較研究》（上下篇），載《中國文化研究》1995.4，1996.1。

69. 高力克《五四啓蒙的困境：在歷史與價值之間》，載《浙江學刊》1999.2。

70. 馮天瑜《〈新青年〉民主訴求之特色》，《北京大學學報》（哲社版）1999.4。

71. 歐陽哲生《自由主義之累——胡適思想之現代意義闡釋》，載《東方》1995.1。

72. 朱志敏《五四運動前後 Democracy 譯語演變之考察》，載《黨史研究與教學》1999.2。

73. 董根明《〈新青年〉主旨變化探略》，載《安慶師院社會科學學報》1997.4。

74. 朱學勤《五四以來的兩個精神「病竈」》，載《戰略與管理》1999.4。

75. 許紀霖《三種危機與三種思潮——20 世紀中國的思想史》，載《戰略與管理》2000.1。

76. 蕭超然、宋月紅《五四新文化與現代中國》，載《東方》1999.4。

77. 朱志敏《五四時代知識分子的平民意識與共產主義運動的興起》，載《歷史研究》1997.2。

78. 王元化《我對「五四」新文化運動的再認識》，載《炎黃春秋》1998.5。

79. 徐暄、謝龍《現代人文精神與社會主義法治國家》，載《北京大學學報》（哲社版）2000.2。

80. 金太軍《五四前後民主未能在中國紮根原因分析》，載《人文雜誌》1997.4。

81. 歐陽哲生《近代新文化主體思想的形成與發展述評》，載《安徽史學》1994.4。

82. 姜義華《從抗爭到妥協：人權論戰的困境》，載《二十世紀中國思想許紀霖編史論》（上卷），東方出版中心 2000 年 7 月。

83. 姜義華《論平社曇花一現的自由主義運動》，載《江海學刊》1998.1。

84. 張連國《中國自由主義遲到的人權宣言》，載《南京社會科學》1999.4。

85. 胡明《試論二十年代末胡適與國民黨政權的政治衝突》，載《中州學刊》，1995.2。

86. 范進學《論法治政治》，載《法律科學》1999.6。

87. 曹建明《從「法制」到「法治」》，載《探索與爭鳴》1997.12。

88. 杜承鳴《論法治與人的本性》，載《湖湘論壇》1998.2。

89. 孫莉《偏好與疏離——中國法制現代化的價值取向》，載《天津社會科學》1997.6。

90. 邱本等《從身份到契約》，載《社會科學戰線》1997.5。

91. 汪太賢《論法治的人文情結》，載《西南民族學院學報》（社科版）1999.6。

92. 劉海年《略論社會主義法治原則》，《中國法學》1998.1。

93. 李步雲、張誌銘《跨世紀的目標：依法治國，建設社會主義法治國家》，載《中國法學》1997.6。

94. 葉傳星《論法治的人性基礎》，載《天津社會科學》1997.2。

95. 文正邦《憲政———人類法治文明的最高結晶》，載《現代法學》2002 年 10.5。

96. 劉懷松《論人權的概念及價值在我國憲法中的正式確認》，載《湖北師範學院學報》2001.4。

97. 郭道暉、陶威《人權禁區是怎樣突破的——建國以來法學界重大事件研究（24）》，載《法學》1999.5。

98. 李步雲、鄧成明《論憲法的人權保障功能》，載《中國法學》2002.3。

99. 王士如《憲法的政治形式：權力制約與人權保障》，載《上海財經大學學報》2002.3。

100. 譚宏慶《當前國家主權發展的幾個特點》，載《國際論壇》2001.5。

101. 謝暉《從「第三次憲法修正案」看我國憲政的五大觀念變向》，載《山東法學》1999.2。

102. 岳海湧《人權與憲法關係芻議》，載《甘肅理論學刊》2002.4。

103. 許元憲、賈鵬宇《憲法保障與人權發展》，載《延邊大學學報》（社科版）

2002.2。

104. 韓大元、王世濤《「兩個人權公約」與我國人權憲政體制的整合》，載《法律科學》2001.2。

105. 孫智慧、李英《論人權的國際保護與國家主權原則之關係》，載《華北電力大學學報》（社會科學版）2001.1。

106. 田軍《兩個人權公約和我國人權憲法保障制度的完善》，載《國家行政學院學報》2001.2。

107. 劉連泰《人權的立論邏輯：〈國際人權憲章〉與我國憲法的比較》，載《國家行政學院學報》2001.2

108. 陳忠林《自由‧人權‧法治》，載《現代法學》2001.3。

109. 周忠海、謝海霞《論國際法上的人權保護》，載《中國法學》2001.1。

110. 李招忠《人權與法治》，載《湖湘論壇》1999.5。

111. 劉海年《中國人權保障的新宣示》，載《中國黨政幹部論壇》2003.4。

112. 李民《試論國際人權兩公約在我國的適用》，載《唯實》2003.2。

113. 蕭周錄《我國革命根據地人權立法問題研究的幾點建議》，載《中國人民大學學報》1998.6。

114. 江國青《國際法保護人權：現代法治的一個主題》，載《外交學院學報》1998.4。

115. 李紅《人權問題筆談》，載《中國黨政幹部論壇》2003.4。

116. 陳馳《人權概念的法哲學思考》，載《四川師範大學學報》（社會科學版）1999.2。

117. 萬鄂湘、彭錫華《人類社會追求的共同目標》，載《法學評論》（雙月刊）1998.2。

118. 孫力《論西方人權的三次嬗變》，載《政治與法律》2002.3。

119. 《憲政之路：從尊重憲法開始》，載《南方周末》2003-03-13。

120. 張祖樺《論憲政主義的基本原則》，來源：憲政文本‧思想評論網站。

121. 哈維爾《人權高於主權》1999 年 4 月 29 日在加拿大國會的演說，來源：思想評論網站。

122. 陳弘毅《主權和人權的歷史和法理學反思》，載《二十一世紀》一九九九年十月號第五十五期。

123. 秋風《我看主權與人權的關係》，來源：思想評論網站。

124. 蘭才基《普遍的人權再次挑戰國家主權》，載《環球時報》1999 年 11 月12 日第 2 版。

125. 《論人權的文化間性（附討論）——哈貝馬斯訪華講演錄之一》，轉自中國學術城網站

126. 《哈貝馬斯旋風刮起人權論爭》，載《亞洲週刊》2001 年 4 月 29 日。

127. 劉擎《科索沃危機與政治術語的迷津》，載《二十一世紀》一九九九年十月號總第五十五期。

128. Andrew Nathan《論中國的人權觀與國際人權標準之異同》，來源：思想評論網站。

129. James Sellman《人權觀念的文化差異及其在中美憲法中的體現.》，來源：思想評論網站。

130. 茅於軾《人權與中國經濟》，來源：思想評論網站。

131. 韓雲川《論中美人權鬥爭的制度因素》，載《湖北行政學院學報》2003.1。

132. 蕭北庚《近代憲政價值及構建》，載《中南工業大學學報》（社會科學版）2002.3。

133. 曹任何、彭斌《憲政精神及其在近代中國的缺失》，載《湘潭大學社科學報》2003.2。

134. 龔向和《人權保障：民主與憲政理論的靈魂》，載《甘肅政法學報》2003 年 4 月總第 67 期。

135. 沈歸《讓每一個人成其為人：中國憲政的精神出路》，來源：〔北大法律信息網〕

136. 李文匯《公民權利與國家權力關係之法理分析》，載《社會主義研究》2000.3。

137. 原新利《淺談憲法的核心矛盾——公民權利與國家權力》，載《社科縱橫》2002.6。

138. 蕭雪慧《保護人性與保障人權》——紀念《世界人權宣言》發表 50 週年，來源：論壇文粹

139. 王希《憲政文化與權利：中美兩國之比較》，來源：憲政文本·思想評論網站。

附錄一　法國《人權和公民權宣言》

（1789 年 8 月 26 日法國國民議會公佈）

　　組成國民議會的法國人民的代表們，認爲不知人權、忽視人權或輕蔑人權是公眾不幸和政府腐敗的唯一原因，所以決定把自然的、不可剝奪的和神聖的人權闡明於莊嚴的宣言之中，以便木宣言可以經常呈現在社會各個成員之前，使他們不斷地想到他們的權利和義務；以便立法權的決議和行政權的決定能隨時和整個政治機構的目標兩相比較，從而能更加受到他們的尊重；以便公民們今後以簡單而無可爭辯的原則爲根據的那些要求能確保憲法與全體幸福之維護。

　　因此，國民議會在上帝面前並在他的庇護之下確認並宣佈下述的人與公民的權利：

第一條　在權利方面，人們生來是而且始終是自由平等的。除了依據公共利益而出現的社會差別外，其它社會差別，一概不能成立。

第二條　任何政治結合的目的都在於保護人的自然的和不可動搖的權利。這些權利就是自由、財產、安全和反抗壓迫。

第三條　整個主權的本原，主要是寄託於國民。任何團體、任何個人都不得行使主權所未明白授予的權力。

第四條　自由就是指有權從事一切無害於他人的行爲。因此，各人的自然權利的行使，只以保證社會上其它成員能享有同樣權利爲限制。此等限制僅得由法律規定之。

第五條　法律僅有權禁止有害於社會的行爲。凡未經法律禁止的行爲即不得受到妨礙，而且任何人都不得被迫從事法律所未規定的行爲。

第六條　法律是公共意識的表現。全國公民都有權親身或經由其代表去參與法律的制定。法律對於所有的人，無論是施行保護或處罰都是一樣的。在法律面前，所有的公民都是平等的，故他們都能平等地按其能力擔任一切官職、公共職位和職務，除德行和才能上的差別外不得有其它差別。

第七條　除非在法律所規定的情況下並按照法律所指示的手續，不得控告、逮捕或拘留任何人。凡動議、發佈、執行或令人執行專斷命令者應受處罰；但根據法律而被傳喚或被扣押的公民應當立即服從；抗拒則構成犯罪。

第八條　法律只應規定確實需要和顯然不可少的刑罰，而且除非根據在犯法前已經制定和公佈的且係依法施行的法律以外，不得處罰任何人。

第九條　任何人在其未被宣告為犯罪以前應被推定為無罪，即使認為必須予以逮捕，但為扣留其人身所不需要的各種殘酷行為都應受到法律的嚴厲制裁。

第十條　意見的發表只要不擾亂法律所規定的公共秩序，任何人都不得因其意見、甚至信教的意見而遭受干涉。

第十一條　自由傳達思想和意見是人類最寶貴的權利之一；因此，各個公民都有言論、著述和出版的自由，但在法律所規定的情況下，應對濫用此項自由負擔責任。

第十二條　人權的保障需要有武裝的力量；因此，這種力量是為了全體的利益而不是為了此種力量的受任人的個人利益而設立的。

第十三條　為了武裝力量的維持和行政管理的支出，公共賦稅就成為必不可少的；賦稅應在全體公民之間按其能力作平等的分攤。

第十四條　所有公民都有權親身或由其代表來確定賦稅的必要性，自由地加以認可，注意其用途，決定稅額、稅率、客體、徵收方式和時期。

第十五條　社會有權要求機關公務人員報告其工作。

第十六條　凡個人權利無切實保障和分權未確立的社會，就沒有憲法。

第十七條　財產是神聖不可侵犯的權利，除非當合法認定的公共需要所顯然必需時，且在公平而預先賠償的條件下，任何人的財產不得受到剝奪。

附錄二　欽定憲法大綱

光緒三十四年八月初一日（1908 年 8 月 27 日）中國晚清政府頒佈的中國歷史上第一部憲法性文件。共計 23 條，由「君上大權」和「臣民權利義務」兩部分構成。

君上大權

一、大清皇帝統治大清帝國，萬世一系，永永尊戴。

二、君上神聖尊嚴，不可侵犯。

三、欽定頒行法律及發交議案之權。凡法律雖經議院議決，而未奉詔命批准頒佈者，不能見諸施行。

四、召集、開閉、停展及解散議院之權。解散之時，即令國民重行選舉新議員，其被解散之舊員，即與齊民無異，倘有抗違，量其情節以相當之法律處治。

五、設官制祿及黜陟百司之權。用人之權，操之君上，而大臣輔弼之，議院不得干預。

六、統率陸海軍及編定軍制之權。君上調遣全國軍隊，制定常備兵額，得以全權執行。凡一切軍事，皆非議院所得干預。

七、宣戰、講和、訂立條約及派遣使臣與認受使臣之權。國交之事，由君上親裁，不付議院議決。

八、宣告戒嚴之權。當緊急時，得以詔令限制臣民之自由。

九、爵賞及恩赦之權。恩出自君上，非臣下所得擅專。

十、總攬司法權。委任審判衙門，遵欽定法律行之，不以詔令隨時更改。司法之權，操諸君上，審判官本由君上委任，代行司法，不以詔令隨時更改者，案件關係至重，故必以已經欽定為準，免涉分歧。

十一、發命令及使發命令之權。惟已定之法律，非交議院協贊奏經欽定時，不以命令更改廢止。法律為君上實行司法權之用，命令為君上實行行政權之用，兩權分立，故不以命令改廢法律。

十二、在議院閉會時，遇有緊急之事，得發代法律之詔令，並得以詔令
　　　籌措必需之財用。惟至次年會期，須交議院協議。

十三、皇室經費，應由君上制定常額，自國庫提支，議院不得置議。

十四、皇室大典，應由君上督率皇族及特派大臣議定，議院不得干預。

附臣民權利義務

（其細目當於憲法起草時酌定）

一、臣民中有合於法律命令所定資格者，得為文武官吏及議員。

二、臣民於法律範圍以內，所有言論、著作、出版及集會、結社等事，
　　均准其自由。

三、臣民非按照法律所定，不加以逮捕、監禁、處罰。

四、臣民可以請法官審判其呈訴之案件。

五、臣民應專受法律所定審判衙門之審判。

六、臣民之財產及居住，無故不加侵擾。

七、臣民按照法律所定，有納稅、當兵之義務。

八、臣民現完之賦稅，非經新定法律更改，悉仍照舊輸納。

九、臣民有遵守國家法律之義務。

附錄三　世界人權宣言

（聯合國大會 1948 年 12 月 10 日第 217A〔III〕號決議通過）

序　言

　　茲鑒於對人類家庭所有成員的固有尊嚴及其平等的和不移的權利的承認，乃是世界自由、正義與和平的基礎；

　　復鑒於對人權的無視和侮蔑已發展爲野蠻暴行，這些暴行玷污了人類的良心，而一個人人享有言論和信仰自由並免於恐懼和匱乏的世界的來臨，已被宣佈爲普通人民的最高願望；

　　復鑒於爲使人類不致迫不得已鋌而走險對暴政和壓迫進行反叛，有必要使人權受法制的保護；

　　復鑒於有必要促進各國間友好關係的發展；

　　復鑒於各聯合國家的人民已在聯合國憲章中重申他們對基本人權、人格尊嚴和價值以及男女平等權利的信念，並決心促成較大自由中的社會進步和生活水平的改善；

　　復鑒於各會員國也已誓願同聯合國合作以促進對人權和基本自由的普遍尊重和遵行；

　　復鑒於對這些權利和自由的普遍瞭解對於這個誓願的充分實現具有很大的重要性，因此現在大會發佈這一世界人權宣言，作爲所有人民和所有國家努力實現的共同標準，以期每一個人和社會機構經常銘念本宣言，努力通過教誨和教育促進對權利和自由的尊重，並通過國家和國際的漸進措施，使這些權利和自由在各會員國本身人民及在其管轄下領土的人民中得到普遍和有效的承認和遵行。

第一條　人人生而自由，在尊嚴和權利上一律平等。他們賦有理性和良心，並應以兄弟關係的精神相對待。

第二條　人人有資格享受本宣言所載的一切權利和自由，不分種族、膚色、性別、語言、宗教、政治或其它見解、國籍或社會出身、財產、出生或其它身份等任何區別。並且不得因一人所屬的國家或領土的政治的、行政的或者國際的地位之不同而有所區別，無論該領土是獨立領土、託管領土、非自治領土或者處於其它任何主權受限制的情況之下。

第三條　人人有權享有生命、自由和人身安全。

第四條　任何人不得使為奴隸或奴役：一切形式的奴隸制度和奴隸買賣，均應予以禁止。

第五條　任何人不得加以酷刑，或施以殘忍的、不人道的或侮辱性的待遇或刑罰。

第六條　人人在任何地方有權被承認在法律前的人格。

第七條　法律之前人人平等，並有權享受法律的平等保護，不受任何歧視。人人有權享受平等保護，以免受違反本宣言的任何歧視行為以及煽動這種歧視的任何行為之害。

第八條　任何人當憲法或法律所賦予他的基本權利遭受侵害時，有權由合格的國家法庭對這種侵害行為作有效的補救。

第九條　任何人不得加以任意逮捕、拘禁或放逐。

第十條　人人完全平等地有權由一個獨立而無偏倚的法庭進行公正的和公開的審訊，以確定他的權利和義務並判定對他提出的任何刑事指控。

第十一條　（一）凡受刑事控告者，在未經獲得辯護上所需的一切保證的公開審判而依法證實有罪以前，有權被視為無罪。

　　　　　（二）任何人的任何行為或不行為，在其發生時依國家法或國際法均不構成刑事罪者，不得被判為犯有刑事罪。刑罰不得重於犯罪時適用的法律規定。

第十二條　任何人的私生活、家庭、住宅和通信不得任意干涉，他的榮譽和名譽不得加以攻擊。人人有權享受法律保護，以免受這種干涉或攻擊。

第十三條　　（一）人人在各國境內有權自由遷徙和居住。

　　　　　　（二）人人有權離開任何國家，包括其本國在內，並有權返回他
　　　　　　　　　的國家。

第十四條　　（一）人人有權在其它國家尋求和享受庇護以避免迫害。

　　　　　　（二）在眞正由於非政治性的罪行或違背聯合國的宗旨和原則的
　　　　　　　　　行爲而被起訴的情況下，不得援用此種權利。

第十五條　　（一）人人有權享有國籍。

　　　　　　（二）任何人的國籍不得任意剝奪，亦不得否認其改變國籍的權
　　　　　　　　　利。

第十六條　　（一）成年男女，不受種族、國籍或宗教的任何限制，有權婚嫁
　　　　　　　　　和成立家庭。他們在婚姻方面，在結婚期間和在解除婚約
　　　　　　　　　時，應有平等的權利。

　　　　　　（二）只有經男女雙方的自由的和完全的同意，才能締婚。

　　　　　　（三）家庭是天然的和基本的社會單元，並應受社會和國家的保
　　　　　　　　　護。

第十七條　　（一）人人得有單獨的財產所有權以及同他人合有的所有權。

　　　　　　（二）任何人的財產不得任意剝奪。

第十八條　　人人有思想、良心和宗教自由的權利；此項權利包括改變他的宗
　　　　　　教或信仰的自由，以及單獨或集體、公開或秘密地以教義、實踐、
　　　　　　禮拜和戒律表示他的宗教或信仰的自由。

第十九條　　人人有權享有主張和發表意見的自由；此項權利包括有主張而不
　　　　　　受干涉的自由，和通過任何媒介和不論國界尋求、接受和傳遞消
　　　　　　息和思想的自由。

第二十條　　（一）人人有權享有和平集會和結社的自由。

　　　　　　（二）任何人不得迫使隸屬於某一團體。

第二十一條　（一）人人有直接或通過自由選擇的代表參與治理本國的權利。

　　　　　　（二）人人有平等機會參加本國公務的權利。

　　　　　　（三）人民的意志是政府權力的基礎；這一意志應以定期的和眞
　　　　　　　　　正的選舉予以表現，而選舉應依據普遍和平等的投票權，
　　　　　　　　　並以不記名投票或相當的自由投票程序進行。

第二十二條　每個人，作為社會的一員，有權享受社會保障，並有權享受他的個人尊嚴和人格的自由發展所必需的經濟、社會和文化方面各種權利的實現，這種實現是通過國家努力和國際合作並依照各國的組織和資源情況。

第二十三條　（一）人人有權工作、自由選擇職業、享受公正和合適的工作條件並享受免於失業的保障。

（二）人人有同工同酬的權利，不受任何歧視。

（三）每一個工作的人，有權享受公正和合適的報酬，保證使他本人和家屬有一個符合人的尊嚴的生活條件，必要時並輔以其它方式的社會保障。

（四）人人有為維護其利益而組織和參加工會的權利。

第二十四條　人人有享受休息和閒暇的權利，包括工作時間有合理限制和定期給薪休假的權利。

第二十五條　（一）人人有權享受為維持他本人和家屬的健康和福利所需的生活水準，包括食物、衣著、住房、醫療和必要的社會服務；在遭到失業、疾病、殘廢、守寡、衰老或在其它不能控制的情況下喪失謀生能力時，有權享受保障。

（二）母親和兒童有權享受特別照顧和協助。一切兒童，無論婚生或非婚生，都應享受同樣的社會保護。

第二十六條　（一）人人都有受教育的權利，教育應當免費，至少在初級和基本階段應如此。初級教育應屬義務性質。技術和職業教育應普遍設立。高等教育應根據成績而對一切人平等開放。

（二）教育的目的在於充分發展人的個性並加強對人權和基本自由的尊重。教育應促進各國、各種族或各宗教集團間的瞭解、容忍和友誼，並應促進聯合國維護和平的各項活動。

（三）父母對其子女所應受的教育的種類，有優先選擇的權利。

第二十七條　（一）人人有權自由參加社會的文化生活，享受藝術，並分享科學進步及其產生的福利。

（二）人人對由於他所創作的任何科學、文學或美術作品而產生的精神的和物質的利益，有享受保護的權利。

第二十八條　人人有權要求一種社會的和國際的秩序，在這種秩序中，本宣言所載的權利和自由能獲得充分實現。

第二十九條　（一）人人對社會負有義務，因為只有在社會中他的個性才可能得到自由和充分的發展。

　　　　　　（二）人人在行使他的權利和自由時，只受法律所確定的限制，確定此種限制的唯一目的在於保證對旁人的權利和自由給予應有的承認和尊重，並在一個民主的社會中適應道德、公共秩序和普遍福利的正當需要。

　　　　　　（三）這些權利和自由的行使，無論在任何情形下均不得違背聯合國的宗旨和原則。

第三十條　本宣言的任何條文，不得解釋為默許任何國家、集團或個人有權進行任何旨在破壞本宣言所載的任何權利和自由的活動或行為。

附錄四　公民權利和政治權利
國際公約（節選）

（1966 年 12 月 16 日，第二十一屆聯大第 2200A〔XXI〕號決議通過並在紐約開放簽字）

　　該公約在《世界人權宣言》和《經濟、社會、文化權利國際公約》之後，成為國際人權憲章體系的第三個文件。該公約對公民權利和政治權利作了具體規定，並旨在保護公民個人應享有的這些權利和基本自由。同時，公約對某些權利的享受作了限制。公約允許締約國在社會緊急狀況威脅到國家生存並經正式宣佈時，限制某些權利的享受，但這類限制「以緊急情勢所嚴格需要者為限」，並不得與締約國根據國際法所負有的其它義務相矛盾，而且不得包含純粹基於種族、膚色、性別、語言、宗教或社會出身的理由的歧視。公約強調，有些權利，如生命權、免受酷刑權等，即使在緊急狀態下也不能加以限制。公約規定，設立人權事務委員會作為監督機構以監督公約規定的執行。按照公約第四十一條的規定，在締約國聲明承認委員會的權限的前提下，委員會有權接受和審議一締約國指控另一締約國不履行它在公約下的義務的通知。

　　該公約於 1976 年 3 月 23 日生效。

序　言

　　本公約締約各國，

　　考慮到，按照聯合國憲章所宣佈的原則，對人類家庭所有成員的固有尊嚴及其平等的和不移的權利的承認，乃是世界自由、正義與和平的基礎；

　　確認這些權利是源於人身的固有尊嚴；

　　確認，按照世界人權宣言，只有在創造了使人人可以享有其公民和政治權利，正如享有其經濟、社會和文化權利一樣的條件的情況下，才能實現自由人類享有公民及政治自由和免於恐懼和匱乏的自由的理想；

　　考慮到各國根據聯合國憲章負有義務促進對人的權利和自由的普遍尊重和遵行；

　　認識到個人對其它個人和對他所屬的社會負有義務，應為促進和遵行本公約所承認的權利而努力；

　　茲同意下述各條：

第一部分

第一條　一、所有人民都有自決權。他們憑這種權利自由決定他們的政治地位，並自由謀求他們的經濟、社會和文化的發展。

　　　　二、所有人民得為他們自己的目的自由處置他們的天然財富和資源，而不損害根據基於互利原則的國際經濟合作和國際法而產生的任何義務。在任何情況下不得剝奪一個人民自己的生存手段。

　　　　三、本公約締約各國，包括那些負責管理非自治領土和託管領土的國家，應在符合聯合國憲章規定的條件下，促進自決權的實現，並尊重這種權利。

第二部分

第二條　一、本公約每一締約國承擔尊重和保證在其領土內和受其管轄的一切個人享有本公約所承認的權利，不分種族、膚色、性別、語言、宗教、政治或其它見解國籍或社會出身、財產、出生或其它身份等任何區別。

　　　　二、凡未經現行立法或其它措施予以規定者，本公約每一締約國承擔按照其憲法程序和本公約的規定採取必要的步驟，以採納為實施本公約所承認的權利所需的立法或其它措施。

　　　　三、本公約每一締約國承擔：

　　　　（甲）保證任何一個被侵犯了本公約所承認的權利或自由的人，能得到有效的補救，儘管此種侵犯是以官方資格行事的人所為；

　　　　（乙）保證任何要求此種補救的人能由合格的司法、行政或立法當局或由國家法律制度規定的任何其它合格當局斷定其在這方面的權利；並發展司法補救的可能性；

　　　　（丙）保證合格當局在准予此等補救時，確能付諸實施。

第三條　本公約締約各國承擔保證男子和婦女在享有本公約所載一切公民和政治權利方面有平等的權利。

第四條　一、在社會緊急狀態威脅到國家的生命並經正式宣佈時，本公約締約國得採取措施克減其在本公約下所承擔的義務，但克減的程度以緊急情勢所嚴格需要者爲限，此等措施並不得與它根據國際法所負有的其它義務相矛盾，且不得包含純粹基於種族、膚色、性別、語言、宗教或社會出身的理由的歧視。

　　　　二、不得根據本規定而克減第六條、第七條、第八條（第一款和第二款）、第十一條、第十五條、第十六條和第十八條。

　　　　三、任何援用克減權的本公約締約國應立即經由聯合國秘書長將它已克減的各項規定、實行克減的理由和終止這種克減的日期通知本公約的其它締約國家。

第五條　一、本公約中任何部分不得解釋爲隱示任何國家、團體或個人有權利從事於任何旨在破壞本公約所承認的任何權利和自由或對它們加以較本公約所規定的範圍更廣的限制的活動或行爲。

　　　　二、對於本公約的任何締約國中依據法律、慣例、條例或習慣而被承認或存在的任何基本人權，不得藉口本公約未予承認或只在較小範圍上予以承認而加以限制或克減。

第三部分

第六條　一、人人有固有的生命權。這個權利應受法律保護。不得任意剝奪任何人的生命。

　　　　二、在未廢除死刑的國家，判處死刑只能是作爲對最嚴重的罪行的懲罰，判處應按照犯罪時有效並且不違反本公約規定和防止及懲治滅絕種族罪公約的法律。這種刑罰，非經合格法庭最後判決，不得執行。

　　　　三、茲瞭解：在剝奪生命構成滅種罪時，本條中任何部分併不准許本公約的任何締約國以任何方式克減它在防止及懲治滅絕種族罪公約的規定下所承擔的任何義務。

　　　　四、任何被判處死刑的人應有權要求赦免或減刑。對一切判處死刑的案件均得給予大赦、特赦或減刑。

五、對十八歲以下的人所犯的罪，不得判處死刑；對孕婦不得執行死刑。

六、本公約的任何締約國不得援引本條的任何部分來推遲或阻止死刑的廢除。

第七條 任何人均不得加以酷刑或施以殘忍的、不人道的或侮辱性的待遇或刑罰。特別是對任何人均不得未經其自由同意而施以醫藥或科學試驗。

第八條 一、任何人不得使為奴隸；一切形式的奴隸制度和奴隸買賣均應予以禁止。

二、任何人不應被強迫役使。

三、（甲）任何人不應被要求從事強迫或強制勞動；

（乙）在把苦役監禁作為一種對犯罪的懲罰的國家中，第三款（甲）項的規定不應認為排除按照由合格的法庭關於此項刑罰的判決而執行的苦役；

（丙）為了本款之用，「強迫或強制勞動」一詞不應包括：

（1）通常對一個依照法庭的合法命令而被拘禁的人或在此種拘禁假釋期間的人所要求的任何工作或服務，非屬（乙）項所述者；

（2）任何軍事性質的服務，以及在承認良心拒絕兵役的國家中，良心拒絕兵役者依法被要求的任何國家服務；

（3）在威脅社會生命或幸福的緊急狀態或災難的情況下受強制的任何服務；

（4）屬於正常的公民義務的一部分的任何工作或服務。

第九條 一、人人有權享有人身自由和安全。任何人不得加以任意逮捕或拘禁。除非依照法律所確定的根據和程序，任何人不得被剝奪自由。

二、任何被逮捕的人，在被逮捕時應被告知逮捕他的理由，並應被迅速告知對他提出的任何指控。

三、任何因刑事指控被逮捕或拘禁的人，應被迅速帶見審判官或其它經法律授權行使司法權力的官員，並有權在合理的時間內受審判或被釋放。等候審判的人受監禁不應作為一般規則，但可規定釋

放時應保證在司法程序的任何其它階段出席審判，並在必要時報
到聽候執行判決。

四、任何因逮捕或拘禁被剝奪自由的人，有資格向法庭提起訴訟，以
便法庭能不拖延地決定拘禁他是否合法以及如果拘禁不合法時
命令予以釋放。

五、任何遭受非法逮捕或拘禁的受害者，有得到贈償的權利。

第十條　一、所有被剝奪自由的人應給予人道及尊重其固有的人格尊嚴的待
遇。

二、(甲) 除特殊情況外，被控告的人應與被判罪的人隔離開，並應
給予適合於未判罪者身份的分別待遇；

(乙) 被控告的少年應與成年人分隔開，並應盡速予以判決。

三、監獄制度應包括以爭取囚犯改造和社會復員爲基本目的的待遇。
少年罪犯應與成年人隔離開，並應給予適合其年齡及法律地位的
待遇。

第十一條　任何人不得僅僅由於無力履行約定義務而被監禁。

第十二條　一、合法處在一國領土內的每一個人在該領土內有權享受遷徙自
由和選擇住所的自由。

二、人人有自由離開任何國家，包括其本國在內。

三、上述權利，除法律所規定並爲保護國家安全、公共秩序、公
共衛生或道德、或他人的權利和自由所必需且與本公約所承
認的其它權利不牴觸的限制外，應不受任何其它限制。

四、任何人進入其本國權利，不得任意加以剝奪。

第十三條　合法處在本公約締約國領土內的外僑，只有按照依法作出的決定
才可以被驅逐出境，並且，除非在國家安全的緊迫原因另有要求
的情況下，應准予提出反對驅逐出境的理由和使他的案件得到合
格當局或由合格當局特別指定的一人或數人的複審，並爲此目的
而請人作代表。

第十四條　一、所有的人在法庭和裁判所前一律平等。在判定對任何人提出
的任何刑事指控或確定他在一件訴訟案中的權利和義務時，
人人有資格由一個依法設立的合格的、獨立的和無偏倚的法
庭進行公正的和公開的審訊。由於民主社會中的道德的、公

共秩序的或國家安全的理由，或當訴訟當事人的私生活的利益有此需要時，或在特殊情況下法庭認為公開審判會損害司法利益因而嚴格需要的限度下，可不使記者和公眾出席全部或部分審判；但對刑事案件或法律訴訟的任何判刑決應公開宣佈，除非少年的利益另有要求或者訴訟係有關兒童監護權的婚姻爭端。

二、凡受刑事控告者，在未依法證實有罪之前，應有權被視為無罪。

三、在判定對他提出的任何刑事指控時，人人完全平等地有資格享受以下的最低限度的保證：

（甲）迅速以一種他懂得的語言詳細地告知對他提出的指控的性質和原因；

（乙）有相當時間和便利準備他的辯護並與他自己選擇的律師聯絡。

（丙）受審時間不被無故拖延；

（丁）出席受審並親自替自己辯護或經由他自己所選擇所法律援助進行辯護；如果他沒有法律援助，要通知他享有這種權利；在司法利益有此需要的案件中，為他指定法律援助，而在他沒有足夠能力償付法律援助的案件中，不要他自己付費；

（戊）訊問或業已訊問對他不利的證人，並使對他有利的證人在與對他不利的證人相同的條件下出庭和受訊問；

（己）如他不懂或不會說法庭上所用的語言，能免費獲得譯員的援助；

（庚）不被強迫作不利於他自己的證言或強迫承認犯罪。

四、對少年的案件，在程序上應考慮到他們的年齡和幫助他們重新做人的需要。

五、凡被判定有罪者，應有權由一個較高級法庭對其定罪及刑罰依法進行複審。

六、在一人按照最後決定已被判定犯刑事罪而其後根據新的或新發現的事實確實表明發生誤審，他的定罪被推翻或被赦免的

情況下，因這種定罪而受刑罰的人應依法得到賠償，除非經證明當時不知道的事實的未被及時揭露完全是或部分是由於他自己的緣故。

七、任何人已依一國的法律及刑事程序被最後定罪或宣告無罪者，不得就同一罪名再予審判或懲罰。

第十五條　一、任何人的任何行為或不行為，在其發生時依照國家法或國際法均不構成刑事罪者，不得據以認為犯有刑事罪。所加的刑罰也不得重於犯罪時適用的規定。如果在犯罪之後依法規定了應處以較輕的刑罰，犯罪者應予減刑。

二、任何人的行為或不行為，在其發生時依照各國公認的一般法律原則為犯罪者，本條規定並不妨礙因該行為或不行為而對任何人進行的審判和對他施加的刑罰。

第十六條　人人在任何地方有權被承認在法律前的人格。

第十七條　一、任何人的私生活、家庭、住宅或通信不得加以任意或非法干涉，他的榮譽和名譽不得加以非法攻擊。

二、人人有權享受法律保護，以免受這種干涉或攻擊。

第十八條　一、人人有權享受思想、良心和宗教自由。此項權利包括維持或改變他的宗教或信仰的自由，以及單獨或集體、公開或秘密地以禮拜、戒律、實踐和教義來表明他的宗教或信仰的自由。

二、任何人不得遭受足以損害他維持或改變他的宗教或信仰自由的強迫。

三、表示自己的宗教或信仰的自由，僅只受法律所規定的以及為保障公共安全、秩序、衛生或道德、或他人的基本權利和自由所必需的限制。

四、本公約締約各國承擔，尊重父母和（如適用時）法定監護人保證他們的孩子能按照他們自己的信仰接受宗教和道德教育的自由。

第十九條　一、人人有權持有主張，不受干涉。

二、人人有自由發表意見的權利；此項權利包括尋求、接受和傳遞各種消息和思想的自由，而不論國界，也不論口頭的、書

寫的、印刷的、採取藝術形式的、或通過他所選擇的任何其它媒介。

三、本條第二款所規定的權利的行使帶有特殊的義務和責任，因此得受某些限制，但這些限制只應由法律規定並爲下列條件所必需：

（甲）尊重他人的權利或名譽；

（乙）保障國家安全或公共秩序，或公共衛生或道德。

第二十條　一、任何鼓吹戰爭的宣傳，應以法律加以禁止。

二、任何鼓吹民族、種族或宗教仇恨的主張，構成煽動歧視、敵視或強暴者，應以法律加以禁止。

第二十一條　和平集會的權利應被承認。對此項權利的行使不得加以限制，除去按照法律以及在民主社會中爲維護國家安全或公共安全、公共秩序，保護公共衛生或道德或他人的權利和自由的需要而加的限制。

第二十二條　一、人人有權享受與他人結社的自由，包括組織和參加工會以保護他的利益的權利。

二、對此項權利的行使不得加以限制。除去法律所規定的限制以及在民主社會中爲維護國家安全或公共安全、公共秩序，保護公共衛生或道德，或他人的權利和自由所必需的限制。本條不應禁止對軍隊或警察成員的行使此項權利加以合法的限制。

三、本條並不授權參加一九四八年關於結社自由及保護組織權國際勞工組織公約的締約國採取足以損害該公約中所規定的保證的立法措施，或在應用法律時損害這種保證。

第二十三條　一、家庭是天然的和基本的社會單元，並應受社會和國家的保護。

二、已達結婚年齡的男女締婚和成立家庭的權利應被承認。

三、只有經男女雙方的自由的和完全的同意，才能締婚。

四、本公約締約各國應採取適當步驟以保證締婚雙方在締婚、結婚期間和解除婚約時的權利和責任平等。在解除婚約的情況下，應爲兒童規定必要的保護辦法。

第二十四條　一、每一兒童應有權享受家庭、社會和國家為其未成年地位給予的必要保護措施，不因種族、膚色、性別、語言、宗教、國籍或社會出身、財產或出生而受任何歧視。

二、每一兒童出生後就立即加以登記，並應有一個名字。

三、每一兒童有權取得一個國籍。

第二十五條　每個公民應有下列權利和機會，不受第二條所述的區分和不受不合理的限制：

（甲）直接或通過自由選擇的代表參與公共事務；

（乙）在眞正的定期的選舉中選舉和被選舉，這種選舉應是普遍的和平等的並以無記名投票方式進行，以保證選舉人的意志的自由表達；

（丙）在一般的平等的條件下，參加本國公務。

第二十六條　所有的人在法律前平等，並有權受法律的平等保護，無所歧視。在這方面，法律應禁止任何歧視並保證所有的人得到平等的和有效的保護，以免受基於種族、膚色、性別、語言、宗教、政治或其它見解、國籍或社會出身、財產，出生或其它身份等任何理由的歧視。

第二十七條　在那些存在著人種的、宗教的或語言的少數人的國家中，不得否認這種少數人同他們的集團中的其它成員共同享有自己的文化、信奉和實行自己的宗教或使用自己的語言的權利。

（以下略）

附錄五　中華民國臨時約法

民國元年二月十一日公佈

第一章

總綱

歷史風雲

第一條　中華民國由中華人民組織之。

第二條　中華民國之主權屬於國民全體。

第三條　中華民國領土為二十二行省、內外蒙古、西藏、青海。*（注：新疆省在二十二行省裏面）*

第四條　中華民國以參議院、臨時大總統、國務員、法院行使其統治權。

第二章

人民

第五條　中華民國人民一律平等，無種族、階級、宗教之區別。

第六條　人民得享有左列各項之自由權。

一、人民之身體非依法律，不得逮捕、拘禁、審問、處罰。

二、人民之家宅非依法律不得侵入或搜索。

三、人民有保有財產及營業之自由。

四、人民有言論、著作、刊行及集會結社之自由。

五、人民有書信秘密之自由。

六、人民有居住遷徙之自由。

七、人民有信教之自由。

第七條　人民有請願於議會之權。

第八條　人民有陳訴於行政官署之權。

第九條　人民有訴訟於法院受其審判之權。

第十條　人民對於官吏違法損害權利之行為，有陳訴於平政院之權。

第十一條　人民有應任官考試之權。

第十二條　人民有選舉及被選舉之權。

第十三條　人民依法律有納稅之義務。

第十四條　人民依法律有服兵之義務。

第十五條　本章所載民之權利，有認為增進公益、維持治安或非常緊急必要時，得依法律限制之。

第三章

參議院

第十六條　中華民國之立法權以參議院行之。

第十七條　參議院以第十八條所定各地方選派之參議員組織之。

第十八條　參議員每行省、內蒙古、外蒙古、西藏各選派五人；青海選派一人。其選派方法由各地方自定之。

參議院會議時每參議員有一表決權。

第十九條　參議院之職權如左：

一、議決一切法律案。

二、議決臨時政府之豫算決算。

三、議決全國之稅法幣制及度量衡之準則。

四、議決公債之募集及國庫有負擔之契約。

五、承諾第三十四條、三十五條、四十條事件。

六、答覆臨時政府咨詢事件。

七、受理人民之請願。

八、得以關於法律及其它事件之意見建議於政府。

九、得提出質問書於國務員，並要求其出席答覆。

十、得咨請臨時政府查辦官吏納賄違法事件。

十一、參議院對於臨時大總統認為有謀叛行為時，得以總員五分四以上之出席，出席員四分三以上之可決彈劾之。

十二、參議院對於國務員認爲失職或違法時，得以總員四分三以上
之出席，出席員三分二以上之可決彈劾之。

第二十條　　參議院得自行集會開會閉會。

第二十一條　參議院之會議須公開之。但有國務員之要求或出席參議員
過半數之可決者，得祕密之。

第二十二條　參議院議決事件咨由臨時大總統公布施行。

第二十三條　臨時大總統對於參議院議決事件，如否認時，得於咨達後
十日內聲明理由，咨院覆議。

但參議院對於覆議事件，如有到會參議員三分二以上仍執
前議時，仍照第二十二條辦理。

第二十四條　參議院議長由參議員用記名投票法互選之，以得票滿投票
總數之半者爲當選。

第二十五條　參議院參議員於院內之言論及表決，對於院外不負責任。

第二十六條　參議院參議員除現行犯及關於內亂外患之犯罪外，會期中
非得本院許可，不得逮捕。

第二十七條　參議院法由參議院自定之。

第二十八條　參議院以國會成立之日解散。其職權由國會行之。

第四章

總統

第二十九條　臨時大總統、副總統由參議院選舉之。以總員四分三以上
出席得票滿投票總數三分二以上者爲當選。

第三十條　　臨時大總統代表臨時政府，總攬政務，公佈法律。

第三十一條　臨時大總統爲執行法律或基於法律之委任，得發佈命令並
得使發佈之。

第三十二條　臨時大總統統帥全國海陸軍隊。

第三十三條　臨時大總統得制定官制官規，但須提交參議院議決。

第三十四條　臨時大總統任免文武職員，但任命國務員及外交大使公使
須得參議院之同意。

第三十五條　臨時大總統經參議院之同意，得宣戰媾和及締結條約。

第三十六條　臨時大總統得依法律宣告戒嚴。

第三十七條　臨時大總統代表全國接受外國之大使、公使。

第三十八條　臨時大總統得提出法律案於參議院。

第三十九條　臨時大總統得頒給勳章並其它榮典。

第四十條　臨時大總統得宣告大赦、特赦、減刑、復權。但大赦須經參
　　　　　議院之同意。

第四十一條　臨時大總統受參議院彈劾後，由最高法院全院審判官互選
　　　　　　九人組織特別法庭審判之。

第四十二條　臨時副總統於臨時大總統因故去職，或不能視事時得代行
　　　　　　其職權。

第五章

國務員

第四十三條　國務總理及各部總長均稱為國務員。

第四十四條　國務員輔佐臨時大總統負其責任。

第四十五條　國務員於臨時大總統提出法律案公佈法律及發佈命令時須
　　　　　　副署之。

第四十六條　國務員及其委員得於參議院出席及發言。

第四十七條　國務員受參議院彈劾後，臨時大總統應免其職。但得交參
　　　　　　議院覆議一次。

第六章

法院

第四十八條　法院以臨時大總統及司法總長分別任命之法官組織之。
　　　　　　法院之編制及法官之資格以法律定之。

第四十九條　法院依法律審判民事訴訟及刑事訴訟。
　　　　　　但關於行政訴訟及其它特別訴訟，別以法律定之。

第五十條　法院之審判須公開之。但有認為妨害安寧秩序者得秘密之。

第五十一條　法官獨立審判不受上級官廳之干涉。

第五十二條　法官在任中不得減俸或轉職。非依法律受刑罰宣告或應免
　　　　　　職之懲戒處分，不得解職。懲戒條規以法律定之。

第七章

附則

第五十三條　本約法施行後限十個月內，由臨時大總統召集國會。其國
　　　　　　會之組織及選舉法由參議院定之。

第五十四條　中華民國之憲法由國會制定。憲法未施行以前，本約法之
　　　　　　效力與憲法等。

第五十五條　本約法由參議院參議員三分二以上，或臨時大總統之提議，
　　　　　　經參議員五分四以上之出席，出席員四分三之可決得增修
　　　　　　之。

第五十六條　本約法自公佈之日施行。

臨時政府組織大綱於本約法施行之日廢止。